수송기계용 융합부품소재 개론

남기우 · 문창권 · 안석환

이 책은 수송기계용 부품소재에 적용되는 여러가지 소재 · 재료들을 언급하였다. 수송기계 및 안전편의에 적용되는 모든 기술과 소재 및 재료 들을 모두 언급하기는 어렵지만 주로 기계재료에 준한 내용들을 다루었다. 수송기계용 융합부품소재에 대해 개론적으로 접근함으로서 학생들에게 개괄적인 내용을 전달하도록 하였다. 융복합에 대한 관련기술과 적용사례를 살펴본다. 본 책의 구성은 1장 수송기계용 금속재료, 2장 복합재료, 3장 고분자재료, 4장 세라믹재료를 다루었고 5장에서는 최근 개발 및 적용되고 있는 수송기계용 신소재 · 신재료에 대해 소개하였다.

BEST PKNU 국립부경대학교 수송기계 안전편의 융합부품소재 인재양성 센터

본 교재는 교육과학기술부의 재원으로 한국연구재단의 지원을 받아 수행된 광역경제권 선도산업 인재양성사업[수송기계 안전편의 융합부품소재 인재양성센터(BEST)]의 지원에 의하여 개발되었음.

도서출판 GS인터비전

머리말

기계부품과 소재산업의 노후화 및 고부가가치 부품·소재산업의 취약 등 아직 산업 전반에 걸쳐서 극복해야 할 요소가 많다. 특히 수송기계 관련 기계부품산업의 경쟁력을 확보하기 위해서는 수송기계분야의 부품소재에 관련된 기술력이 뒷받침되어야 한다. 기계요소적인 문제의 해결과 함께 이에 대응할 수 있는 소재 및 재료의 적용, 나아가 소재개발이 뒤따라야 할 것이다. 근년 광역경제권 선도산업 인재양성사업이 시작되어 전국 5+2개 광역권에서 20개 센터가 출범하였다. 이에 융합부품소재 선도산업의 하나로서 수송기계에 관련된 안전편의 융합부품소재분야에 대한 인재양성을 위한 교육프로그램이 수행되고 있다. 수송기계용 부품으로서 안전과 편의에 요구되는 융합부품소재에 대한 지식창출이 고급인재 양성을 위하여 필요하다.

이에 본 책은 수송기계용 부품소재에 적용되는 여러 가지 소재·재료 들을 언급하였다. 수송기계 및 안전편의에 적용되는 모든 기술과 소재 및 재료 들을 모두 언급하기는 어렵지만 주로 기계재료에 준한 내용들을 다루었다. 수송기계용 융합부품소재에 대해 개론적으로 접근함으로서 학생들에게 개괄적인 내용을 전달하도록 하였다. 융복합에 대한 관련 기술과 적용사례를 살펴봄으로서 수송기계 안전편의 융합부품소재에 대한 소개 자료로서 활용되었으면 하는 바람이다.

본 책의 구성은 1장 수송기계용 금속재료, 2장 복합재료, 3장 고분자재료, 4장 세라믹재료를 다루어 융합부품소재에 대한 개론적 소개를 하였고, 5장에서는 최근 개발 및 적용되고 있는 수송기계용 신소재·신재료에 대해 몇 가지 예를 들어 소개하였다. 다소 포괄적인 내용에 치중된 점이 있지만 향후 보완을 통하여 좀더 세세한 부분까지 다룰 수 있도록 약속한다. 이 책이 앞으로 동 분야에 관심을 가지고 있는 사람들에게 조금이나마 도움이 되길 바란다.

2010년 저자 일동

차례

1장

자동차용 금속재료

1. 자동차용 금속재료

1.1 산업별 적용강재의 종류

강재의 종류는 각 산업별로 크게 다르다. 대략적으로 분류하면 주로 박판을 사용하는 자동차, 가전, 캔 및 용기부품과 후판을 주로 사용하는 조선, 건축, 토목 등으로 구분할 수 있을 것이다. 각 산업별로 사용되어지는 필요 강재의 종류를 대략적으로 표 1.1에 나타내었다.

✔ 표 1.1 산업별 적용강재의 분류

종류		자동차	가전	캔/용기	조선	건축	토목	에너지	산업기계	주택
박판	열연강판	○			○				○	○
	냉연강판	○	○							
	용융아연도금강판	○	○							
				○						
	전기도금강판	○	○							
	도장강판	○	○	○						
후판					○	○	○	○	○	○
강관		○			○	○	○	○	○	○
전자강판		○	○					○		
스테인리스강판		○			○			○	○	
봉선		○			○	○			○	○
형강					○	○	○	○		○

✔ 표 1.2 적용강재의 문제점과 개선방안

산업분야	산업특유의 과제	강재의 대응방안
자동차	연비향상, 충돌안전성의 향상, 의장성이 높은 형상	Highten(고장력강판) 가공성이 좋은 강판
용기	산이나 알카리에 대한 부식에 강한강재 의장성이 높은 형상	내부식박육강판
조선	대입열용접성에 뛰어난 강재 선박대형화에 따른 고기능강재	용접열영향부(HAZ)인성 개선 강판 원유나 천연가스 대응 강판
에너지	고온고압환경에 견딜 수 있는 강재 극저온에 견딜 수 있는 강재 부식에 견딜 수 있는 강재	보일러-열교환기용 강관 저온용 9%Ni 강판 내황산부식강
산업기계	사용조건의 가혹화 내마모성의 향상	고장력고인성 강판 내마모성에 뛰어난 강판

특히, 수송기계분야인 자동차, 조선 및 용기소재, 각종 산업기계분야 및 최근 이슈가 되고 있는 에너지분야에서의 강재의 사용은 아직도 지대하다. 이들 각 분야에서 사용되는 강재에 있어서 해결해야 할 과제가 있으며 이를 개선하여야 새로운 기능 향상이 이루일 것으로 판단된다. 표 1.2에는 상기 분야에 있어서의 해결되어야 할 과제와 그에 대한 대응책을 열거하였다.

1.2 자동차용 강재의 최근의 동향

자동차는 종합산업의 산물이며 그 발달과정에 따라 수반되는 여러 가지 과제를 안고 있다. 부품소재의 관점에서 고급화, 안전성 및 경쟁력 등을 담보하기 위하여 최근까지도 그 개선이 진행되고 있는 실정이다. 1대의 자동차를 만들기 위하여 20,000~30,000개의 부품이 들어간다.

그림 1.1에는 자동차부품에 사용되는 소재의 조건을 간략하게 도시하였다.

그림 1.2에는 자동차의 제조공정의 개략을 나타내었다. 표 1.3에는 자동차부품에 적용되는 금속/비금속재료를 대략적으로 분류하였다.

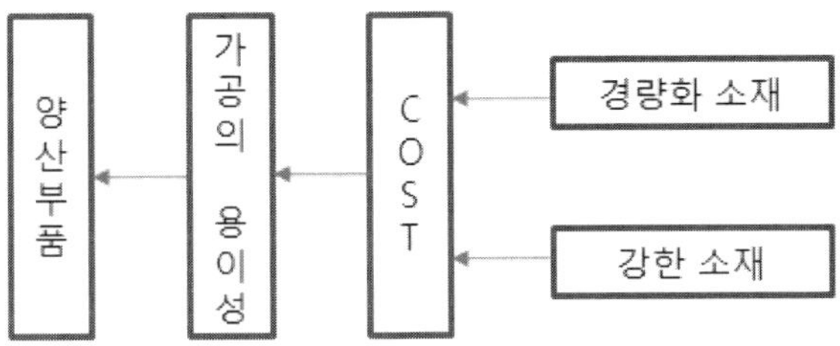

✔ 그림 1.1 자동차부품 소재의 조건

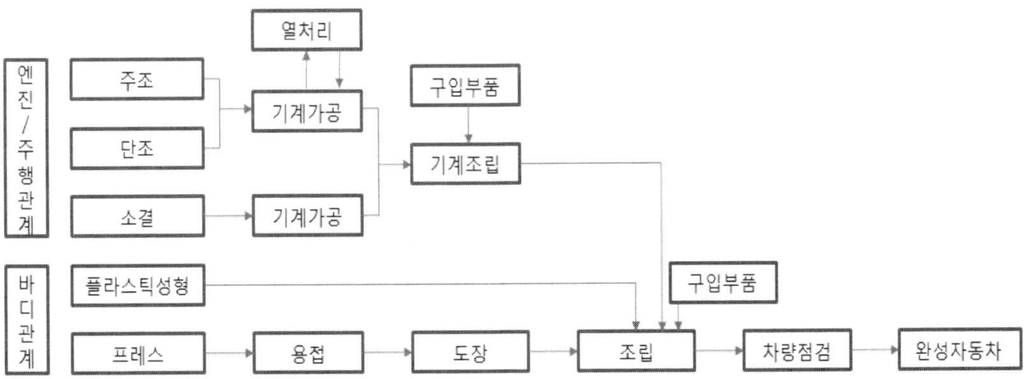

✔ 그림 1.2 자동차의 제조공정의 개략

✔ 표 1.3 자동차부품에 적용되는 금속/비금속재료

재료	자동차부품
< 금속 >	
선철	실린더블록
보통강	차체, 프레임, 차륜부품
특수강	기어류, 엑슬샤프트, 크랭크샤프트
동	전장품, 라디에이터
납, 주석, 아연	엔진메탈류, 납땜, 도장부품
알루미늄	엔진부품, 휠
귀금속	배가스정화용 부품
스프링강	스프링
특수합금	베어링
그 외 비철금속	마그네트류, 도금류
< 비금속 >	
고무	타이어, 각종 씰부품, 방진용 부품
도료	도포용, 방청용 도료
화학제품	부동액, 각종 오일
섬유	시트, 내장용, 안전벨트
목재	트럭 짐칸
마찰재	라이닝, 페이싱, 가스킷
세라믹스	스파크플래그, 일렉트로닉스부품, 센서, 배가스정화용부품
글래스	창, 미러, 전조등
피혁	시트, 패킹
합성수지고분자재료	스티어링 휠, 범퍼, 라디에이터 그릴
그 외 복합재료	조명기기, 전선, 광화이버
	스타터, 미터류
	에어컨, 쿨러류
	라디오, 스테레오
	펌프류 등 기계가공부품
	배터리
	탑재공구류

또한, 표 1.4에는 자동차에 사용되어지는 주요 금속재료의 종류와 특징을 나타내었다.

✔ 표 1.4 자동차에 사용되어지는 주요 금속의 종류와 특징

금속명	밀도 (g/cm^3)	융점 (℃)	특징
금(Au)	19.3	1063	내식성이 양호, 금속 중에서 최대의 전연성을 가짐
납(Pb)	11.3	327	부드럽고, 강도는 낮다. 내식성이 우수
은(Ag)	10.5	961	전연성이 풍부, 전기·열의 전도성이 양호
동(Cu)	8.9	1083	전연성이 풍부, 전기·열의 전도성이 양호
니켈(Ni)	8.9	1453	내열·내식성이 우수, 강자성
철(Fe)	7.9	1536	Al 다음으로 풍부하게 존재
주석(Sn)	7.3	232	저융점, 전연성이 풍부, 내식성 양호
아연(Zn)	7.1	419	단단하고 취성적, 도금이나 다이캐스트용에 이용
티탄(Ti)	4.5	1680	내식·내열성이 우수, 비강도는 강보다 높음
알루미늄(Al)	2.7	660	비중이 가볍다, 전기·열의 전도성이 양호, 비자성으로 부드럽다
마그네슘(Mg)	1.7	659	매우 가볍다, 활성으로 내식성은 취약

최근 자동차산업에서 사용되어지는 소재들에 필요한 특성들을 종합해 보면,

① 지구온난화 대처
② 제품 기능 향상
③ 안정한 제조
④ cost 삭감

등으로 크게 나눌 수 있다.

이들 조건들을 만족하기 위해 요구되는 강재들의 특성은 그림 1.3에 나타내었듯이, Highten화, 박육화, 양질의 가공성 확보, 강재 표면의 미려정도, 소재의 균일성 등을 들 수 있고 아직도 미해결의 문제가 많은 것이 사실이다. 이들 하나하나의 특성을 만족시키는 것 자체가 상당히 어려운 문제들이지만 현장에서는 이들 특성들을 한꺼번에 해결하려는 시도를 통하여 강재를 개발하려하고 있다.

그림 1.4에는 자동차 부품별 요구되는 강재의 특성을 열거하였다.

그림 1.5에는 자동차용 강판의 분류를 나타내었다.

✔ 그림 1.3 자동차용 강재의 특징

완성자동차

- 구조재(Member, Fillar, Rail 등): 고강도, 고성형성 등 / 고강도강
- 보강재(Bumper, Impact beam 등): 고내충격성 등 / 초고강도강
- 패널재(Door impact beam, Hood, Floor류 등): 도장성, 고내식성 등/ 고장력강
- 섀시재(Suspension, Wheel 등): 고강도, 내피로성 등 / 열연고강도강
- 배기계재(Manifold, Muffler, Baffle 등): 고내열성, 고내식성 등 / 스테인리스강
- 기타보조재 (Bolt류, Spring, Tire cord등): 고강도, 고인성 등 / 선재, 봉강 등

✔ 그림 1.4 자동차 부품별 요구특성

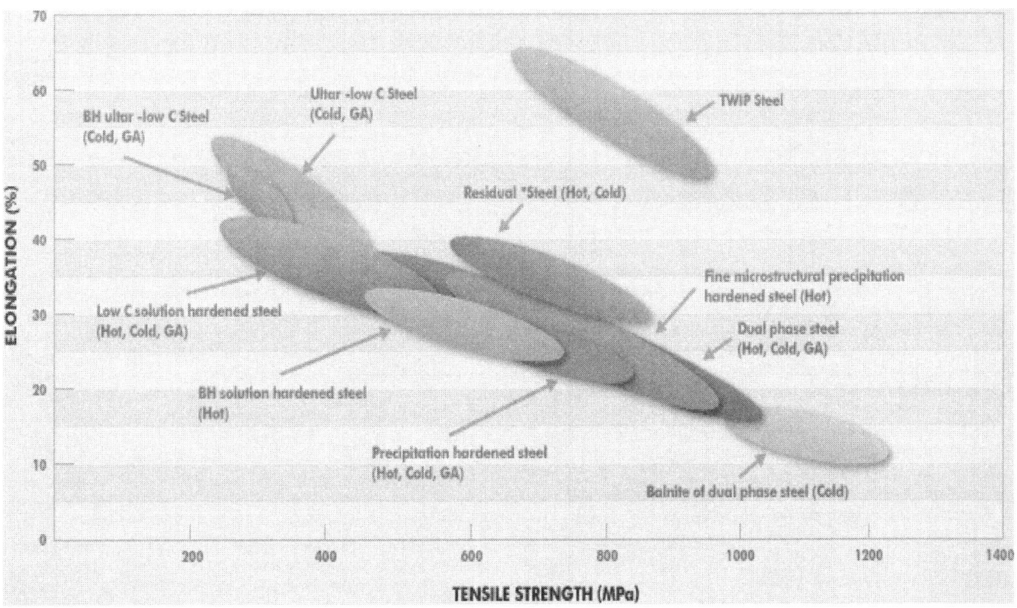

✔ 그림 1.5 자동차용 부품에 사용되는 강판의 분류

1.3 자동차용 고기능 Highten 강재

1.3.1 열연강판 및 냉연강판

자동차용 강판의 종류로서는 열연강판, 냉연강판, 표면처리강판이 있다. 이들은 자동차의 기본적인 스타일을 담당하면서 강도 및 강성 등의 기계구조체로서의 기구를 담당하는 Body이다. 즉, 후드, 도어 등의 외판 패널, 플로어, 대시패널 등의 내판 패널, 기타 보강재로 분류 가능하다.

자동차용 열연강판은 강도확보를 위하여 석출강화 및 변태강화법을 주로 이용한다. 석출강화강은 높은 항복비를 얻을 수 있고, 페라이트-베이나이트 복합강은 장출성이 높다. 자동차용 냉연강판으로서 내판에는 소성변형비가 높은 IF강을, 외

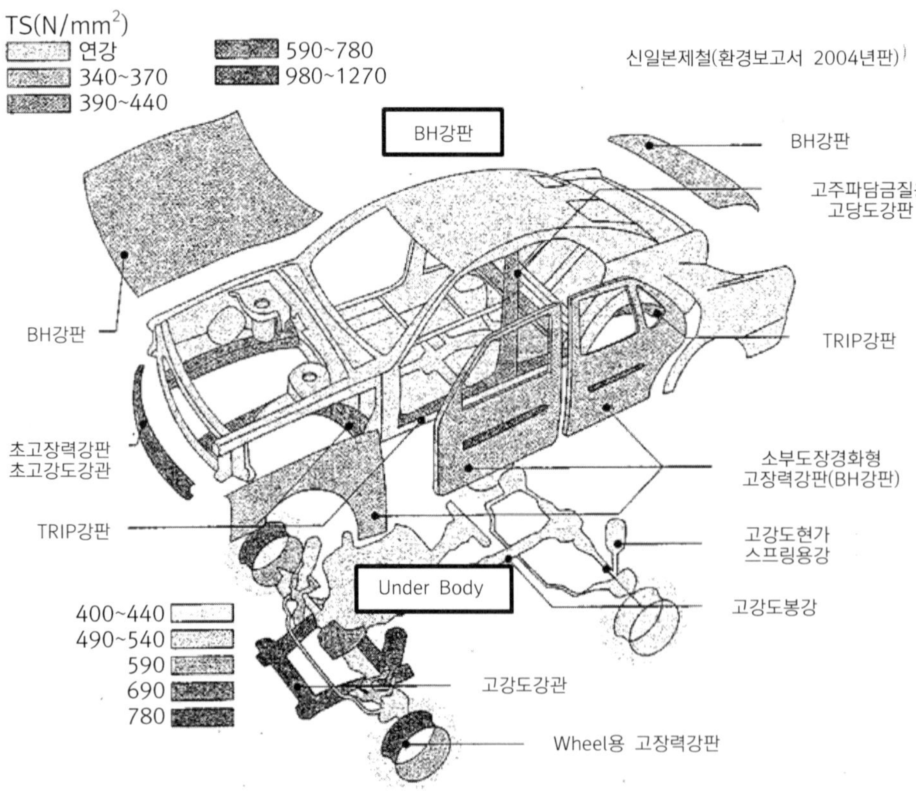

✔ 그림 1.6 자동차에 사용되고 있는 Highten 적용 부품

판에는 내덴트성이 높은 BH강이 주로 사용된다. 표면처리강은 열연 및 냉연강판에 내식성 향상을 위하여 아연 등을 도금한 것이다.

그림 1.6에는 자동차에 사용되고 있는 Highten의 요소 부위를 나타내었다.

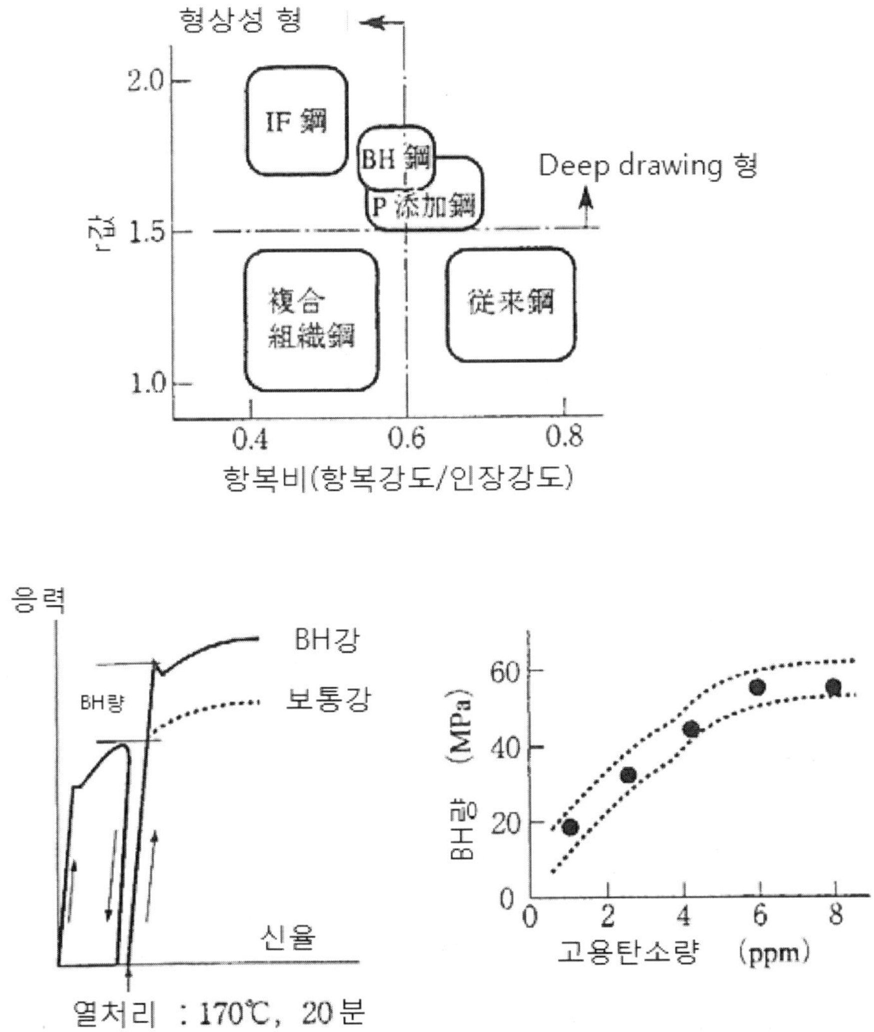

✔ 그림 1.7 패널용 고강도강판의 특징과 BH성

제1차 석유파동이 있었던 1973년 이후 자동차의 경량화를 목적으로 한 고강도 강판 개발이 추진되었다. 특히 성형성이 우수한 고강도강판이 필요로 하게 되었는데 이는 프레스성형성이 자동차용 강판에 있어서 극히 중요한 특성이기 때문이다. 이러한 문제를 해결하기 위하여 재료 제조 프로세스로서 열연강판에서는 근대적 연속열연mill을 활용한 신가공열처리 기술이, 냉연강판에서는 연속어닐링(Continuous annealing) 공정이 적용되어 급열·급냉 사이클을 구사한 각종의 특징 있는 고강도 강판이 탄생하게 되었다. 특히 자동차용 냉연강판은 프레스 성형성, 용접성, 도금성, 내식성 등이 만족되어야 한다. 고강도냉연강판은 높은 가공성을 만족하여야 하기 때문에 일반적으로 패널용 340~440 MPa급, Member용 440~780 MPa급, 보강재용 780~1350 MPa급이 주로 이용되고 있다.

냉연강판이 주가 된 패널용 고강도강판의 주요 특징을 그림 1.7에 나타내었다.

① r값(가공성)과 항복비(항복강도÷인장강도, 형상동결성의 지표로서 값이 작을수록 좋음)의 밸런스를 가진 P첨가강

② 성형시에 부드럽고 연성이 뛰어나, 도장소부열처리로서 경질화된 BH강판

③ r값과 항복비가 굉장히 높아 뛰어난 IF(Interstitial free) 고강도강판

이와 같이 자동차용에 적용될 고강도강판은 최근 세계적으로 이슈가 되고 있는 CO_2 배출량을 줄이기 위해 경량화 및 충돌안전성 향상을 고려하여 고강력강의 적용이 점차 확대될 것이다. 자동차용 고장력강은 고성형성, 고강도성, 고연신성, 리사이클화를 목표로하고 있으며 이는 역시 차량의 경량화 및 안정성을 위해 적용되고 있다.

1.3.2 BH강

자동차에는 여러 가지 부분에 여러 가지 특징을 가진 Highten재가 사용되어지고 있다. 자동차용 강판에는 외판과 내부의 보강재로 사용되는 내판재가 있다. 특히 자동차 품질향상 과정에서 자동차의 여러 가지 구조부품과 더불어 자동차의 외판에 대한 고강도화가 급속히 진행되고 있다.

Body의 외측에 사용되는 외판에는 BH강판(Bake-hardening: 소부도장 경화형 고장력강판)을 이용한다. 이는 자동차 외판에 고강도강을 적용하여 외부 물체와의

충돌시 발생하는 외판 손상에 대한 저항을 증가시키기 위해 내덴트(Dent)성이 우수한 고강도판이 필요하기 때문이다. 자동차 외관을 정확하게 성형하기 위해 도장 전에는 프레스가공시의 강도는 통상의 강재정도를 유지하여 성형이 용이하여야 하고, 이후 외측에 도장을 하기 위하여 강재의 온도를 상승시키면 경화하여 강도가 증가하게 된다. 가공성도 좋고 강재 강도도 높이기 위하여 현재에는 BH강판이 자동차 강판에 많이 사용되어지고 있다. 현재 주로 사용되고 있는 BH강판은 극저탄소강으로서 고용 C 함량을 조절하여 소부경화시켜 인장강도가 통상 350~450 MPa 정도로서 이 보다 강도를 높이기가 어려운 상황이다. 이는 페라이트 단상으로 되어 있고, 또한 단상 내의 고용 C만으로는 높은 BH성(소부경화능)을 얻을 수 없고 극저탄소 BH강의 BH성은 성형이 클수록 BH성이 감소하기 때문에 강도를 증가시키는데 한계가 있다.

1.3.3 MP강/DP강/TRIP강

따라서 최근에는 이를 극복한 여러 가지 상이 함께 존재하는 Multi-phase bake-hardening(MP강)에 BH특성을 극대화 시킨 강도 개발되고 있다.

또한 부드러운 페라이트상에 단단한 마르텐사이트상을 10~20% 분산시킨 금속조직을 가진 인장강도가 490~590 MPa 급의 DP(Dual phase) 고강도강도 개발되었다.

이후 신고강도강판으로서 고연성 고강도 열연강판인 잔류오스테나이트강판(TRIP강: Transformation induced plasticity, 변태유기초소성)이 개발되었다. 이 강은 주로 중, 고Class급의 고강도강판으로서 연속어닐링에 의해 제조된다. 최근의 동향으로서 자동차의 플랫폼 등에는 590 MPa 이상의 고강도강이 요구된다. 그러나 강재를 Highten시키면 연성이 부족하여 가공성이 나빠진다. 따라서 이것을 보완하기 위하여 개발된 것이 TRIP강이다. C-Si-Mn의 비교적 단순한 성분의 강을 연속어닐링으로 오스템퍼처리를 한다. 이 강은 베이나이트 혹은 페라이트+베이나이트의 매트릭스 속에서 변형에 의해 마르텐사이트로 변태(가공유기변태)할 수 있는 준안정 오스테나이트를 수%~30% 정도(강도에 의해) 잔류시킨 강이다. 이 강의 고연성기구의 개념도를 그림 1.8에 나타낸다. TRIP강의 경우 최근 Deep drawing성

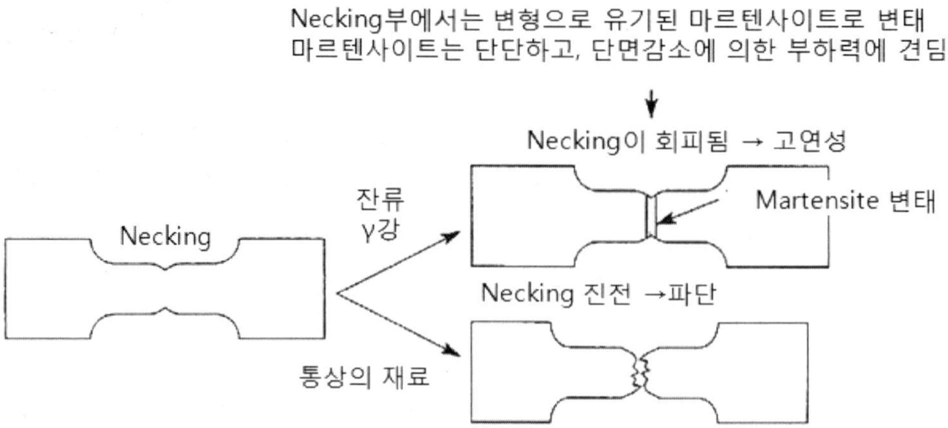

✔ 그림 1.8 고잔류오스테나이트 강판인 TRIP강의 개념도

에서 뛰어난 효과를 나타내고 있고 980 MPa급의 냉연 TRIP강에서도 수축비가 2.0인 Deep drawing 성형이 가능한 것으로 알려져 있다. 단 r값이 낮은데 집합조직이 랜덤하기 때문이다. 최근 범퍼나 도어 거드바 등의 보강재에 980 MPa급의 초고강도냉연강판이 개발되어 사용되어지고 있다. 일반적으로 DP강과 TRIP강은 자동차의 충돌성능을 향상시킨 것이다. DP강과 TRIP강와 같은 AHSS(Advanced high strength steel)은 연성이 높은 것이 특징이다.

현대 하이스코에서는 Bumper reinforcement, Door impact beam 등의 구조부재에 충돌시의 안전성을 높이기 위하여 높은 충격 에너지흡수가 가능한 100 kgf/mm^2 급의 강종을 개발하고 있다. 이를 위하여 DP강, CP강(Comples phase steel, 변태강화-석출강화형 강), Hot press forming에 의해 제조되는 마르텐사이트강 등이 주류를 이룬다.

1.3.4 IF강

IF(Interstitial free)강은 일본에서 최초 개발된 것으로 결정방위형성에 악영향을 미치는 침입형고용원소 C, N을 전혀 함유하지 않은 강을 말한다. 이 IF강 제품의 특징은 매우 높은 r값을 얻을 수 있다. 또한 어닐링온도는 높을수록 양호하며 어닐링의 가열속도 의존성이 없다. 특히 연속어닐링화가 가능해져 고강도 냉연강판의 개발에 크게 기여하게 되었다. 최근에는 IF강에 BH성을 부여한 기술도 공업화되었다.

1.3.5 자동차용 표면처리강판

1970년대 한랭지역에서 제설용 염의 대량사용에 따른 차체부식이 문제가 되어 캐나디안 코드, 노르딕 코드 등의 방청지표가 나타났다. 특히 환경문제 및 연비향상을 위한 경량화와 더불어 방청강판에 대한 요구는 더 커지게 되었다. 이는 차체의 부식을 방지하기 위하여 표면에 여러 가지 처리를 하여 외부로부터 물리적·화학적 조건으로부터 고유한 성질의 변화를 방지하기 위한 표면처리강판이 자동차에 적용되어지게 되었으며 도금재의 부착성을 좋게 하기 위하여 필요하다. 또한 방청강판의 경우에는 방청성능뿐만 아니라 용접성, 도장성 및 도장마무리, 표면결함 등 사용특성 및 품질특성과 모재로 사용되는 강판과의 조화 등에 충분한 배려가 되어져야 한다.

자동차에 사용되는 표면처리강판에는 주로 차체방청용 아연도금강판, 배기계통 등에 사용되는 알루미늄도금강판, 연료탱크에 사용되는 납-주석 합금도금강판, 이외에 소지철 자체의 방청능력을 향상시킨 고내식강판, 전기도금강판, 유기피복강판(전기도금층 위에 크로메이트 및 수지를 엷게 도포한 강판)이 있다. 단 향후 지구온실가스 문제에 대응키 위해 크로메이트(Chromate)공법은 사용이 금지되기 때문에 이에 대한 대비책으로서 친환경 Cr-free 기술이 적용된다. 크로메이트 피막에 대한 대체 기술로서는 금속화합물 유기 Inhibitor를 사용하든가 무기계고분자, ETC, Resin 등을 이용한 신개념의 코팅기술의 적용이 필요하며, 현재 자동차메이커에서 CR-fREE강판으로 대체 중에 있다.

아연도금강판은 냉연강판에 아연도금을 입힌 전기아연도금강판과 어닐링공정과 표면산화물의 환원처리를 겸한 연속용융아연도금강판이 있다. 연속용융아연도금강판의 경우에는 용융아연도금 후 더욱 가열하여 모재의 Fe를 도금층 속에 확산시키는 합금화용융아연도금이 자동차용으로서 잘 사용된다. 합금화용융아연도금 표면처리강판에 대해서는 저탄소 혹은 극저탄소 베이스에 고용체강화 혹은 석출강화를 이용하며 제조되어지고 있다. 최근의 자동차메이커에서 주로 사용하고 있는 차체방청강판은 2층합금화용융아연도금강판과 박막유기복합강판으로 대별할 수 있다. 이들은 어느 것이나 내피트성 10년, 내표면부식성 5년을 충분히 만족하는 것이라야 한다. 합금화용융아연도금강판 중 Zn-Fe합금은 주로 자동차의 내식성, 용접성, 도장성을 확보하기 위한 것이며, 합금화용융아연도금강판에 윤활수지를 코팅하게 되면 성형성과 마찰특성이 현격히 증가한다.

포스코는 자동차 외판용으로 590 MPa급 합금화용융아연도금강판을 개발했는데 기존 강판에 비해 고강도, 경량화 및 외관이 미려한 것이 특징이다. 강도가 70% 이상 향상돼 기존 제품보다 강판두께를 줄이면서도 찍힘 저항성이 우수하다. 실제 자동차 Hood를 제작하면서 강판두께를 0.7 mm에서 0.55 mm로 줄여 20% 정도의 경량화 효과를 가져왔고, 자동차 외판의 경량화에 따른 자동차 연비 향상과 더불어 이산화탄소 배출량을 줄이는 친환경 차체개발에 크게 기여할 것으로 기대되고 있다.

1.3.6 기타 자동차용 보통강강판

자동차용 강판의 내피트성 개선을 위하여 합금화용융아연도금강판이 제조되었지만 자동차의 부위에 따라서 강판 자체의 내식성을 향상시킨 박강판도 개발되고 있다. 이들에는 Cu 및 P가 복합적으로 첨가되어 내피트성이 대폭 개선되었다.

또한, Body의 진동이나 소음을 저감시키기 위하여 제진강판이 이용된다. 제진강판은 0.04~0.1 mm 두께의 제진수지를 끼운 샌드위치구조의 복합강판으로 질량의 증가 없이 진동·소음을 저감할 수 있다. 열경화성 혹은 열가소성수지가 선택되어 성형가공성이나 용접성의 관점으로부터 강판과의 접착강도의 조정이나 도전입자의 첨가가 행하여진다.

1.3.7 자동차용 일반 강관

강관의 종류로는 무이음매(Seamless) 강관, 용접강관, 단접강관 등이 있다. 이들 자동차용 강관은 치수정도, 제조가능 범위, 표면 상태, Cost의 관점으로 부터 용접강관이 그 중에서도 전기저항 용접강관이 가장 일반적으로 사용된다. 경우에 따라

✔ 표 1.5 자동차용 강관의 사용 부위

	부품명
엔진	로커샤프트, 캠샤프트, EGR파이프
섀시	쇽암쇼바의 실린더, 도어빔
스티어링	충격흡수 스티어링튜브, 타이로드튜브
구동	프로펠러샤프트, FF용 드라이브샤프트
배관 및 배기관	브레이크튜브, 연료튜브, 배기관, 에어석션파이프

서 후육강관이 사용될 경우에는 열간마무리 Seamless 강관이 이용된다. 특히 높은 치수정밀도를 요구하는 경우에는 전기저항 용접강관 혹은 Seamless 강관을 냉간인발한 강관을 사용한다. 자동차용 스테인리스강관의 경우 Ar분위기 용접에 의해 전기저항 용접부의 품질을 확보하고 있다. 이들 자동차용 강관의 제관 후 가공성을 확보하기 위하여 압연에 의한 성형으로부터 소재의 가공변형률을 극소화하는 저변형률 제관기술이 적용되어지고 있다. 이들 강관의 용도는 프로펠러 샤프트나 드라이브 샤프트 등의 구동축, 스티어링 샤프트 등의 각종 샤프트, 각종 링크, Cross member, Side member, 토션바, 등에 사용되어지고 배기계통에는 주로 스테인리스 강관이 사용되어진다. 자동차용 강관은 고강도화, 고내식화 등의 특징을 가지고 있다.

표 1.5에는 강관의 자동차에 사용되는 부위를 정리하여 나타내었다.

(1) 도어빔용 고강도강관

도어빔용 강관은 자동차의 측면으로부터의 충돌에 대한 안전성(미국 FMVSS (Federal Motor-Vehicle Safety Standard(연방 자동차 안전 기준), No. 21 기준을 통과하기 위하여 도어의 내부에 도어임팩트빔을 배치시켜 차체 측면의 강도를 향상시키기 위하여 사용된다. 최초 고강도강판을 프레스성형가공하여 사용하였지만 최근의 경량화와 에너지흡수능의 요구로부터 고강도강관의 적용이 증가하게 되었다. 단 도어내부의 Path 제약이 있기 때문에 강성이 높은 강관이 유리하다.

차체측면의 강도는 최대굽힘하중의 4%변형에 있어서의 변형응력에 상당한다고 알려져 있으며, 특히 측면도어의 특성상 굽힘변형에 의한 흡수에너지를 최대로 하기 위해서는 굽힘 말기에 이르기 까지 강관이 소성굴복하지 않고 게다가 파괴되지 않는 조건이 필요하다. 이를 만족하기 위해서는 파단신율이 8%이상 되어져야 한다. 더욱이 고강도와 고연성을 저비용으로서 실현하기 위해서는 0.2%C를 함유하는 담금질한 마르텐사이트조직이 유효하고 제관 후에는 고주파담금질에 의한 인장강도 1470 MPa급의 도어빔용 고강도강관이 널리 이용되어지고 있다. 특징적으로 비교적 낮은 C를 함유하는 마르텐사이트조직으로 제조하는 것으로 고속변형 및 저온에서의 변형 즉, 측면 충돌에 있어서도 우수한 에너지 흡수능력을 보유한다. 그림 1.9에는 강관의 단위면적당 흡수에너지에 미치는 두께/외경비와 도어치수에 대응하는 정도의 굽힘 스팬(Bending span)길이의 영향을 나타내었다.

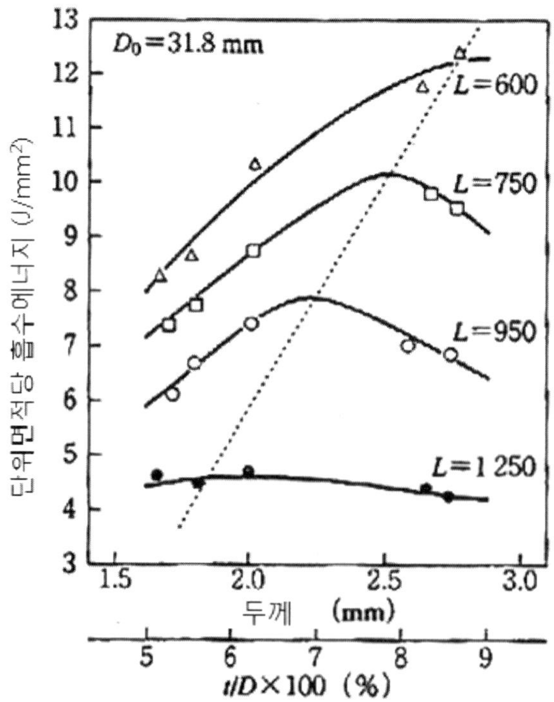

✔ 그림 1.9 강관의 단위면적당 흡수에너지

(2) 자동차 프로펠러샤프트용 고강도강관

프로펠러샤프트는 비틀림 피로하중을 받는다. 특히 양단의 조인트요크를 용접할 경우 열영향부가 연화하기 때문에 피로강도가 저하하며 이는 열영향부 중에서 최대 연화된 부분에서의 경도와 연관이 있다. 따라서 열영향부 연화를 방지하기 위하여 미량의 첨가원소에 의한 석출강화를 이용하여 재가열에 있어서의 석출물의 형태와 양을 제어한다. 이로부터 비틀림피로강도를 향상시킨 내HAZ연화형 하이텐프로펠러샤프트용 강관이 개발되어 사용되어지고 있다.

(3) 배기계 플랙시블파이프용 스테인리스강관

플랙시블파이프는 배기관 아래로 엔진의 진동이 전달되는 것을 방지하는 역할을 수행한다. 사복파이프와 와이어메쉬로 구성되어 있는데 주로 오스테나이트계 스테인리스강이 적용된다. 일반적으로는 SUS304정도가 사용되나 겨울철 융설염 산포지역에서는 축적된 고온의 염에 의한 손상에 견딜 수 있는 재료로서 SUSXM15J1 등의 고Si스테인인리스강이 추천 사용되어지고 있다. 특히 북미지역에서는 Si를 증량하거나 Mo를 첨가한 17Cr-13Ni-2.5Si-2.5Mo강을 사용하고 있다.

1.3.8 자동차용 스테인리스 강판 및 강관

스테인리스강은 오스테나이트계 스테인리스강, 페라이트계 스테인리스강, 마르텐사이트계 스테인리스강으로 대별할 수 있다. 페라이트계는 열처리(퀜칭)에 의해 경화하지 않는데 SUS430이 대표적이다. 마르텐사이트계 보다도 내식성이 우수하고 Deep drawing 가공에 의한 성형성도 양호하다. 자동차용 강판으로서는 Cr도금 대체로서 SUS430계가 사용되어 오다가 최근에는 내부식성을 향상시킨 SUS430J1L이 주로 사용되어지고 있다. 특히, 배기가스정화의 일환으로서 EGR(Exhaust Gas Recirculation)용의 강관은 고온강도와 냉각시의 응축수에 대한 내식성의 2가지 관점으로부터 SUS410L계, SUS304계가 일반적으로 사용되어지고 있다. 특히 SUS304는 차체, 휠캡, 도어, 미러 등의 도포부품에 사용되어진다. 최근에는 공식(Pitting)에 강한 Mo를 함유한 페라이트계 스테인리스강과 수지류가 채용되어지고 있다.

실린더헤드 가스킷에는 박판의 STS301의 Hard재를 수매 겹쳐서 사용하고 있는 엔진도 있다.

열처리(퀜칭)에 의해 경화되는 마르텐사이트계 스테인리스강은 내마모성을 높일 수 있고, 경도도 향상시킬 수 있기 때문에 자동차용 베어링, 노즐 등의 부품에 적용된다.

(1) 내열용도용 스테인리스강: 이그조스트 매니폴드, 프론트 파이프, 촉매 컴퍼트용 메탈담체, 실린더헤드 가스켓 등

(2) 내식용도용 스테인리스강: 머플러, 촉매 이그조스트 파이프 등

표 1.6에는 자동차의 배기계통에 사용되고 있는 주요한 스테인리스강과 적용부위를 정리하여 나타내었다.

✔ 표 1.6 부위별 환경온도와 사용 강종(온도:℃, 중량:kg/대)

No.	부위	환경 온도	강종	중량
1	실린더헤드 가스킷	100	SUS301L	0.3
2	이그조스트매니폴드	950~800	YUS409D, YUS180	4
3	프론트 파이프	800~600	YUS409D, YUS436S, YUS180	2
4	플렉시블 파이프	800~600	SUS304, SUSXMa5J1, SUS302B	0.5
5	촉매 컴퍼트	800~600	YUS205M	2
6	센터 파이프	600~300	YUS409D, TUS436S, YUS432	3
7	머플러	300~100	YUS409D, YUS436S, YUS432, NSA1YUS409D, NSA1YUS432	6
8	텔 파이프	300~100	YUS436S, YUS432, NSA1YUS409D	6

YUS409D: 11Cr-0.2Ti
YUS436S: 17Cr-1.2Mo-0.2Ti
YUS432: 17Cr-0.5Mo-0.2Ti
SUS301L: 17Cr-7Ni
YUS205M1: 20Cr-5Al-Ln
YUS180: 19Cr-0.4Nb,-0.4Cu-0.4Ni
SUSXM15J1: 18Cr-13Ni-4Si
NSA1YUS409D, NSA1YUS432: 용융알루미늄도금 스테인리스강

(3) 이그조스트 매니폴드

종래 주철주물을 이용하다가 최근 스테인리스강으로 대체되고 있다. 스테인리스강을 사용하면 두께를 약 2.0 mm까지 박육화시킬 수 있기 때문에 약 50%정도 경량화가 가능하다. 이그조스트 매니폴드에 사용되는 소재의 특성은 내열성이 뛰어난 것이 좋으며, 배기가스 온도에 대응하여 선택되어져야 한다. 또한 내산화성을 가질

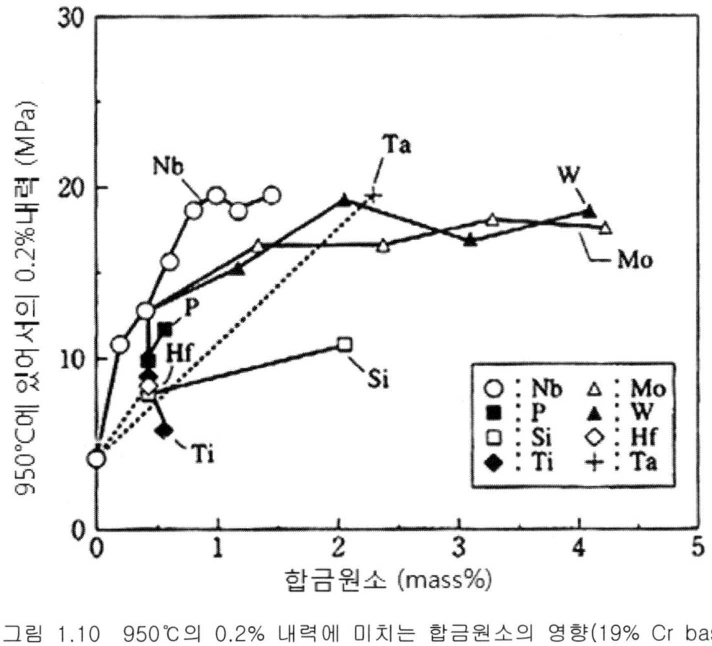

✔ 그림 1.10 950℃의 0.2% 내력에 미치는 합금원소의 영향(19% Cr base)

필요가 있으며 주로 Cr양이 많을수록 양호하다. 여기에 고온강도, 고온피로강도를 높이기 위하여 Mo 혹은 Nb가 첨가된다. 다만, 베이스 성분과 강화원소에 따라서는 고온시효에 의해 고온강도가 저하할 수 가 있다. 그림 1.10에는 고온에서 0.2% 내력에 미치는 합금원소의 영향을 나타내었다.

최근 연비개선을 위한 기술의 진보에 따라 배기가스 온도가 1000℃ 이상까지 상승되어지고 있다. 따라서 이에 대응하기 위하여 앞에서 언급한 내열성, 고온강도 및 내산화성이 뛰어난 스테인리스강의 사용이 더욱 요구되고있다. 또한 이그조스트 매니폴드에 연결된 촉매컴퍼터까지의 파이프도 내열재료가 요구되며 이그조스트 매니폴드용과 동일한 배기가스 온도에 대응하도 록 스테인리스강이 추천 적용된다.

(4) 머플러 및 이그조스트 파이프

머플러와 이그조스트 파이프의 내면은 암모니아 이온이나 유황산 등의 배기가스 성분의 응축과 가열·냉각 사이클에 의한 농축화에 의해 매우 가혹한 부식환경에 노출되어져 있어서 그 대책으로 주로 스테인리스강을 사용한다. 주로 SUS436L강(17%Cr-0.5%Mo-0.2%Ti)을 사용한다. 또한 겨울철 노면에 뿌려지는 염화칼슘 등에 의한 외면의 손상을 방지하기 위해 Type 409, SUS436L 등의 스테인리스강에 용융알루미늄도금을 실시한 강판이나 강관을 사용한다.

(5) 메탈 가스킷

실린더헤드 가스킷에는 석면(Asbest)이 오랫동안 사용되어져 왔다. 최근 석면의 사용규제 및 엔진의 고출력화에 따른 가스밀봉성의 향상이 요구되어졌고 석면에 대한 대체재료가 불가피하게 되었다. 가솔린엔진자동차에는 주로 그라파이트가 사용되고, 디젤엔진자동차에는 스테인리스강판제인 메탈 가스킷이 주로 사용된다. 최초는 SUS301강을 박판으로 제조하여 여러 장을 적층하는 형태의 구조였으나 최근에는 SUS301L강을 이용한 1층형 메탈 가스킷을 개발하여 사용하고 있다. 이 메탈 가스킷은 석면에 비해 내열성, 내압축성 등에 우수하고 개발된 1층형의 경우 가스밀봉성에 있어서 더욱 효과가 뛰어나 엔진성능의 향상에 기여하게 되었다.

(6) 메탈담체

자동차 배기가스 정화용 촉매는 세라믹스담체가 주류를 이룬다. 그러나 최근 내열충격성, 저열용량, 저압력손실을 특징으로 하는 메탈담체가 증가하고 있다. 메탈담체의 허니컴 코어에는 20%Cr-5%Al-REM강이 두께 약 50㎛의 금속박편의 형상으로 사용되고 있다. 배기가스의 조건에서는 내산화성에 미치는 Cr, Al 양의 영향이 나타난다. 특히 고Cr-Al강은 인성이 나쁘기 때문에 냉간압연가공이 곤란하였지만 저C+N화와 미량의 Ti를 첨가함으로서 해결 가능하게 되었다. 허니컴을 수납하는 외부 상자에는 SUS430LX 등이 사용되어진다.

1.4 자동차용 강판과 강관의 대응 전략

최근 산업 전반에 걸쳐 지구온난화현상에 따른 문제가 대두되고 있다. 지구온난화의 원인으로 지목되고 있는 CO_2배출에 따른 온실가스의 증가가 자동차의 연비규제에 직접적으로 영향을 미쳐 자동차 메이커들을 압박하고 있다. 자동차 연비개선을 위하여 일차적으로 우선시 되는 것이 경량화이다. 2000년도에 이를 위하여 차체를 약 20%정도 경량화하고자 하는 대응기술의 개발이 제안되었다. 이에 따라 근본적으로 재료면에서도 여러 가지 검토가 행하여졌다. 특히 다량으로 사용되어지고 있는 철재료의 경량화는 상당히 중요한 위치를 점한다. 표 1.7에는 자동차부품에 사용되고 있는 철강재료의 강도특성과 재료적 요인을, 표 1.8에는 표 1.7에 기준한 경량화에 필요한 강판의 특성을 나타내었다.

표로부터 약 20% 경량화는 490~590 MPa급의 고강도강판을 이용하면 충분히 대응할 수 있다.

그러나, 현실적인 문제는 자동차의 고도의 성형성 및 그 외의 요구특성에 대응할 수 있는가 하는 것이다. 따라서 이와 같은 문제를 극복하기 위하여 TRIP강 등이 제조되고 있다. 특히 고영율 강판에 주목하면 표 1.6에서의 변형응력 대신 영율 E를 높이는 것이 더 유효하다는 것을 알 수 있다.

근년 미국의 캘리포니아주에서는 신대기정화법을 발효하여 엄격히 배기가스 규제를 실행하고 있다. 따라서 단계적으로 배기가스를 저감하지 않으면 안 되게 되었고 현상의 1/10 정도로 감축을 요구하고 있다. 그러므로 자동차부품제조 메이커에서는 촉매 컴퍼터의 개선, 이그조스트 매니폴드로부터 컴퍼터에 이르기까지의 열용량을 감소시키지 않으면 안된다. 이 요구를 만족하기 위해서는 스테인리스강 등을 사용하여 부품의 내열성을 향상시키고 나아가 가공기술의 향상을 도모하여야 한다.

또한, 무엇보다도 온실가스 감축을 이행하기 위해서는 재료의 리사이클화가 선행되어져야 할 것이다. 재료의 리사이클을 목적으로 한다면 스크랩으로 부터 들어가는 미량의 불순물에 대한 재질과 제조상의 영향을 고려하여야 한다. 이것에 대한 한 예로서 그림 1.11에는 IF강에 대한 불순물 원소의 영향을 나타내었다. 만일 그림에서와 같이 재질에 악영향을 미치는 원소가 존재한다면 이를 무해화시키거나 보상할 수 있는 기술개발이 필요하게 될 것이다. 일례로서 철의 경우에는 Cu가 가장 문제시되며 이 Cu는 열간압연 중에 표면균열을 야기시키며 이를 극복할 기술개발이 병행되어져야 할 것이다.

✔ 표 1.7 자동차부품에 필요한 강도특성과 재료적 요인

E: 영율, t: 판두께, α: 변형응력(인장강도)

부품	인장강성	텐트저항	압괴강도
외 판	◎	○	
내 판	◎		○
보강재			◎
재료적 요인	Et^3	αt^2	$E^{0.4}\alpha^{0.6}t^{1.8}$

✔ 표 1.8 경량화에 필요한 강판특성

강도특성	경량화율			
	현행(0%)	10%	20%	40%
강성	E	1.4E	1.9E	4.6E
텐트저항	TS=290 N/mm^2	TS=370 N/mm^2	TS=490 N/mm^2	TS=780 N/mm^2
압괴강도	TS=290 N/mm^2	TS=440 N/mm^2	TS=590 N/mm^2	TS=1360 N/mm^2

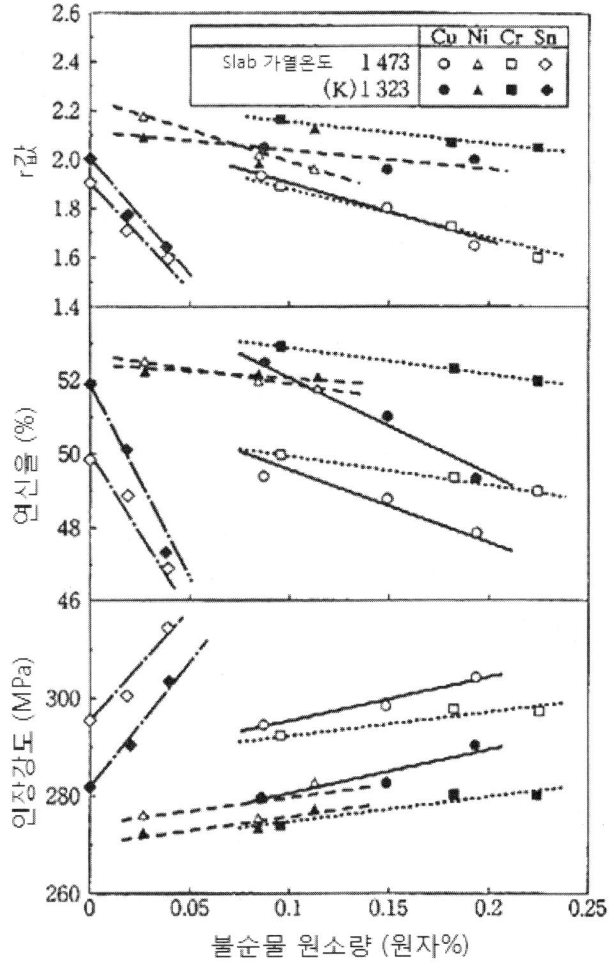

✔ 그림 1.11 IF강의 재질에 미치는 불순물의 영향

1.5 자동차용 구조용강 및 특수용도강

자동차에는 엔진, 구동장치, 현가장치 등에 사용되는 부품소재로서 특수한 용도의 강재가 사용되고 있다. 이는 산업 전반에 걸쳐 사용되는 특수강의 대부분의 수요를 차지한다. 특히 자동차메이커의 요구, 원소재의 가격폭등, 연비개선, 배기가스

감축 등 사회적 요구를 무시할 수 없는 것이다. 이에 특수강을 개발함으로서 이에 대한 욕구를 충족해야 하는 애로점을 내포하고 있다. 무엇보다도 부품가격의 저감이 이루어져야 하는 과제를 안고 있다. 이는 부품가공기술과도 연관되어진다. 최근의 동향으로서 부품의 일부가 특수 목적의 합금강으로 대체되거나 다른 재료로서 세라믹스로 대체되는 경우도 있다. 그러므로 자동차용 재료는 구조용 부품이면서 특수강뿐만 아니라 비철, 비금속재료도 함께 통합적으로 고려해야 한다.

1.5.1 제조 프로세스

일반적으로 특수강은 단조나 절삭가공 등에 의해 부품의 형상으로 가공되어지지만, 최근 소결부품의 증가로 인한 특수강 분말이나 특수강 정밀주조품 등이 실용화되어지고 있다.

자동차용 기계구조용강으로서 탄소강 및 합금강과 같은 강의 제조기술에는 슬래그와의 접촉에 의해 S 등과 같은 유해성분을 제거하는 취과정련 기술, 잔공 내에 용강을 넣어 가스성분을 제거하는 진공 탈가스 기술, 합금첨가 등의 성분조정기술, 성분조정 중에 온도를 보상하는 가열기술이 있다. 이들 노외정련을 통한 담금질성의 관리에 의해 산소나 유황산을 10 ppm 이하로 저감시킨 초청정강, 15 ㎛ 이상의 대형의 개재물을 적극적으로 배제시킨 초고청정강 등의 제조가 이루어져 자동차용 특수용도의 축수강 등으로 적용이 되어지고 있다.

1.5.2 구조용강

(1) 경량화

자동차의 주행성능의 향상과 연비향상을 위하여 자동차부품의 경량화가 이루어져야 한다. 한 개의 부품을 소형 경량화시키면 연결되는 다른 부품에서의 소형 경량화가 가능하게 된다. 이는 유니트 전체에 걸친 소형화로 이어져 결국 경량화가 달성되는 것이다. 일반적으로 부품의 경량화는 단순히 경금속의 사용, 비금속의 적용 및 중실형상을 중공형상으로 바꾸는 것으로부터 얻을 수 있다.

① 고강도기어용강

기어에 요구되는 특성은 전동의 손실이나 마모가 적고 소음이 발생하지 않는 것이다. 기어 이면의 미끄럼 속도가 크게 되면 전동효율이나 내구성은 저하한다.

일반적으로 기어는 절삭가공하여 열처리를 한다. 가공 후 단단한 것이 좋기 때문에 침탄, 질화 등의 표면경화가공처리를 시행한다.

자동차에 사용되는 기어는 트랜스미션과 같이 회전하는 힘과 회전수를 전달하는 형태이다. 따라서 신뢰내구성뿐만 아니라 노이즈의 저감도 함께 병행되어져야 한다. 트랜스미션이나 디퍼렌셜에는 침탄처리된 Cr강이나 Cr-Mo강이 이용된다. SCM(Cr-Mo)강은 침탄에 의해 강도가 향상되는 합금강이다. 고강도기어용강은 Si, Mn, Cr 등을 낮추어 입계산화를 방지하고, P를 감소하여 입계강도를 높이고, Mo나 Ni로 침탄층의 인성을 개선한다. Ni의 함유량을 증가시키면 노말라이징 열처리로 베이나이트가 생성하기 쉽고 피삭성이 저하하기 때문에 Mo를 첨가한 것을 많이 사용한다. 피로강도 개선을 위해서는 쇼트피닝을 실시한다.

② 고강도 고인성 비조질강

비조질강이란 열간단조 후 냉각 중에 조질강과 동등의 경도를 가지는 강으로서 Q/T 열처리의 생략이 가능하여 부품제조시의 비용이 절약되고 생산성이 좋아 많은 자동차부품에 적용되고 있다. 주로 자동차부품용으로는 탄소강에 0.1%의 V를 첨가시킨 V탄질화물의 석출경화를 이용한 페라이트·펄라이트형 비조질강이 많이 이용된다. 단 인성이 낮다는 단점이 있다.

그림 1.12에서는 고강도 비조질강을 사용하여 제작한 자동차 컨로드의 경우 종래의 비조질강보다 동일 경도에서도 높은 피로강도를 나타내고 있는 것을 알 수 있다. 두 소재의 피로강도의 비교로부터 고강도 비조질강이 약 15%의 경량화를 달성하였다는 것을 알 수 있다.

또한, 0.2%C를 함유한 강에 Mn이나 Cr을 2% 이상 첨가시켜 열간단조 후 냉각 중에 베이나이트 조직을 만들고, 이와 같이 형성된 베이나이트 조직에의해 인성이 향상되는 고인성 비조질강은 자동차의 주행부품 대상으로 사용이 가능하다. 단 내력이 낮기 때문에 시효경화처리에 의해 내력을 증가시키기도 한다. 주행부품 및 컨로드에 사용되는 또 다른 강으로서 0.1%이하의 C를 함유한 강에 Mn이나 Cr을 1~3% 첨가시킨 열간단조 후 직접 담금질한 고강도고인성을 가진 단조담금질강이 있는데 단조담금질 후 템퍼링을 생략하기 때문에 비조질강에 속한다.

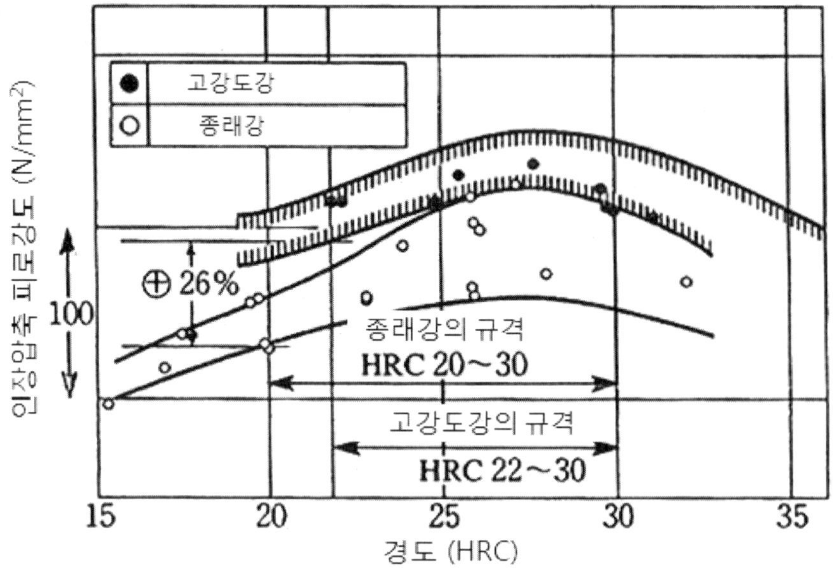

✔ 그림 1.12 종래강과 고강도 비조질강으로 제작된 커넥팅로드의 피로강도 개선 사례

③ 고강도 고주파담금질 샤프트용강

자동차의 등속조인트나 트랜스미션의 샤프트류에는 고주파담금질이 많이 적용된다. 고주파담금질샤프트의 고강도화에는 경화층 깊이의 증가가 가장 유효하다. 탄소강이나 구상화풀림상태의 저합금강은 고주파담금질성이 충분하지 않기 때문에 최근 모재의 경도를 변화시키지 않고 고주파담금질성을 개선시킨 Boron의 특징을 살린 고강도 고주파담금질 샤프트용강이 사용되고 있다.

④ 고강도 스프링강

스프링 소재는 무엇보다도 탄성변형능이 큰, 즉 탄성한도가 높아야 한다. 철계의 스프링재료에는 열간성형 스프링재와 냉간성형 스프링재로 분류된다. 열간성형형의 스프링에는 서스펜션의 코일스프링, 트럭 현가장치의 구성부품인 리프스프링, 토션바 등이 있다. 이들 스프링은 비교적 크기 때문에 냉간성형이 곤란하다. 리프스프링은 굽힘변형을, 코일스프링과 토션바는 비틀림변형을 이용한다. 자동차의 현가 코일스프링에는 일반적으로 47~51 HRC 정도의 경도를 가지는 SUP라 불리는 저합금강인 SUP7 등이 사용되고 있는데 탄소함유량이 0.5~1.0% 정도로서 담금질

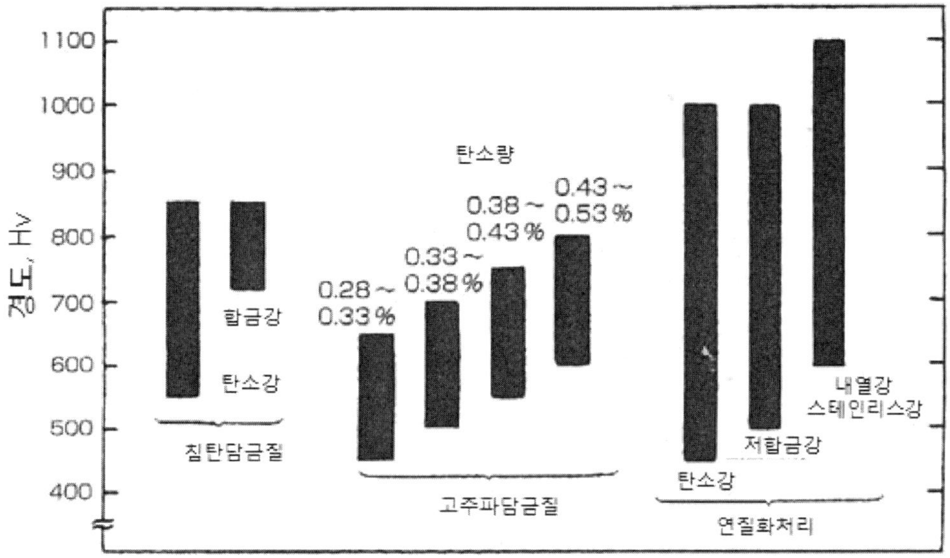

✔ 그림 1.13 표면처리층의 경도

성이 양호하다. 내부까지 균등하게 담금질이 가능한데 이것에 의해 피로파괴강도를 높일 수 있다. 강니성을 높이기 위하여 Mo, V, Cr, Mn을 첨가하며, 담금질성을 향상시키기 위하여 B를 첨가시킨다. 특히 스프링의 고강도화에는 경도 향상이 필요한데 결함감수성의 증대에 따른 부식 피트 등에 의한 강도를 고려할 필요가 있다. 따라서 자동차에는 53~56 HRC 정도의 경도를 가지면서 충분한 연성을 유지하고 부식피로강도도 높은 고강도 스프링강인 ND250S가 사용되고 있다.

⑤ 자동차 기계부품용 고강도 저합금강(HSLA강)

High strength low alloy steel(HSLA강)은 일반 탄소강에 미세한 탄화물을 형성하도록 V, Nb을 0.1%정도 소량으로 첨가하여 충격인성과 강도를 향상시킨 강으로서 주로 자동차 부품용으로 많이 사용되어지고 있다. 주로 커넥팅로드, 캠 샤프트, 자동차 조향장치 부품, 기어부품에 적용된다. 최근 3세대형 HSLA강은 강도가 높은 치밀한 마르텐사이트 조직을 가지고 있다.

⑥ 자동차용으로 사용되고 있는 특수강 소재들은 이외에도 중탄소강 혹은 Mn강에 V를 미량 첨가시킨 비조질강, 어닐링·노말라이징을 생략한 기계구조용강 및

합금강, 소재의 상태에서 제강업체가 퀜칭·템퍼링의 조질처리를 행하여 열처리 후의 기계적 성질을 보증하여 가공공정의 단축을 가져 온 프리하든강, 결정립 조대화를 방지할 목적으로 급속 주조법이나 제어압연기술을 구사하여 고온에서 견딜 수 있도록 제작한 단시간 침탄붕소강이 사용되고 있고, 냉간단조와 고주파담금질의 장점을 취하여 만든 냉간단조·고주파담금질용강이 첨단 자동차용 등속조인트(CVJ; Constant velocity joint)부품에 사용되고 있다.

그림 1.13에는 자동차용 부품에 사용되는 각종 소재들의 표면처리에 의한 표면처리층의 경도를 나타내었다.

1.5.3 특수용도강

(1) 내열재료

자동차의 경우 내열재료는 엔진밸브, 부연소실, 터보챠지, 이그조스트 매니폴드, 배기가스정화장치 등 고온부품에 사용되고 있다.

① 엔진밸브

엔진밸브에는 내마모성, 내식성, 고온강도 등의 성능이 요구된다. 흡기밸브에서는 300~500℃의 열에 노출되므로 SUH3(0.4%C-2%Si-11%Cr-1%Mo)이나 SUH11 (0.5% C-1.5%Si-8.5%Cr) 등의 마르텐사이트계 내열강이 사용된다. 배기밸브는 700~900℃의 열을 받으므로 SUH35(0.5%C-9%Mn-4%Ni-21%Cr-0.4%N)이나 SUH36(0.5%C-9% Mn-4%Ni-21% Cr-0.4%N-0.06%S) 등의 오스테나이트계 내열강이 사용된다. 특히 터보챠지가 부착된 엔진의 배기밸브에는 더욱 고온에서 견뎌야 하기 때문에 Inconel751 (0.05%C-15%Cr-2.5%Ti-1%Al-1%Nb-7%Fe-bal.Ni) 등의 NI기합금이 사용된다. 최근 배기가스 대책을 위해 연소 개선 혹은 터보챠지 탑재 등과 같은 기술을 이용하여 고출력화를 시도하고 있기 때문에 사용온도나 부하응력 모두가 가혹한 환경에 놓이게 되면서 고온강도가 높은 밸브소재가 요구된다. 더불어 밸브계 부품의 경량화가 요구되어 밸브축부를 중공화시키고 내부에 Na를 봉입하여 열의 방산을 촉진시키는 중공밸브가 제조되고 있다. 이 외에 티탄합금, TiAl계 금속간화합물, 세라믹스 등이 경량화소재로서 적용되어지고 있다.

② 터보챠지

터빈은 700~900℃의 고온에서 작용하기 때문에 하우징에 의한 고온강도와 내산화성에 우수한 고Si계 구상흑연주철(3.5%C-4%Si-0.5%Mo)가 사용되고 있는데 터빈의 고출력화의에 따른 배기가스온도의 상승에 대응하기 위하여 페라이트계 주철도 사용된다.

③ 이그조스트 매니폴드

1.3.8절에서도 배기가스정화 및 연비향상을 위하여 배기가스 온도가 700~900℃까지 상승하고 있기 때문에 스테인리스강제 파이프나 박육주조 스테인리스주강등을 사용한다고 언급하였다. 특히 자동차의 경우 촉매가 작동하는 활성화온도까지 단시간에 승온시킬 필요가 있기 때문에 사용되는 파이프는 열용량이 작은 것이 필요하다. 따라서 SUS430 베이스에 미량의 Nb를 첨가한 소재가 주로 사용된다.

④ 가스킷 재료

가스킷의 용도는 유체가 어떤 시스템으로부터 새는 것을 방지하는 역할이다. 자동차에 사용되는 가스킷에는 금속, 비금속 및 혼합형이 있다. 금속형 소재는 스테인리스강, 연철, 동을 주로 사용하는데 오일팬의 드레인볼트에 결합되어 있는 평와셔와 브레이크 파이프의 유니언 결합부 등에 적용된다. 최근에는 주로 금속과 비금속의 혼합형을 이용하는데 헤드 가스킷, 이그조스트 매니폴드 가스킷, 이그조스트 파이프 등에 적용되고 있다. 석면을 주로 사용하여 왔으나 유해성 때문에 근년에 와서는 메탈만으로 제조한다.

최근 제작되고 있는 자동차의 엔진은 고성능화, 경량화, 저연비화를 목표로 하고 있기 때문에 헤드 카스킷에 대한 요구가 점차 높아지고 있다. 헤드 가스킷은 실린더헤드와 실린더블록 사이에 끼워져 고온의 연소가스, 윤활유, 냉각수를 새지 않도록 Sealing 역할을 하고 있다.

가장 주류를 이루고 있는 메탈가스킷은 스틸 라미네이트 가스킷으로도 불리는데 2~3매의 스테인리스강판으로서, 그 사이에 수매의 연강판을 적층하고 그 표면에 스테인리스강판(SUS301을 기본으로한 스프링강)의 박판으로 피복하고 있는 구조이다. 매수가 증가할수록 내구성이 우수해진다. 메탈가스킷은 기존의 석면이나 그라파이트가스킷 보다도 Clamping, 내크피프성, 내구성이 뛰어나고 경년변화가 적고 저가라는 장점이 있다. 특히 Clamping이 뛰어나 배기가스 성능도 양호하다. 또한 금속이기 때문에 열전도성이 높아서 자체 온도분포가 균일하고 엔진과의 친밀도가 좋아 높은 내압성을 나타내므로 실린더헤드 Clamping 성능을 유지하는데 기여하고 있다. Bead부에는 불소고무(FKM) 혹은 니토릴고무(NBR)를 코팅하여 Sealing 성능을 향상시키고 있다.

(2) 내식·내마모성 재료

자동차부품에는 봉재 및 선재를 소재로 한 내식·내마모성 재료가 주로 전자식 연료분사밸브(인젝트), 산소센서, 안티 록 브레이크시스템, 에어백시스템 등에 많이 사용되어지고 있다. 특히 인젝트의 경우에는 내식성 향상을 위하여 도금을 하지 않고 페라이트계 전자스테인리스강의 사용 비율이 점차 확대되고 있다. 또한 컴팩트화를 위해 판의 프레스가공에 의한 새로운 형상의 하우징 설계를 시도하고 있다. 인젝트 밸브의 몸체는 주로 SUS440C를 사용한다.

특히 자동차에도 베어링이 많이 사용되고 있는데 베어링은 중요한 회전부품의 하나이다. 자동차에는 엔진의 내부, 미션내부 등에 베어링이 사용된다. 주로 엔진의 크랭크샤프트의 저널부나 핀부, 휠부, 자동변속기에 사용된다. 승용차와 소형트럭 등 비교적 부하가 작은 자동차의 허브에는 볼베어링을, 중·대형 트럭 등 액슬에 큰 부하가 걸리는 것에는 테이퍼롤러베어링을 사용한다.

휠에 취부하여 사용하는 허브베어링은 주로 볼베어링을 사용하는데 볼의 소재는 SUJ2이다. 볼베어링의 구성부품은 볼, 이너레이스, 아우트레이스, 볼을 보유하는 보유기, 씰(Seal)로 구성된다. 보유기는 PA66이라는 나일론66을 사용하여 볼을 등간격으로 유지하는 역할을 하고 씰은 내부의 윤활제(그리스)가 외부로 빠져나가지 않도록 외측은 SPC 판금, 내측에는 스테인리스강(SUS304 혹은 SUS430)을 사용하고 그 사이에는 NBR로 Sealing하고 있다.

자동변속기(AT)에 사용되는 베어링은 니들베어링, 테이퍼롤러베어링, 볼베어링으로서 평균적으로 29개 정도이며, 무단변속기(CVT)에는 18개 정도를 사용하고 있다.

베어링에 사용되는 소재는 가혹한 운전조건에서 장시간에 걸쳐 정도를 유지할 필요가 있다. 따라서 내마모성, 내충격성을 가지는 고탄소크롬축수강 SUJ2를 주로 사용한다. 최근에는 이를 침탄질호처리나 열처리 통하여 또 더욱이 Mo, Si, Cr 등의 원소를 첨가하여 장수명화를 실현시키고 있다. 가장 최근에는 FA(Fine austenite strengthening)처리를 실시한 새로운 축수강을 개발하고 있다. 이는 금속의 결정립이 미세하면 미세할수록 재료의 항복강도가 높아진다는 Hall-Patch의 법칙을 활용한 것으로서 칭공정을 2회로 나누어 결정립의 미세화를 실현시킨 것이다. 고회전형 스포츠카 엔진의 로커 암에 이용한다.

(3) Superalloy

내열강 재료로서 Superalloy(초합금)이 있다. 이것은 Fe성분을 50% 이상으로 저감시키고 Ni, Co 등을 주성분으로 한 초내열내식합금을 말한다. 이것에는 Fe기합금, Ni기합금, Co기합금이 있다.

Fe기합금은 Ni-Cr강을 개량한 것으로서 Cr로 내식성을 높인 것인데 이때 취성을 방지하기 위하여 Fe를 감소시키는 대신 Ni함량을 높인 것이다. 강도면을 보강하기 위해서는 Mo, W, Al, Ti 등 고용강화원소나 석출강화원소를 첨가한다. 디스크나 타빈 블레이드류에 사용한다.

Ni기합금은 20%정도의 Cr을 함유한 것으로서 더욱 고온강도를 향상시킨 것으로서 여기에는 Al, Ti, Nb 등 석출강화형 원소를 첨가시킨다. 자동차용 터보챠지의 배기밸브에 적용된다.

Co기합금은 Mo, W의 첨가에 의한 고용강화와 Cr탄화물의 분산강화에 의존하며 내산화성이나 고온강도를 요구하는 곳에 적합하다.

1.6 수송기계용 알루미늄 재료

알루미늄의 용도별로 분류하여 보면 이용분야에 따라서

① 기계적 성질: 자동차, 철도차량, 다이캐스트 등

② 물리적 성질: 도전선, 열교환기, 전자재료 등

③ 화학적 성질: 건축재, 정밀기계, 선박 등

으로 분류 가능하다.

1.6.1 수송기계용 재료로서의 알루미늄화

제1차 석유파동 이후 에너지 절약의 관점으로부터 자동차에 있어서도 연비향상과 그에 따른 경량화 문제가 대두되어 그 대책으로서 알루미늄의 사용이 급격히 증가하게 되었다. 특히 지구온난화와 같은 환경문제의 대두에 의해 CO_2발생을 억제하기 위한 시도로부터 자동차의 경량화가 진행 중이다.

그림 1.14에는 알루미늄합금의 용도별 분류를 나타내었다.

자동차에 있어서는 최초 양산차의 Body 외판을 알루미늄으로 제작하기 시작했다. 이후 대형화, 고급화, 고성능화 및 안전성 등의 요구로부터 장비 부품 수가 증가하게 되었는데 이에 수반되는 차량 중량의 증가를 줄이기 위하여 알루미늄화가 큰 폭으로 진전하게 되었다. 그러나 최근의 자동차 적용 알루미늄의 사용량은 아직도 10% 정도에 지나지 않고 있다.

자동차에 알루미늄합금이 사용된 것은 알루미늄합금을 엔진 후드에 적용한 일본 마츠다사의 1984년형 사반나 RX-7형이 최초이다. 이후 1990년대 일본 혼다자동차의 NSX가 Body 외판 전체를 알루미늄으로 제작하기에 이르렀다.

자동차용 범퍼에 보강재로서 알루미늄 압출재를 사용하게 되었다. 범퍼의 안전

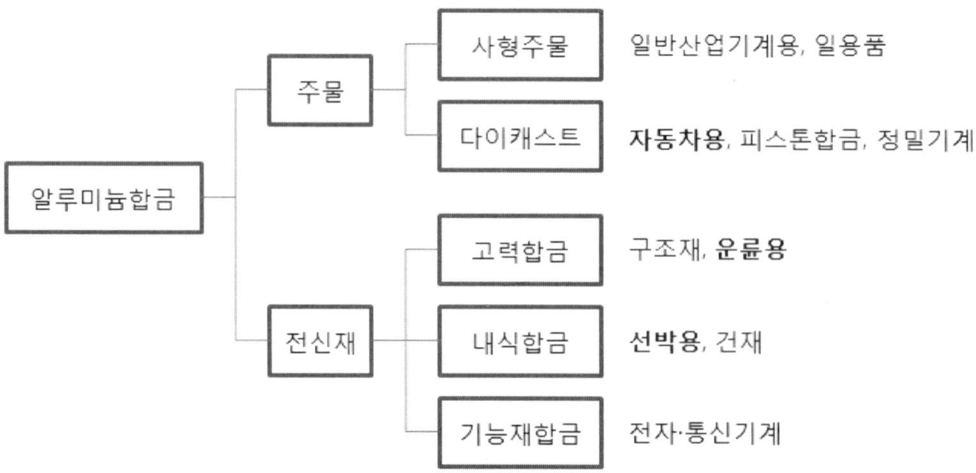

✔ 그림 1.14 알루미늄합금의 용도별 분류

기준이 5 mile/h 충돌강도에 대응해야 하기 때문에 6000계 및 7000계의 고강도 합금을 사용하여 한자의 日, 目 글자형 형상의 박육, 중공형재가 사용되고 있다. 이와 같이 알루미늄 압출재를 사용하게 된 이유는 경량화 이외에도 복잡한 단면형상의 가공이 용이하기 때문이다. 최근의 동향은 ABS나 에어백 부품 등 안전관련 부품에도 증가 추세를 보이고 있다. 또한 열교환기관련 부품도 알루미늄 전신재가 사용되고 있고, 에어컨용 컨덴서, 증발기(Evaporator)는 거의 알루미늄으로 대체되었다. 라디에이터, 히터 코어 등에도 알루미늄화가 진행되고 있다.

특히 알루미늄 전신재가 자동차용으로 많이 사용되고 있다.

1000계의 알루미늄 전신재는 성형성, 용접성, 내식성이 우수하지만 강도가 낮아 구조재로는 적합하지 않지만 히트 인슐레이터(Heat insulator)에 적용된다. 2000계의 알루미늄 전신재는 두랄루민(2017)로 대표되는 소재로서 용체화 처리 후 시효처리에 의해 높은 강도를 얻을 수 있다. 절삭성이 좋은 것에 반해 용접성이 떨어진다. 3000계의 알루미늄 전신재는 순알루미늄의 성형성과 내식성을 저하시키지 않은 상태에서 Mn을 첨가하여 강도를 향상시킨 것이다. 주로 1000계 알루미늄과 같이 히트 인슐레이터용으로서 사용되고 있다. 5000계 알루미늄 전신재는 Mg을 수 %정도 첨가시킨 것인데 비열처리형합금으로서는 강도가 높은 편으로 용접성이 좋다. 엔진후드, 백 도어, 리어 서브프레임, 히트 인슐레이터, 라디에이터 서포터 등으로서 사용된다. 6000계 알루미늄 전신재는 강도와 내식성은 뛰어나지만 용접성이 다소 떨어진다. 엔진후드, 트렁크 리더 팬더, 로어암, 어퍼암, 범퍼 리인포스먼트, 도어빔, 스티어링 코럼, 바디프레임 등에 사용되는데, 이 6000계가 자동차용으로 가장 많이 사용되고 있다.

1.6.2 자동차 Body panel용 알루미늄합금

자동차 바디 패널용에 요구되는 성능은 기계적 강도, 성형성, 내식성, 용접성, 표면처리성, 도장성 등이다. 이들 조건을 만족하는 자동차용 알루미늄합금 판재로서는 열처리형의 Al-Mg-Si계 합금과 비열처리형의 Al-Mg계 합금이 주로 이용된다. Al-Mg-Si계 합금은 기계적 강도를 요구하는 외장부재에, Al-Mg계 합금은 성형성을 요구하는 복잡한 형상의 내장부품에 주로 사용된다.

표 1.9에는 자동차 바디 패널용 알루미늄합금의 기계적 성질을 나타내었다. 또한 그림 1.15에는 알루미늄합금의 열처리별 분류를 나타내었다.

(1) 2000계 합금(Al-Cu-Mg계) 및 6000계 합금(Al-Mg-Si계)

2000계합금과 6000계합금은 칭과 템퍼링에 의해 고강도를 얻을 수 있다. 자동차용으로서 미국에서는 2036합금이 Lincoln Town Car에 사용되었고, 다른 차종에 6111합금이 사용될 예정으로 있다.

(2) 5000계 합금(Al-Mg계)

5000계합금은 Body panel로서 가장 많이 채용되고 있는데 강도, 성형성, 내식성에 우수하다. Mg는 Al에 고용화되어 경화되는데 Mg량이 많을수록 인장강도가 크다. 연신율은 2%Mg까지는 저하하다가 2%를 넘어서서는 재차 상승하는 특징을 가지고 있다. 자동차용으로서는 4.5%Mg에 Cu와 Mn을 미량첨가한 합금강을 주로 사용한다. Cu첨가에 의해 인장가공시에 증가한 내력이 저하하지 않는 특성을 나타낸다. 최근 성형성을 증가시킨 5~6%Mg을 함유한 합금강이 사용되어지고 있다. Deep drawing에 있어서는 냉간압연과 중간어닐링의 조합에 의해 소성변형률비인 r값을 바꿀 수 있다. Pitting부식에 대해서는 일반 강판보다도 약 10배의 내식성을 나타내며, 강이나 스테인리스강과의 접촉에 의한 부식이 없다면 알루미늄합금에서는 Pitting에 의한 부식은 문제가 되지 않는다.

✔ 표 1.9 자동차 바디 패널용 알루미늄합금의 기계적 성질

합금계	기계적 성질		
	열처리 성질	인장강도(MPa)	연신율(%)
Al-Mg-Zn-Cu	T4	274~303	29~30
Al-Mg-Cu	O	261	31
Al-Mg-Si-Cu	T4	284	30

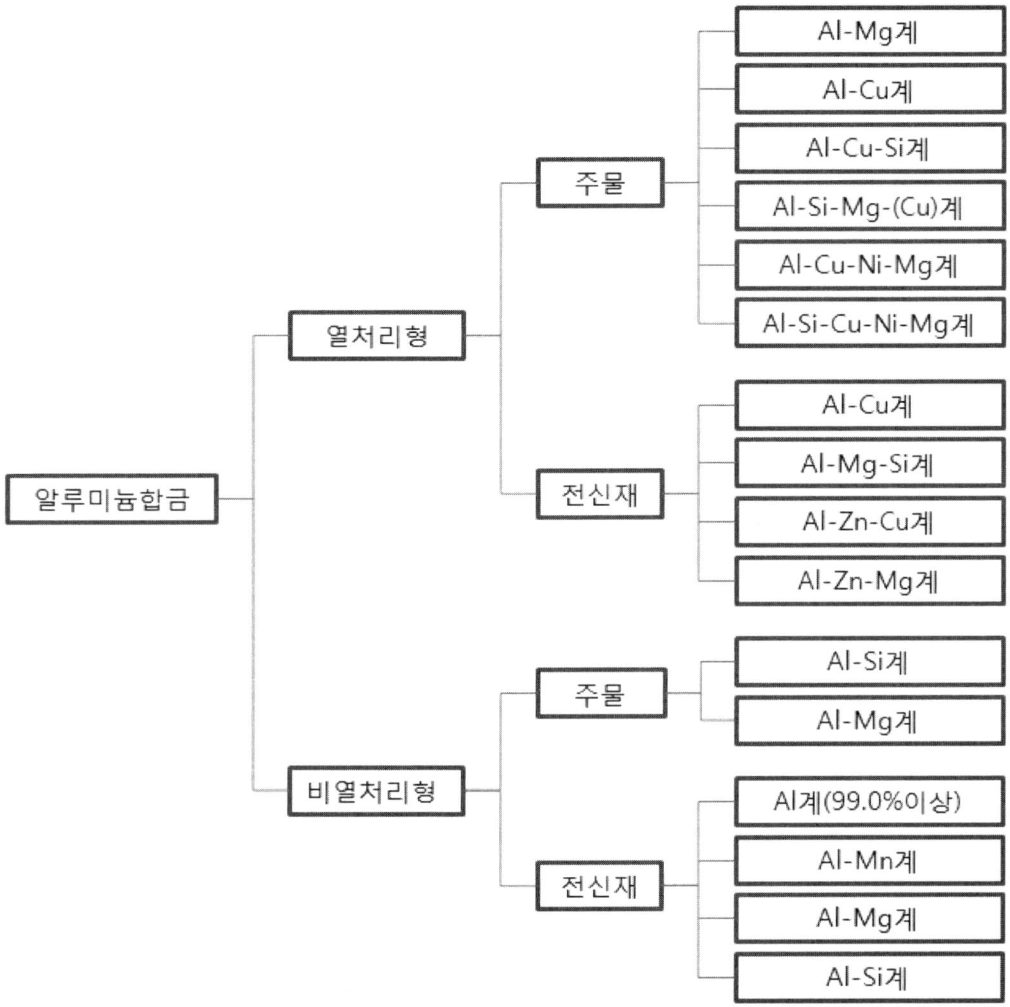

✔ 그림 1.15 알루미늄합금의 열처리별 분류

(3) 성형성

자동차 Body panel용 판에 있어서 성형성은 중요한 요소이다. 표 1.10에 자동차용으로 많이 사용되는 알루미늄합금과 일반 냉연강판과의 기계적 성질을 비교하여 나타내었다.

✔ 표 1.10 자동차 바디용 알루미늄합금판과 냉연강판의 기계적 성질의 비교

종류	성분 (mass%)	인장 강도 (N/mm^2)	내력 (N/mm^2)	연신율 (%)	n값	r값
5000계-O재	Al-4.5%Mg-Cu	270	140	30	0.30	0.67
	Al-4.5%Mg-Mn	270	130	28	0.30	0.70
	Al-5.5%Mg-Cu	280	130	33	0.30	0.70
6000계-T4재	Al-0.5%Mg-1.3%Si	260	140	30	0.23	0.70
	Al-0.7%Mg-0.8%Si-Cu	280	150	28	0.23	0.70
냉연강판 (SPC)	-	280~320	150~200	40~48	0.22~0.25	1.5~2.0

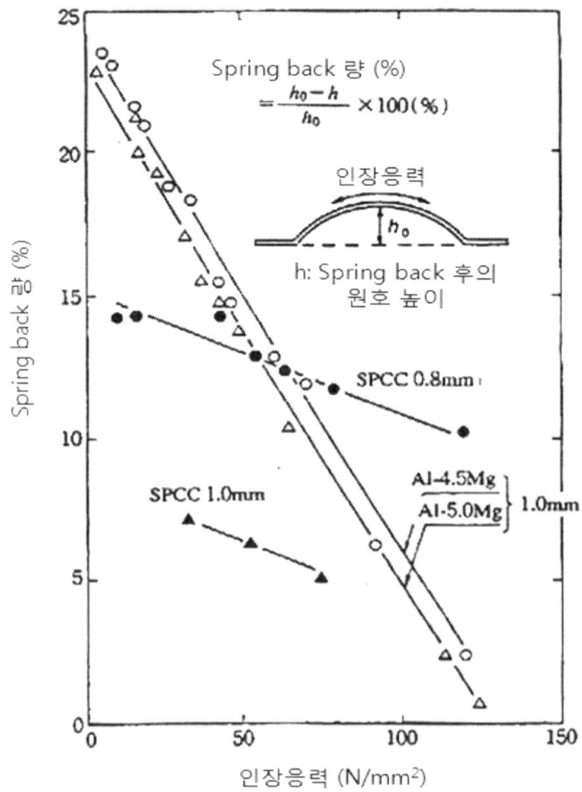

✔ 그림 1.16 원호굽힘의 Spring back량에 미치는 인장응력의 영향

자동차용 알루미늄 바디 패널재는 냉연강판보다도 성형성이 다소 떨어지므로 성형성을 향상시키기 위하여 적절한 윤활제와 윤활조건을 선정해야할 필요가 있다. 특히 알루미늄 바디 패널재의 Spring back은 냉연강판에 비해 탄성계수가 작은 만큼 Spring back이 크게 된다. 그림 1.16에는 Spring back량에 미치는 인장응력의 영향을 나타내었다. 알루미늄 바디 패널재의 Spring back량은 냉연강판보다 크지만, 인장응력이 커지면 알루미늄 바디 패널재의 Spring back량은 냉연강판의 그것보다 낮다.

(4) 자동차 Body panel용 알루미늄합금의 표면처리

자동차 Body panel용으로서 알루미늄합금을 사용하기 위해서는 내식성이 확보되어져야만 한다. 외관의 녹과 특히 도막아래 부식의 발생에 의해 미관이 손상되는 문제가 많이 발생한다. 이에 대한 대책으로 자동차 바디의 도장하지처리로서 인산아연처리를 행한다. 단 강판에 사용되는 인산아연처리액으로 알루미늄합금을 처리하게 되면 반응성이 떨어져 피막 생성이 결핍되기 때문에 최근에는 이산불화물이온을 첨가하여 반응성을 높여 피막 생성이 잘 이루어지도록 하고 있다. 특히 자동차 바디 패널용으로서 5000계 합금에서는 함유된 Cu가 인산아연피막 생성에 큰 영향을 미쳐 Cu함유량이 많을수록 피막 생성이 용이하다. 그러나 6000계 합금에서는 Cu를 첨가할 경우 도장내식성을 크게 열화시키기 때문에 될 수 있는 한 적은 양의 Cu함유가 바람직하다. 단 Cu가 감소되면 피막 생성이 낮아 인산아연처리성이 떨어질 수 있다. 따라서 주로 5000계 합금에 대하여 인산아연처리를 행하고 있으며, 여기에 Zn계 금속도금을 실시하여 아연도금강판과 같은 성능을 가지도록 하고 있다.

1.6.3 자동차용 알루미늄 압출형재와 안전편의 부품

알루미늄 압출형재는 자동차용 구조부품으로서 주로 사용되는데 표 1.11에는 대표적인 구조부품용 알루미늄 압출형재를 나타내었다.

현재 제작되고 있는 자동차 바디구조는 강판을 이용한 모노코크구조가 주류를

이룬다.

이에 경량화를 목적으로 알루미늄합금을 이용한 스페이스 프레임(Aluminum space frame, ASF)이 실용화되고 있다. ASF의 특징은 중공압출형재를 이용하는 것에 의해 강성을 높일 수 있고 동시에 스폿용접을 대폭 삭감시켜 경량화 및 비용절감이 가능하게 되었다. ASF의 완성차 형태를 그림 1.17에 나타내었다. 또한 그림 1.18에는 알루미늄 스페이스 프레임의 한 예를 나타내었다. 알루미늄 스페이스 프레임의 이점으로서는,

① 부품수의 감소와 설비투자가 적다

② Fastener 방식 등 특수한 접합방법으로 용접을 없앨 수 있다.

③ 충돌시의 강도가 현행의 강제품과 동등하다.

④ 30~40% 정도의 차체 중량을 경감시키는 것으로부터 어셈블리 파트의 소형화를 가져 온다.

⑤ 자유로운 스타일로 제작이 가능하며, 리사이클성이 우수하다.

스페이스 프레임은 기본적으로 口 혹은 日 형의 단면형상을 가지며 Porthole압출법에 의해 제조된다.

위에서도 언급하였듯이 자동차에는 안전편의 장치의 하나로서 범퍼가 장착되어 있다. 범퍼는 대물충돌 혹은 차량 상호간의 충돌시에 차량의 차체 앞뒤를 보호하고, 운전자 및 보행자의 안전을 위해 장착된 장치다. 접촉사고가 발생할 때 충격을 가장 먼저 받는 부분이 범퍼이며, 차량 충돌시에 발생하는 충격에 의한 에너지를 흡수하여 완충하는 역할을 한다. 초창기의 범퍼는 차체에서 조금 튀어나오게 만들어진 강철범퍼가 주류를 이루었다. 역할면에서도 충격흡수보다는 차체의 찌그러짐을 방지하기 위해 만들어졌기 때문에 강철범퍼의 효용성은 낮을 수밖에 없었다. 오늘날 사용되고 있는 범퍼의 소재는 충격흡수력과 복원력이 뛰어난 플라스틱과 우렌탄 등이고 차량의 외관을 고려하여 차체와 일체형으로 제작된다. 요즘 출시되는 몇몇 제품들 중에는 내부에 타이어 고무와 튜브가 내설돼 있는 경우도 있다. 주류를 이루는 범퍼는 차체 보호성능과 재질에 따라 크게 에너지 흡수범퍼, 수지범퍼, 스틸 범퍼 등으로 나눠진다. 스틸범퍼는 U자형 단면형상을 갖는 강판을 범퍼에 삽입하는 형식으로 제작된다.

✔ 표 1.11 압출형재로서 이용되는 대표적인 구조부품용 알루미늄합금

종류	합금명	열처리	기계적성질			내식성		용접성	압출 용이성
			인장 강도 (MPa)	0.2% 내력 (MPa)	연신율 (%)	일반	SCC		
Al-Si-Mg계 (6000계)	6063	T5	185	145	12	◎	◎	○	A
	6N01	T5	275	245	12	◎	◎	○	A
	6061	T6	310	275	12	○	◎	○	B
Al-Zn-Mg계 (7000계)	7003	T5	360	325	18	○	○	◎	C
	7N01	T5	380	315	17	○	○	◎	D

◎: 매우 양호, ○: 양호
A>B>C>D: 순서로 양호

✔ 그림 1.17 고강성을 지닌 ASF 자동차

범퍼의 플라스틱 커버가 충돌에너지를 흡수하는 부품인 범퍼 리인포스먼트 바 혹은 레일은 경량화와 함께 보강재로서 강도 및 충돌에너지 흡수성이 요구된다.

종래의 범퍼 리인포스먼트는 고장력강을 프레스가공을 하고 용접 후 도장처리하여 제작하였다. 그러나 알루미늄 합금형재를 이용한 리인포스먼트는 Porthole압출법을 이용하여 중공형재의 형태로 하여 압출형재를 굽힘, Piercing 등을 통하여

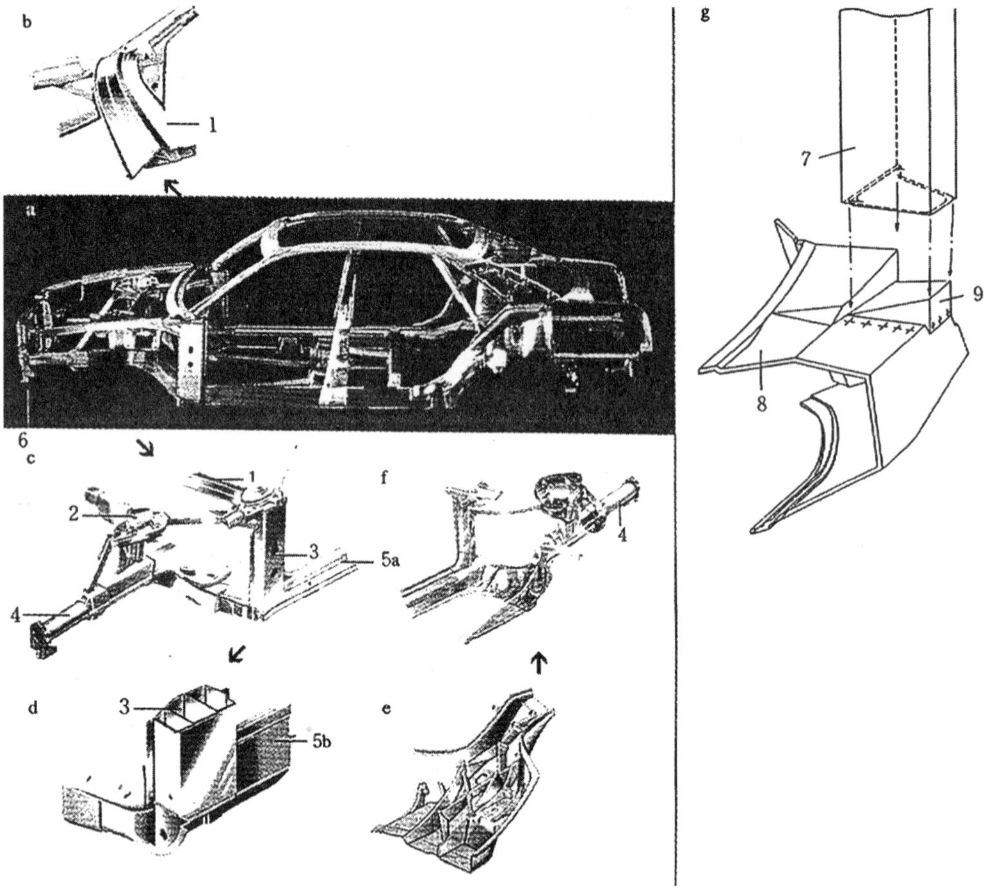

✔ 그림 1.18 Audi A8 모델의 차체에 사용된 스페이스 프레임 및 이음매

a. 서포터 프레임: 압출형재와 주물재를 메인으로 해서 용접으로 조합. 형재의 대부분은 차체의 차곽에 맞추어서 3차원 굽힘가공이 실시된다. 부품6은 알루미늄 다이캐스트 프론트 패널

b. 로어 림(Lower limb)

c. 차체 앞부분 구조의 일부: 부품2는 주물이음매, 부품3은 압출형재, 부품4는 통상에너지흡수 유니트, 부품5a는 외면에 패널을 글래드시킨 도어 씰

d. c의 확대도: 부품3의 트리플 후드 형재의 단면형상, 부품5b는 도어 씰 부품(패널을 제거한 상태)

e. 다이캐스트에 의한 접합 부품

f. e의 다이캐스트재를 접합기킨 그림

g. 형재7(전면은 기계가공되어 있다)과 주물이음매8의 면취용접, 돌출부9는 부품의 위치결정을 용이하게 한다. ++++는 면취용접의 위치

제작하는데 강성의 1/2~1/3정도의 중량으로 할 수 있다. 6000계 및 7000계 합금을 사용한다. 단면형상의 경우 日, 目, 田 형태의 것이 주류를 이루나 충돌에너지의 흡수특성이 다르기 때문에 필요에 따라 단면형상을 바꾸어 적용 가능하다. 7000계 합금의 경우가 6000계 합금에 비해 고강도를 얻을 수 있기 때문에 형상을 작게 할 수 있어 경량의 고강도 리인포스먼트가 제작 가능하다.

표 1.12에는 각종 범퍼형상의 기계적 성질과 충격시험에 의한 데이터를 정리하여 나타내었다.

또 하나의 안전편의 장치로서 도어 내부에는 충돌되었을 때, 도어패널의 실내로의 침입을 억제하여 승객의 생존 공간을 확보하기 위해 충돌에너지의 흡수작용을 하는 도어빔이 설치되어 있다. 가이드바라고도 한다. 도어빔에는 고장력강의 파이프를 사용하는 것이 일반적인데 범퍼 리인포스먼트와 마찬가지로 알루미늄 압출형재를 사용함에 의해 경량화 및 단면형상의 자유로운 설계가 가능해졌다. 단 자동차 내부에 설치해야 하기 때문에 크기에 제한이 있고 이를 극복하기 위하여 7000계 합금을 이용하여 고강도화하고 있다.

알루미늄 압출형재는 또한 경량화를 위하여 프로펠러샤프트에도 적용하는데 알루미늄 압출형재를 사용하게 되면 진동감소 효과가 있다. 강성의 향상을 위하여 최근에는 6061합금에 Al2O3입자를 20% 첨가시킨 DUPALCAN을 사용하기도 하고, 이외에도 6061합금에 탄소섬유를 감아서 사용한 예도 있다.

이 밖에도, 시트레일, 그릴가드, 루프캐리어, 사이드씰 등에 알루미늄 압출형재가 사용되어진다. 특히 사이드씰의 경우에는 알루미늄 압출형재를 사용함으로써

✔ 표 1.12 각종 범퍼형상의 기계적 성질과 충격시험에 의한 데이터

단면형상	인장강도 (N/mm^2)	내력 (N/mm^2)	연신율 (%)	치수 (mmxmm)	중량비 (□=1.0)	범퍼강도비 (□=1.0)	범퍼변형비 (□=1.0)
□	365	325	15	60x60	1.00	1.00	1.00
日	350	315	14	60x60	1.18	1.34	0.34
目	360	320	14	60x60	1.37	1.61	0.17
田	340	305	11	60x60	1.41	1.48	0.23

부재를 일체화시킬 수 있어 제작공정을 단축할 수 있기 때문에 비용면에서도 경제적이다.

1.6.4 자동차 열교환기용 알루미늄 재료

자동차에는 엔진의 냉각 및 공조를 위하여 열교환기가 사용되고 있다. 특히 요구되어지는 것이 소형화와 더불어 경량화이다. 또한 열교환기 사용환경의 특성상 부식에 노출되기 쉽다. 이에 대응하기 위한 방편으로서 가볍고 열전도성이 뛰어난 알루미늄재료를 사용하는 것이 양호하다. 단 알루미늄을 열교환기로서 사용할 경우에는 접합기술이 반드시 필요하며, Fluxless brazing 및 Brazing이 접합기술로서 사용된다.

최근에는 Nocolok brazing process(NB process)을 이용하여 자동차 엔진 냉각용 알미늄 방열기, 자동차용 열교환기(에어컨)의 응축기(Condenser) 및 증발기(Evaporator), 자동차용 Heater unit의 Fin과 Tube 및 자동차용 Oil cooler, 라디에이터 등을 제작하며, 알루미늄을 사용함으로서 경량화되어졌고 열교환기 부품의 사용환경에 대한. 내부식성이 뛰어나게 되었다.

특히, Fin의 경우에는 관재와 Fin재 사이에 갈바닉부식이 발생하기 때문에 이를 방지하기 위해 Fin재에 아연을 첨가시킨다. 단 Brazing을 하기 위해 고진공 상태에서 증기압이 높아지면 아연이 증발되어 사라지기 때문에 최근에는 Sn, In을 대체원소로서 첨가하고 있다.

그리고, 자동차 라디에이터용에 사용되는 재료의 경우에도 역시 부식문제를 고려하여야 하며, 대응책으로서 최근에는 내식성 향상을 위하여 순Al이나 In 혹은 Sn을 첨가한 알클래드(Al clad)가 브레이징시트(Brazing sheet)로 사용되어 브레이징 효과를 향상시키고 있다. 또한 Mg를 Brazing에 의해 심부재에 확산시키는 방법을 이용하여 심부재에 Si와 Mg_2Si를 형성시켜 강도향상을 꾀하고 있고 더불어 입계부식의 억제를 가져 왔다.

그림 1.19에는 Cladding sheet의 예를 나타내었다. 또한 그림 1.20에는 자동차 열교환기에 적용된 Brazing부의 구성요소를 나타내었다.

표 1.13에는 자동차용 열교환기용에 사용되는 알루미늄합금을 정리하여 나타내

었다.

자동차용 열교환기의 경우 소형화, 경량화, 고성능화가 촉진되어져 왔는데 결국 박육화가 문제로 남는다. 따라서 박육화가 진행될 경우에 고강도화는 필수 요소가 될 것이다. 그러므로 향후 고강도 및 고내식성이 양호한 소재 개발이 우선되어져야 할 것이다.

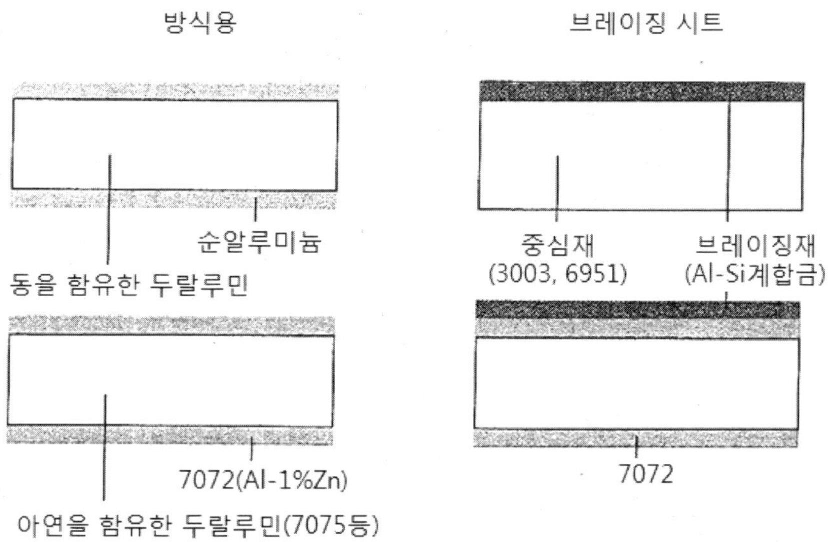

✔ 그림 1.19 Cladding sheet

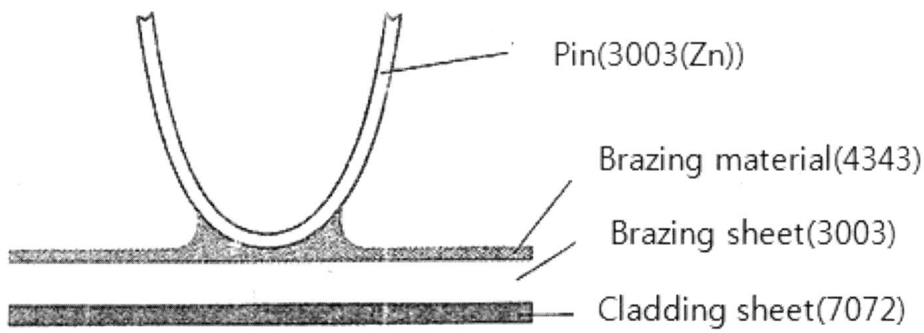

✔ 그림 1.20 자동차 열교환기에 적용된 Brazing부의 구성요소

✔ 표 1.13 자동차용 열교환기용에 사용되는 알루미늄합금

열교환기명	핀(Fin)	튜브(Tube)	브레이징(Brazing)
라디에이터(Radiator)	3003(Zn)	7072, 3003, 4004	Nocolok법
응축기(Condenser)	4343, 3003(Zn)	1050	Nocolok법
증발기(Evaporator)	3003	4104, 3003	진공법

1.6.5 자동차 엔진부품용 알루미늄 재료

자동차에 사용되는 알루미늄재료의 대부분은 엔진과 주변부품에 사용된다. 대부분의 부품은 다이캐스트 혹은 주물로서 제작된다. 특히 자동차 경량화의 선두에는 엔진 중량의 약 1/4을 점하는 실린더블록의 경량화가 있다. 따라서 그 대응책이 알루미늄에 의한 중량의 경감이다. 최근 Brazing을 통한 일체형 실린더블록이 실용화되어졌다.

Al-4%Cu-2%Ni-1.5%Mg의 열처리형 합금인 Y합금은 내열성을 필요로 하는 자동차용 실린더헤드와 피스톤에 사용된다.

또한, Al-1.2%Si-1%Cu-1%Mg-1.8%Ni의 합금조성을 가지며 열팽창계수가 적고 비중이 적으며 내마모성이 우수한 특징을 가지는 Lo-EX(Low expansion coefficient) 합금이 피스톤용 주물합금으로서 사용된다.

그리고, 영국의 롤스로이스사에서 개발한 엔진피스톤용 Al-Cu-Ni-Mg-Fe-Ti-Si계의 합금으로 RR합금이 있다.

1.6.6 자동차 주행부품용 알루미늄 재료

현대에 와서 자동차의 성능을 향상시키기 위해서는 주행부품의 경량화가 필수적이다. 주행부품으로서 휠, 로어암, 어퍼암, 서브프레임, 브레이크 캘리퍼 등이 알루미늄으로 제작되고 있다. 특히 주행부품은 수송기계의 안전편의 부품이기 때문에 강도, 강성, 인성, 내식성 등이 우수한 재료를 사용하는 것이 요구된다. 최근 단조의 형태로도 제작되고 있다. 현대모비스에서는 현가장치의 구성부품인 컨트롤 암,

너클 및 캐리어, 모듈 브라켓 등의 철제 부품들을 동일한 내구성을 구현하는 알루미늄 소재를 적용하면서 30% 이상을 경량화 하였다.

알루미늄휠의 경우에는 주물제작이 일반적이나 최근에는 일체형 단조로서도 제작을 하고 있다. 알루미늄휠에는 5000계 합금이 주로 사용되며 특히 응력부식균열을 방지하기 위하여 3.5% 이하의 Mg만을 첨가시킨다. 단 휠 성형 후에는 고강도 유지를 위하여 용체화처리 및 템퍼링을 반드시 시행한다.

1.6.7 윤송기기용 알루미늄재료

윤송기기라 하면 항공기와 철도차량 등 바퀴를 사용하는 수송 수단을 들 수 있다. 고력알루미늄합금은 항공기나 차량의 구조재로서 에너지 절약의 관점으로부터 이들 기기의 경량화를 위한 재료로서 사용되어진다. 일반적으로는 인장강도 450MPa 이상의 알루미늄을 고력알루미늄이라고 한다. 실용화되고 있는 두랄루민계의 고력알루미늄합금은 Super duralumin(SD)과 Extra super duralumin(ESD) 등이 있다. 실용화되고 있는 고력알루미늄에는 2014, 2017, 2024, 7075합금이 있다. 이들은 합금조성에 따라 Al-Cu-Mg계, Al-Zn-Mg계로 분류된다. 특히 2024합금이 대표적으로 사용되고 있는데, 첨가된 Cu에 의해 내식성이 떨어지므로 이를 개선하기 위해 표면에 내식성이 양호한 순알루미늄을 피복처리하여 Clad강으로서 이용하고 있다.

표 1.14에는 철도차량(일본 신간센 고속철도차량)에 사용된 알루미늄합금을 나타내었다. 알루미늄합금으로 만들어진 철도차량에는 고도의 압출가공기술이 적용된 대형 박육 형재가 사용되어진다. 이것으로부터 외판과 골재 부분을 일체화시키고, 용접부를 삭감함으로서 차량구 본체의 경량화 및 차량구조를 합리화시킬 수 있다.

✔ 표 1.14 철도차량(일본 신간센 고속철도차량)에 사용된 알루미늄합금

Al-Mg계 합금: 5083	기계적 강도, 내식성, 용접성, 굽힘가공성
Al-Mg-Si계 합금: 6N01	압출가공성, 대형 박육 형재
Al-Zn-Mg계 합금: 7N01	기계적 강도, 용접성

특히, 리니어모터카의 경우에는 무엇보다도 차량의 경량화가 우선시되어야 하므로 신알루미늄재료의 개발 및 적용을 시도하고 있다.

근래 항공기에 대한 알루미늄합금의 적용은 주로 구조재에 많이 사용되고 있으며 고력알루미늄으로서 2024합금, 7075합금을 사용하고 있다. 특히 7075합금의 경우 응력부식균열을 방지하기 위하여 Cr을 미량 첨가하여 왔으나 최근에는 Zr을 미량 첨가하여 담금질감수성을 개선시키고 있다. 최근의 동향으로서는 Al-Li계 합금으로서 Al-Li-Cu, Al-Li-Mg, Al-Li-Cu-Mg합금이 개발되어 사용되고 있는데 Li을 수 % 첨가시킴으로서 고비강도, 소비중, 고탄성율 등의 특징을 가진다. 단 인성 및 연성이 떨어지고 다소 고가인 점이 단점이다.

또한, 우주 로케트 연료용 탱크에는 내부, 외부의 압력에 견딜 수 있도록 Isogrid 구조로 가공된 알루미늄판(Al-Cu-Mg합금)을 사용하고 있다. Isogrid 구조는 탱크의 중량을 줄이지만 기계적 강도의 저하를 방지하여 현상을 유지할 수 있도록 내면을 격자상으로 기계가공한 것이다.

1.6.8 기타 부품에 사용되는 알루미늄 재료

(1) 에어백 인플레이트(Inflater)

가스 발생시의 내압성을 고려하여 냉간단조성이 좋은 Al-Mg계 알루미늄 합금이 인플레이트(Inflater)용으로서 사용된다. 주로 알루미늄합금 압출형재로 제작되고 있다. 단조품의 경우에는 가스발생시의 내압성능과 냉간단조성을 고려하여 5056이 사용되며, 최근 조수석에는 6061-T6재가 사용되고 있다. 최근 현대모비스는 에어백의 경량화를 위하여 운전석 에어백 모듈부품인 마운팅 플레이트(Mounting plate: 에어백 커버와 함께 에어백의 핵심인 에어백 쿠션을 감싸고 있는 장치)의 소재를 기존 스틸에서 플라스틱으로 변경하였다.

(2) ABS(Anti-lock break system)

액츄에이터는 제동압력을 증삼시키는 장치인데 액츄에이터의 하우징으로서 알루미늄합금이 사용된다. 내압강도를 위하여 2014-T6 혹은 2024-T4가 사용되지만 내식성이 떨어지므로 크로메이트처리를 한다. 또한 내마모성이 고려되는 경우에는

AC2B, AC4C-T6 주물재, 혹은 알루미늄의 표면을 물의 전기분해로 발생되는 산소와 결합시켜 산화피막을 생성시킨 후 피막위의 극미세한 작은구멍을 전기화학적으로 착색을 한 다음 봉공하여 알루미늄의 표면및 색상의 부식, 변형및 변색을 방지하는 알마이트(Alumite: 양극산화피막 생성법) 처리를 실시한 6061, 6262-T6 등이 사용된다.

(3) 파워스티어링

핸들 조작력을 어시스트하는 장치인 파워스티어링의 하우징과 리어하우징에는 내압성과 내마모성이 필요한데 최근 경량화를 목적으로 고강도인 ADC 12-T6 주물재를 사용하고 있다.

(4) 컴프레셔

내압성, 고굽힘피로강도, 내마모성을 만족하고 소형, 경량화를 목적으로 2011, 2017-T6 등의 열간단조품, 혹은 ADC 12-T6 등의 다이캐스트제품이 사용된다.

(5) 배기계

자동차용 배기계의 파이프, 머플러 및 히트 인슐레이터에는 알루미늄도금강판을 사용한다. 통상의 냉간압연강판을 수 %의 실리콘을 포함한 알루미늄 조에 통과시켜 용융도금을 행한다. 내열, 내식성 모두 아연도금보다도 우수하고, 대기 중에서는 약 550℃까지 양호한 내산화성을 나타낸다.

(6) 연료탱크

Terne sheet는 Terne-coated carbon steel sheet라고도 하며, 냉연광폭대강을 원판에 Sn, Pb의 합금(Terne metal) 도금을 한 강판으로서 내식성, 내후성이 우수하여 자동차의 가솔린 탱크, 라디에이트 등에 주로 사용된다. 납이 가진 뛰어난 내식성을 이용한 도금인데 납만으로는 철 소재와의 밀착성이 나쁘기 때문에 철과의 합금을 형성하기 쉬운 주석을 첨가하는 것에 의해 밀착성을 높일 수 있다. 그런데 근년에 와서는 환경대책의 일환으로서 Plumbum free화가 대두되었고 연료탱크도

납을 사용하지 않는 연료탱크용 강판을 개발하게 되었다. 여기에는 Sn-Zn도금강판, 알루미늄도금, 용융순아연도금(GI: Galvanized iron)의 표면에 Ni도금을 한 것, 전기 Zn-Ni 합금도금강판의 표면에 에폭시계 수지(Al과 Zn을 통전목적과 점착목적으로 블렌드)을 코팅한 것인 4가지 종류의 소재가 있다. Sn-Zn도금강판은 일본 스즈키자동차에, 알루미늄도금은 도요타자동차에, 용융순아연도금(GI; Galvanized iron)의 표면에 Ni도금을 한 것은 미쯔비씨자동차에, 전기 Zn-Ni 합금도금강판의 표면에 에폭시계 수지를 코팅한 것은 미쯔비시자동차와 현대자동차의 연료탱크에 각각 사용되고 있다.

2장

복합재료

2.1 복합재료 개론
2.2 복합재료의 역사
2.3 복합재료 소개
2.4 복합재료의 응용

2. 복합재료

2.1 복합재료 개론

2.1.1 복합재료의 정의

복합재료란 간단히 서로 다른 두 종류 이상의 소재를 복합화 하여 각각의 재료 특성은 살리고 상호 결점은 보완할 수 있게 인위적으로 만든 재료를 말하며, 개념적으로는 두 종류 이상의 소재를 복합화한 후에 물리적, 화학적으로 각각의 소재가 원래의 상을 유지 하면서 원래의 소재보다 우수한 성능을 갖도록 한 재료를 말한다. 두 가지 이상의 서로 다른 물질을 혼합하는 방법에는 원자와 원자가 합쳐져서 화합물(예를 들면, $2H_2 + O_2 = 2H_2O$)로 만들어지는 경우가 있으나, 이런 경우는 복합재료라고 하지 않는다. 복합재료는 혼합되어 있는 상태에서도 각 성분이 원래의 성질을 가지고 있어서, 미시적(Microscopic)으로 보면 균일하지 않은(Inhomogeneous) 상태로 존재한다.

복합재료는 그 관념과 개념에 의해 여러 가지 방법으로 분류되고 있으며, 아래의 표 2.1은 포괄적인 의미로 분류한 것이다. 대부분의 천연재료는 광학 현미경 또는 전자 현미경으로 관찰하면 쉽게 알 수 있는 2개 이상의 성분 조합에 의해서 놀라운 특성을 발휘한다. 예를 들면, 인체의 뼈는 인회석이라 불리는 무기질 모재 내에 묻혀 있는 짧고 연한 콜라겐 섬유로 구성되어 있다. 여기서 섬유는 큰 하중이 작용하는 방향에 최대의 강성이 주어지도록 배열되어 있다.

✔ 표 2.1 복합재료의 분류

분류	예
천연 복합재료	목재, 뼈, 대나무, 근육 등
미시적 복합재료	합금 Plastics blend(Polymer blend)
거시적 복합재료	도금 강 콘크리트 철근-콘크리트

목재와 대나무를 미시적으로 관찰하면, 목재는 리그닌 모재와 셀룰로오스 섬유로 구성되어 있으며, 대나무는 천연의 유리섬유라고 불리는 섬유상이 대나무의 길이방향으로 배향된 구조를 하고 있다.

대부분의 금속재료도 최적의 성능을 갖게 하기 위해서는 미시적으로 분산된 2개 이상의 상조합으로 구성되어 있다. 금속합금과 엔지니어링 플라스틱의 강도와 인성은 고강도, 고인성을 가진 상과의 조합에 의해서 발휘된다. 단순한 예로서 철과 탄소로 구성된 탄소강이 있다. 그리고 천연재료와 공업재료는 구성하고 있는 상이 극히 미세하게 분산되어 있기 때문에 미시적 복합재료라 할 수 있다. 이 구조는 극히 미세한 것이 많으므로 각각의 상을 식별하기 위해서는 고분해능의 전자현미경이 필요하다.

복합재료를 거시적인 개념으로도 표현할 수 있는데, 특히 개개의 특성보다 우수한 성능을 갖는 재료를 얻기 위해 두 종류 이상의 재료를 조합하여 만든 공업재료가 이것에 해당된다. 예를 들면, 전기 도금 강은 아연의 내식성과 강의 강도를 조합한 것이다. 비슷한 예로 우수한 압축강도를 갖는 콘크리트 보는 콘크리트를 강제봉으로 보강하여 필요한 인장강도를 얻는다.

복합재료의 구성성분은 강화재와 모재로 크게 나눌 수 있다. 강화재는 보강재라고 말하기도 하며, 모재는 기지 또는 기지재 라고도 말하며 강화재를 감싸는 모재부분을 흔히 매트릭스라고 부르기도 한다. 강화재는 섬유상과 구, 판, 타원체 등의 입자상 및 섬유와 입자의 혼합 상으로도 구성될 수 있으며 모재는 금속재료, 무기재료 및 유기재료 등으로 구성될 수 있다. 사실 모든 종류의 재료가 사용될 곳에 요구되는 최종 물성을 만족시킬 수 있다면 강화재 혹은 모재가 될 수 있다.

2.1.2 복합재료의 종류

복합재료의 종류는 일반적으로 다음과 같이 다섯 가지 종류로 구별할 수가 있다.

① 섬유강화 복합재료(Fiber reinforced composites)

섬유강화 복합재료는 연속적인 섬유나 단섬유(Short or chopped fiber)로 강화된 복합재료를 말한다.

② 입자강화 복합재료(Particle reinforced composites)

복합재료 기지(Matrix) 내에 입자를 넣어서 기계적, 화학적 성질을 강화한 복합재료를 말한다.

③ 적층 복합재료(Laminated composites)

층(Laminar)으로 이루어진 복합재료를 말한다.

④ 플레이크강화 복합재료(Flake reinforced composites)

복합재료 기지 내에 작은 얇은 층(Flake)의 강화재료를 넣어 보강한 것이다.

⑤ 골격형 복합재료(Skeletal composites)

복합재료 기지 내에 연속적인 골격(Skeleton) 모양의 강화섬유가 들어 있는 복합재료를 말한다.

위의 다섯 가지 복합재료의 구분 방법은 대략적인 것이고, 또 강화재의 형상 및 종류, 모재의 종류에 따라서도 분류할 수 있다. 예를 들면 모재의 종류에 따라서 고분자 복합재료(Polymer matrix composites, PMC), 금속 복합재료(Metal matrix composites, MMC), 세라믹 복합재료(Ceramic matrix composites, CMC), 및 고무 복합재료(Rubber matrix composites, RMC), 시멘트 복합재료(Cement matrix composites, CMC) 등으로, 강화재의 형상에 따라 입자 강화 복합재료(Particle matrix composites), 단섬유 강화 복합재료(Short-fiber reinforced composites) 및 장섬유 강화 복합재료(Continuous fiber reinforced composites) 등으로 분류되며, 또한 강화재의 종류에 따라서 탄소섬유 강화 복합재료(Carbon fiber reinforced composites, CFRC), 유리섬유 강화 복합재료(Glass fiber reinforced composites, GFRC), 세라믹 섬유 강화 복합재료(Ceramic fiber reinforced composites, CFRC) 및 금속섬유 강화 복합재료(Metal fiber reinforced composites, MFRC) 등으로 분류할 수 있다. 그리고 강화재에 모재까지 포함시켜 조합하면 탄소섬유 강화 플라스틱(Carbon fiber reinforced plastics, CFRP), 유리섬유 강화 플라스틱(Glass fiber reinforced plastics, GFRP), 케블라 섬유강화 플라스틱(Kevlar fiber reinforced plastics, KFRP), 금속섬유 강화 플라스틱(Metal fiber reinforced plastics, MFRP) 등과 같이 다양한 이름으로 분류할 수 있다.

또한 복합재료는 모재의 형상이나 조합에 따라서 많은 종류가 있다. 모재가 미립자(0차원), 섬유(1차원), 박판 혹은 판상(2차원)및 벌집(Honey comb)과 같은 3차원의 것, 또 그 상태가 고체, 액체, 기체, 진공과의 조합, 재료적으로 유기물, 금속 무기물(결정질 및 비정질, 또 탄소는 여기서는 무기 재료에 분류한다)등이 있고, 각각의 조합에 의해 특징 있는 복합재료가 얻어진다. 그리고 한 가지 복합재료가 여러 가지 종류의 복합재료로 구분될 수 있다. 예를 들면, 섬유강화 복합재료(Fiber reinforced composites)는 섬유강화 복합재료이면서 동시에 적층형 복합재료(Laminated composites)도 될 수 있다.

2.2 복합재료의 역사

복합재료의 실제 역사는 오래 되었지만 개념상으로는 새로운 재료이다. 고대 이집트인들은 절단한 짚과 모래를 나일 강의 진흙(점토)에 섞어서 햇볕에 말려 벽돌을 제작하여 집을 지었다고 한다. 이때 사용한 벽돌이 역사적으로 복합재료의 시초라 할 수 있다.

옛날 우리 조상들도 집을 지을 때 진흙(점토)에 짧게 절단한 볏짚을 섞어서 사용했는데 이것도 복합재료라 할 수 있다. 흙만을 사용하면 건조할 때 수축을 하므로 균열이 생기지만, 절단한 볏짚을 흙에 섞으면 건조시에 균열이 생기지도 않고, 균열이 생기더라도 속에 있는 볏짚은 보강재로서의 역할을 하여 균열로 인해 깨지는 것을 방지한다. 제비의 둥지도 자세히 보면 진흙과 지푸라기로 만들어진 복합재료이다. 이처럼 인간들은 예로부터 재료를 복합화 하여 재료에 필요한 성능을 부여하며 사용해 왔다.

목재 자체는 일종의 천연 복합재료이다. 셀룰로오스 섬유와 리그닌으로 전혀 성질이 다른 것으로 구성되어 있다. 그래서 목재는 섬유길이 방향은 강하지만 섬유배향과 수직 방향은 약하여 잘 깨진다. 합판은 두께 1~2 mm 정도의 얇은 목재판을 몇 장씩 섬유길이 방향이 서로 직각이 되도록 교호 적층하여 접착제로 붙여서 만든 것으로 Veneer(박판)라는 보강재와 수지 접착제의 복합재료이다. 복합재료로서 합판의 역사 또한 매우 오래되어 고대 이집트까지 거슬러 올라간다고 하지만 본격적으로 제작된 것은 산업혁명 이후이다. 합판의 가치를 높일 수 있는 것은 우수한 접착제에 있다. 접착제로 내수성이 매우 우수한 페놀 수지가 20세기 초에 등장하여 합판은 단순한 장식용에서 주택 및 가구 등에도 사용할 수 있는 오늘날과 같은 물성을 갖게 되었다.

또 자동차 및 자전거의 타이어는 고무와 섬유 및 카본블랙의 복합재료이다. 고무가 현대 사회에 소개된 것은 1770년의 연필 지우개가 처음이다. 그러나 천연고무의 수지 액인 라텍스를 직물에 도포하여 말리면 방수 직물이 된 것을 10세기 이전부터 천연고무의 원산지인 남미의 아마존 강 유역의 인디언들이 알고 사용했다고 한다. 이것이 현재 자동차 타이어의 섬유강화 고무의 시초라 할 수 있다. 그러나 고무계 복합재료가 현재의 지위를 얻을 수 있었던 것은 2가지의 발명 덕분이다. 하나는 19세기 중반의 가황고무의 발명이다. 가황고무의 발명으로 고무에 탄력성, 내열성 및 내노화성 등이 부여되었다. 또 하나는 1912년에 영국인인 던로퍼가 지금의 타이어의 원형인 튜브식 타이어를 발명하였는데. 그 타이어는 아마의 평직포로 보강한 것이었다. 그 후 1893년에 미국인 파마는 보강재로 면섬유를 일방향으로 사용하여 교호적층(Cross laminate)하도록 제안하였는데, 이것이 오늘날의 자동차 타이어의 시작이라고 할 수 있다. 그 후 1930년에는 면섬유 대신으로 레이온 섬유(Rayon fiber)가 사용되어 타이어의 성능을 많이 향상시켰다.

철근-콘크리트 또한 복합재료이다. 콘크리트 자체도 몰탈(Mortar)과 골재의 복합재료이며, 몰탈은 시멘트 페이스트(Cement paste)와 모래의 복합이다. 시멘트 페이스트는 포틀란트 시멘트와 물로 만들어 지며, 포틀란트 시멘트는 석회석과 점토 및 형석 등을 소성하여 만드는데 이 기술은 19세기 말에 보급되었다. 시멘트를 골재와 섞어서 만든 콘크리트의 복합재료 역사는 실제로 아주 오래되었으며 거슬러 올라가면 고대 로마시대이다. 장대한 로마시대 건축물은 실제로 표면만 대리석이며 내부는 잡석을 석회와 화산회토를 섞어서 만든 천연 시멘트에 혼합한 콘크리트이다.

인간이 순수한 합성에 의해서 최초로 수지를 제조한 것은 1907년에 영국인 Leo Baekland에 의한 페놀 수지이며, 상표명은 잘 알려진 베이크라이트(Bakelite)이다. 이때의 페놀 수지는 목분, 종이 및 면직물 등에 함침 시켜 가압성형 상태로 공업화가 되어 플라스틱 복합재료의 시작이라 할 수 있다. 1920년대에 실용화된

요소수지도 목면을 강화재로 하여 성형품을 생산하였다.

플라스틱 복합재료는 유리섬유가 미국의 OCF(Owens Corning Fiberglass) 사에 의해 1930년대에 실용화된 후에 본격적으로 발달되기 시작했다. 당시 유리섬유와 페놀수지를 복합화 하여 적층판을 만들려고 했지만 페놀 수지를 성형할 때에는 고압이 필요하며, 이 고압력에 의해 유리섬유의 파손이 심하여 제작된 복합재료의 기계적 성질이 수지 단독에 비해서 그다지 증가하지 않아 상용화되지 못했지만, 복합화한 후에도 유리섬유의 성능을 유지할 수 있는 저압의 성형수지인 불포화 폴리에스테르(Unsaturated polyester)가 1940년에 발명되어 유리섬유 강화 플라스틱(Glass fiber reinforced plastics, GFRP)의 복합재료가 탄생되었다. 이 재료는 비강도가 우수하므로 군의 주목을 받아 공군중심으로 개발이 진행되었는데, 공군에서 최초의 적용은 B-29의 가솔린 탱크였다. 그 후, 미국인 헨리 포드에 의해 자동차에 적용되었으며, 사실 그는 현재의 플라스틱 복합재료의 선구자이다.

근대적인 복합재료가 탄생된 것은 섬유로 보강한 고무를 이용한 공기 넣은 타이어의 제조(1888)가 최초라고도, 혹은 유리섬유강화 폴리에스테르의 제조(1942)가 최초라고도 말해지고 있다. 섬유의 강도를 적극적으로 이용 한다는 면에서 보면 후자를 시조로 해도 이상하지 않다. 여기서부터 경량 고강도 구조재료의 연구개발이 시작되었다.

일반의 유리섬유는 탄성률이 70 GPa 정도로 작기 때문에 이 분야의 개량에 많은 연구개발이 수행되어 수종의 섬유가 개발되어 왔으며, 미국의 아폴로 계획이 하나의 큰 추진력이 된 것은 부정할 수 없다. 1940년대에 유리섬유 강화 불포화 폴리에스테르로 시작한 FRP(Fiber reinforced plastics)는 2차 대전 후에 강화섬유로 Boron fiber, Carbon fiber 및 Aramid fiber 등의 고성능 섬유, 그리고 수지로는 에폭시 수지, 나일론, 폴리아세탈, 폴리프로필렌, 폴리카보네이트 등의 출현으로 오늘날의 복합재료 시대가 시작되었고 1970년대의 초반에는 탄소섬유가 화려하게 등장하였다.

섬유가 고성능화 되면서, 섬유강화 복합재료가 단순한 대체 재료가 아니라 종래의 재료에서는 도저히 불가능한 극한 환경에도 견딜 수 있는 재료라는 것이 널리 인식되자 그 사용 환경의 확대를 위해 모재의 개량에 대한 많은 연구가 진행되고 있다.

GFRP를 가볍고 고강성을 표방한 제 1세대의 복합재료라고 하면, 탄소 섬유강화 플라스틱(Carbon fiber reinforced plastics, CFRP)이나 보론 섬유강화 플라스틱(Boron fiber reinforced plastics, BFRP) 등 고비강도의 재료가 제2세대의 복합재료, 그리고 금속복합재료(Metal matrix composites: MMC 혹은 Fiber reinforced metals, FRM) 등 내열성을 부여한 재료가 제3세대 복합재료라고 불리어 질 수 있다.

다음 세대의 복합재료로 예측할 수 있는 것으로 하나는 하이브리드 복합재료로 말하자면 복합재료의 복합화일 것이다. 아라미드계 복합재료(Aramid fiber reinforced plastics, AFRP)와 CFRP를 조합하여 전자의 압축강도 후자의 Damping 특성부족이라는 상호의 결점 보완을 재료 양자를 복합하는 것에 의해 얻어진다. 또 하나는 기능성 복합재료일 것이다. 결코 새로운 복합재료라고는 할 수 없지만 지금까지의 복합재료는 역학적 특성을 중심으로 발달하여 섬유가 가지는 특성을 복합재료 속에서 살리는 것에만 급급했다. 기능성 복합재료는 모재재료의 권리회복이라고 말할 수도 있다. 이것은 모재나 섬유가 가지는 물리적, 화학적 기능 혹은 모재와 섬유와의 상호작용에 의해 생기는 기능을 주로한 복합재료이다. 열팽창 계수를 조정한 열적 기능재료나 전도성 fiber를 첨가한 전자기적 기능재료 등 종류는 극히 많다.

결국 복합의 사상은 오래되었지만 복합재료라고 인식하고 그 중요성이 대두되며 사용된 것은 전후 냉전으로 인한 군수산업이 크게 발전하기 시작한 지난 수십년에 불과하며 1940년을 복합재료 시대의 개막이라고 볼 수 있으며 복합재료는 앞으로도 계속 응용범위가 증가될 것이며 그 역사는 인류와 함께 지속 될 것이다.

2.3 복합재료 소개

현재 주로 사용되고 있는 복합재료는 고분자 모재 복합재료, 금속기지 복합재료, 세라믹 모재 복합재료 및 탄소기지 복합재료로 분류된다. 또한 모재의 종류에 따라 FRP(Fiber reinforced plastics), FRM(Fiber reinforced metal), FRC(Fiber reinforced concrete), FRR(Fiber reinforced rubber) 등으로 나눌 수 있다.

현재 가장 많이 사용되고 있는 것은 GFRP로 주로 자동차 산업분야에서 광범위하게 활용되고 있다.

탄소섬유를 강화재로 사용한 복합재료는 우주·항공소재, 전기·전자소재, 토목·건축소재, 생체·의료소재 및 각종 스포츠 용품 소재 등 다양한 분야에서 사용되고 있다.

다음 소개되는 복합재료들은 현재 연구 개발이 활발히 진행 중이며 미래 고부가 가치의 재료로 주목해야할 대표적인 복합재료들에 대한 소개이다.

2.3.1 유리섬유 복합재료

유리섬유의 역사를 간단히 살펴보면, 우선 1910년에 독일에서는 유리 용융로의 밑에 구멍을 뚫어서 유리를 토출시켜 드럼에 권취하는 방법을 제안하였으며 이것이 유리 장섬유 공업의 출발점이다. 공업적으로 유리섬유가 제작된 것은 1930년대에 미국의 OCF(Owens corning fiberglass)사의 젊은 연구원 Dale kleist는 진공장치를 제조하기 위해 유리를 녹여 부어서 seal을 만들려고 하는 중에 실수로 압축공기를 용융유리의 흐름줄기에 분사되게 하여 우연히 미세한 유리섬유를 만들었다. 이것을 참고로 그는 1932년 가을, 압축공기 대신 Steam을 사용하여 단섬유(Short fiber)를 만들었다. 이것이 유리 단섬유 공업의 출발시점이다. 일본에서는 1930년대 후반부터 군수용으로 유리섬유가 생산되기 시작했다. 그리고 우리나라에서는 1972년에 한국 화이바(주)에서 유리섬유를 생산하기 시작하였다.

유리섬유의 특징은 값이 싸고 강한 것이다. 유리섬유의 인장강도나 인장 탄성률 등의 기계적 성질은 조성성분에 따라 다르지만, 대표적인 E-glass의 인장강도는 280~350 kgf/mm^2이고 인장 탄성률은 7,400~7,700 kgf/mm^2이다. 그 밖의 특징으로는 고온에 잘 견디며, 불에 타지 않는다. 또한 흡수성이 없고, 흡습성이 적으며 화학적 내구성이 좋아 부식하지 않는다. 하지만 유리섬유는 취급자의 손에 도달할 때까지의 이력(History)에 차이가 있다. 즉 많은 사람의 손을 거칠수록 섬유는 많은 손상을 입게 된다. 그리고 유리섬유의 인장강도에 대한 수분의 영향은 복잡하게 나타나지만 일반적인 경향은 고습도 하에서 인장강도는 저하된다. 비중은 나일론의 2.2배이며 무명의 1.7배이다.

유리섬유를 매트로 만든 것은 단열·방음성이 좋다. 이와 같은 성질을 이용하여 천으로 짠 내화 직물이나 전기 절연재료 등의 용도로 널리 쓰이며, 건축 관계에서는 보온·보냉재, 흡음 방음재, 공기여과 등에 사용된다.

이것에 사용되는 섬유의 지름은 가늘수록 여러 가지 점에서 우수하고, 인장강도도 지름이 가늘수록 강하며, 또 열전도율도 같은 비중의 것으로 비교하면 가늘수록 작아진다. 보온·흡음용으로는 5～20μm의 것, 여과용으로는 40～150μm의 것이 주로 사용된다. 유리섬유로 만든 건축 재료에는 유리섬유 판·유리섬유 통·유리섬유 여과기 등이 있다.

철근 콘크리트에서의 철근의 역할처럼 수지의 성질을 강화하고, 방화성능도 향상시킨 유리섬유를 플라스틱의 보강재로 사용한 섬유 강화플라스틱(Fiber glass reinforced plastics, FRP)이 개발되었으며, 사용할 수 있는 합성수지는 여러 종류가 있으나 주로 불포화 폴리에스테르 수지가 사용된다. 각 방면의 공업재료로서 널리 사용되며, 항공기·보트 등의 구조재나 파이프, 속이 빈 기둥·낚싯대 및 전기기구의 절연재로 사용되고 있다.

2.3.2 케블라(Kevlar) 복합재료

아라미드 섬유는 유기섬유 중에서 강도와 탄성률이 모두 우수하며, 가볍고 고강도, 저연신률 및 전기 절연성 등의 특징이 있어 오늘날 점점 많이 이용되고 있다. 아라미드 섬유라는 것은 방향족 폴리아미드로 제조된 섬유이다. 즉, 섬유로 제조된 아라미드 섬유는 적어도 아미드 사슬고리의 85%는 직접적으로 두 개의 방향족 고리로 연결되어진 긴 사슬의 폴리아미드이다. 미국의 Du Pont 사에서 고탄성 방향족 섬유들을 생산할 수 있었는데, 1971년에 생산된 상품명이 케블라(Kevlar)라는 이름의 섬유이다.

나일론은 긴 사슬 폴리아미드에 대한 일반적인 명칭이다. 그러나 노멕스(Nomex) 또는 케블라와 같은 아라미드 섬유는 나일론을 만들기 위해 사용되어진 선형 혼합물과는 달리 벤젠구조를 가지고 있는 원형 혼합물이다.

케블라의 탁월한 물성은 그 화학구조가 대칭성이 좋은 파라-위치에 벤젠고리들이 아미드 결합으로 연결되어 있고, 아미드 결합 사이에 강한 수소결합이 작용하는 막대형 분자라는데 기인한다.

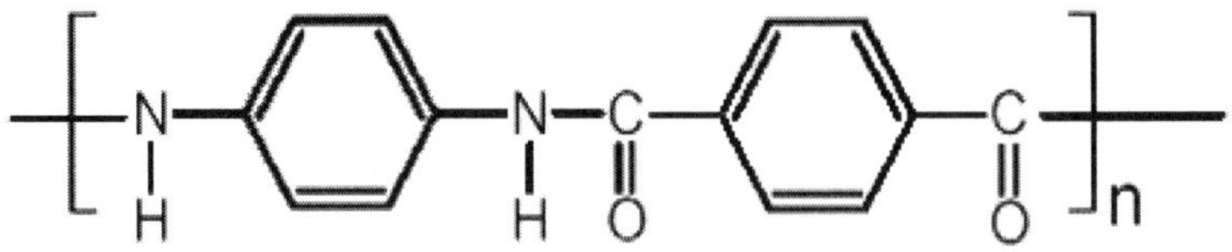

✔ 식 2.1 Para Aramid(Kevlar)
(poly-para-phenyhlene-terephthalamide/PPTA)

그러나 케블라가 고강도 및 내열성을 갖게 하는 이러한 구조적 특징은 이 액정 고분자의 녹는점을 높이고 용해도를 나쁘게 하는 원인도 제공한다. 이러한 이유로 해서 케블라는 제품화 자체가 사장될 뻔하였다. 하지만 여성과학자 스테파니 큐오렉 박사에 의해 용해도가 나빠 중합시 분자량이 채 커지기 전에 침전되는 사실을 깨닫고 이를 방지하기 위하여 무기염이 첨가된 극성 유기용매를 사용하여 용해도를 개선시킴으로써 고분자량을 얻을 수 있었다. 또한 합성 후에 이어지는 공정단계에서는 고분자 생성물을 분리·회수하여 황산에 어느 농도 이상으로 용해시켜 액정상을 형성시킨 후 연신과정을 거치지 않고 직접 습식방사 시킴으로써 고강도, 고탄성율의 섬유를 얻을 수 있었다.

케블라의 고강도, 고탄성율의 특성을 이용한 극적인 용도 개발의 경우는 일본 홋카이도의 살로마 호수에 설치된 빙하 유입방지 시설이다. 살로마 호는 가리비 조개 양식이 유명하여 연간 6만 톤을 생산하고 있다. 그런데 근래의 지구 온난화 현상으로 매년 1월에서 3월 사이에 빙하가 흘러들어 양식시설이 파괴되는 사건이 일어났다. 이 문제는 케블라 와이어를 사용하여 빙하의 유입을 방지하는 거대한 펜스(Fence)를 설치함으로 해결되었다.

펜스는 케블라로 만든 메인 와이어(Main wire)를 사용하여 대형 부유체(직경 1.2 m, 길이 3 m)를 연결하고 수면 밑으로 4m 폭의 와이어 네트가 연결된 구조이다. 빙하의 유입을 막기 위해서는 막강한 저지력이 필요한데 강철 와이어를 사용하면 강철의 중량 때문에 초거대 부유체를 만들어야 물에 띄울 수 있고 해수에 의한 부식을 해결해야 하는 문제가 발생한다. 이 문제는 500 ton 이라는 엄청난 하중을 견디면서 가볍고 부식도 되지 않는 직경 13 mm의 초 극대 케블라 섬유를 제조하여 사용함으로써 해결되었다.

초고속 통신망용 광섬유 케이블 시장에도 케블라 섬유가 활용되고 있다. 광섬유의 정보 전달량은 종래의 동선 케이블의 약 1000배 정도이다. 케블라 섬유는 광섬유 케이블의 강도 보강용 텐션멤버로 사용되고 있다. 광섬유는 직경 0.1mm 정도로 극히 가늘어 인장력에 약하고 설치공사 중에 케이블을 끌어당겨서 인장변형이 발생하면 통신장애가 발생하기 때문에 광섬유 케이블에 보강재를 사용해야 하며 이러한 목적에 사용되는 보강재를 텐션멤버라 한다. 그뿐만 아니라 금속제 텐션멤버를 사용하면 매설공사 중 낙뢰에 의한 케이블 손상 문제가 발생하는 것이 비금속제인 케블라를 사용하는 이유가 된다.

최근 휴대폰의 고성능화 및 대형 시장화에 따라 휴대폰에 사용되는 전자부품의 고밀도 실장을 가능케 하는 수지 다층기판에 케블라가 사용되기 시작해 대규모 수요처가 될 것으로 예상하고 있다.

이렇듯, 케블라 섬유는 실, 스테이플, 펄프, 코드, 직물 등의 형태로 단독으로 사용되거나, 다른 고분자나 시멘트의 복합재료에 보강재로서 사용되기도 한다. 케블라의 용도는 경찰관의 생명을 지키는 방탄복 및 방탄헬멧 이외에, 각종 자동차 및 산업용 벨트, 발암성 문제로 사용이 규제된 석면(Asbestos)의 대체품으로서 대형 자동차 및 항공기 브레이크, 거대한 트랙터나 경주용 특수차량 및 항공기의 타이어, 낚싯줄 및 선박용 로프, 날카로운 물체로부터 몸을 보호하는 장갑 및 의복 등에 다양하게 활용되고 있다.

케블라를 사용한 복합재료는 비행기의 구조체, 해상보트, 테니스 라켓, 낚싯대 및 스키 등의 스포츠 용품 등의 제작에도 활용되고 있다.

2.3.3 탄소섬유 복합재료

현재 대표적 복합 신소재로 각광 받고 있는 탄소섬유(Carbon fiber)의 정의는 실제적으로 탄소 원소만으로 된 섬유이다. 탄소섬유의 역사는 19세기 말로 거슬러 올라가 1880년 T.A. Edison이 백열전구용 탄소 필라멘트에 최초로 사용하기 시작하면서 알려진 소재다.

하지만 오늘날 현대적 의미의 재료로서 탄소섬유의 역사는 1959년에 Union Carbide 사에 의해 레이온(Rayon)을 원료로 한 GPCF(General purpose carbon fiber)의 공업화로부터 시작되었다고 할 수 있다. 이후 1964년 일본과 영국에서도 새로운 탄소섬유가 등장한 이 후 대표적 첨단 복합 신소재로 자리 잡았다.

탄소섬유의 개발 동기는 미국에서 우주개발과 군수용으로 로켓모터와 노즐에 필요한 내열재료의 개발요구에 따른 것이다. 우주용 기기와 항공기 분야에서 기본으로 요구되는 경량 및 고강성 재료의 연구가 1950년대부터 미국에서 수행되었는데, 이것을 가능하게 하는 재료는 고분자 복합재료라는 결론을 내리고 보강재로서 비강도 및 비탄성이 우수한 탄소섬유를 개발하였던 것이다.

탄소섬유는 탄소원소의 질량 함유율이 90% 이상으로 이루어진 섬유상의 탄소재료를 의미하며 구조, 조직 특성과 섬유형태의 특성을 합친 재료로 요약할 수 있다. 간단하게 비탄성률, 비강도, 내열성, 내식성, 전도성, 진동 감쇄성 및 마모특성 등이 우수한 재료 이지만 자세히 살펴보면 우선 형태적 성질로 섬유 직경이 7 μm 정도로 미세하므로 유연성이 있으며, 섬유로서의 직물 등의 여러 가지 가공성이 있고, 섬유 축방향과 직각방향의 이방성을 나타내는 것도 있다.

탄소섬유의 물리 화학적 성질로는 거의 탄소로 구성되어 있으므로 불연성이며 화학적으로 매우 안정하여 산, 알칼리 및 용매에 거의 침해되지 않지만 일부 산화성이 매우 강한 산에는 다소 열화 된다. 그리고 고온의 산화성 산에 대해서는 약하며 용융금속에 잘 젖지 않고, 다공성으로 표면이 활성화된 탄소섬유(Activated carbon fiber)는 흡착 및 탈착 능력이 우수하다.

기계적 성질로는 기존의 재료와 비교해도 강도 및 탄성률이 높고 가벼우며 내마모성 및 윤활성이 우수하다. 참고로 탄소섬유의 밀도는 1.5~1.8 g/cm^3 정도인데, 흑연은 2.26 g/cm^3 이고 다이아몬드는 3.51 g/cm^{3}이다. 이것은 탄소섬유와 흑연은 2차원 망목구조인데 반하여 다이아몬드는 3차원 망목구조를 하고 있으며, 탄소섬유와 흑연의 밀도차이는 탄소섬유에 많은 Void가 있기 때문이다.

열적 성질로는 선팽창 계수가 작으므로 치수 안정성이 높으며, 불활성 가스 분위기에서 2000℃까지 강도의 저하는 없지만 탄성률은 1000℃ 부근부터 서서히 저하한다. 또 공기 중에서는 350℃에서도 서서히 산화되어 질량감소와 강도저하를 일으키며 금속과는 고온에서 탄화물 및 층간 화합물 등의 생성반응을 일으키지만, 수 100℃ 정도에서는 안정하다. 그리고 전자기적 성질로는 도전성이 있으며, 전파를 반사하므로 전파 차폐성이 있고, X선 투과성이 양호하다. 그리고 생체 친화성이 우수하여 생체재료로 많이 사용되고 있다.

이러한 특성을 갖고 있는 탄소섬유를 사용해 만든 탄소섬유 복합재료는 기존 복합재료에 비해 그 역사가 매우 짧지만 다방면에서 활용이 이루어지고 있어 현재 선진 복합재료용(Advanced composites) 강화재로 활발히 사용되고 있다.

탄소섬유 강화 복합재료의 최대 특징은 가볍고, 강하며, 높은 탄성률을 보이는 것이다. 탄소섬유 강화 탄소 매트릭스 복합재료(C/C composites)의 경우 불활성 상태에서 2300℃까지 그 역학적 특성을 유지하는 유일한 초고내열성 재료로도 제작이 가능하다. 현재 항공우주 및 원자력 산업 분야에서 사용이 확대되고 있으며 특히 항공 우주분야의 최첨단 군사무기 제작 기술로도 전용되고 있다.

2.3.4 탄화규소(SiC) 복합재료

탄화규소(SiC) 섬유의 제조방법은 복합재료 섬유와 소성법에 의한 두 방법이 있다. 전자는 보론 섬유와 똑같이 텅스텐 심선 표면에 화학 증착법(CVD)에 의해서 만든 복합섬유이다. 후자는 고분자 선구물질(Precursor)을 열분해하는 방법을 말한다. 화학 증착법에 의해 만든 섬유는 소성법에 의해 제작된 섬유에 비해서 강도 및 탄성률은 우수하나 밀도 및 지름이 큰 것 때문에 보론 섬유와 같이 고가이며 가공성 및 취급성이 나쁜 결점이 있다.

탄화규소(SiC) 역시 고강도, 내식성, 내산화성, 내열 충격성 등 우수한 특성을 바탕으로 고온 반도체, 고온 구조재료, 반도체용 부재 등으로 활용되고 있는 차세대 신소재다. 탄화규소 복합재료는 세라믹과 무기섬유 양방의 우수한 기능을 겸비하고 있으며 항공우주 및 에너지 등 가혹한 환경조건에서도 문제없이 사용할 수 있는 소재로 주목받고 있다. 탄화규소는 흔히 카보런덤이라고 부르는데 이것은 1981년 E.G. 애처슨이 다이아모드를 인공적으로 만들고자 코크스와 점토의 혼합물을 탄소아크 등으로 가열하는 과정에서 발견했다. 탄소와 코런덤 즉 알루미나의 화합물이란 뜻의 카보런덤이라 이름 붙였으며 아주 단단하며 그 경도는 루비와 다이아몬드의 중간 정도다. 화학적으로 극히 비활성이며 대기 중에서는 최소 1750℃ 이상으로 가열해야만 산화한다. 한 마디로 말해 뛰어난 물성치와 지극히 안정된 화학적 특성을 갖는 첨단 신소재인 것이다. 이러한 특성으로 인해 1500℃ 이상의 고온에서 지속적인 내열성 및 내산화성이 요구되는 고속 비행체 및 항공기, 로켓 엔진의 내열구조 부속, 초순도 및 고온 열처리가 요구되는 반도체 제조 및 진공 열처리로 분야에서 기존 내열합금 또는 세라믹 재료의 한계를 극복할 수 있는 고온용 복합재료로 활용되고 있다.

2.3.5 나노 복합재료

나노 복합재료는 금속, 세라믹 및 고분자 소재의 장점을 용도에 맞게 설계하는 것이 가능하여 고강도, 고탄성, 고인성, 내마모 구조용 신소재 개발에 매우 유리하며, 나노입자, 나노막대, 나노튜브 등 여러 가지 기능성 나노 강화재를 사용함에 따라, 방열, 차폐, 촉매, 전자방출, 에너지 저장 등 다양한 특성의 구현이 가능한 기능성 신소재이다. 따라서 부품소재의 요구 특성이 다양해짐에 따라 단일재료로는 불가능하였던 고성능, 다기능성 소재 개발이 나노 복합재료가 등장하면서 가능하게 되었다.

나노물질의 선두주자로 인식되고 있는 나노튜브의 나노 복합재료 충전재로의 응용은 나노튜브가 지니고 있는 뛰어난 기계적 특성과 전기, 열적 특성을 이용하는 것이다. 탄소섬유의 경우 전단응력에 매우 약한 구조적인 결함을 보이고 있으나 나노튜브의 경우에는 구부려도 파단 되지 않으며 원상태로 되돌아오려는 스마트한 특성을 보이고 있다. 결국 나노튜브는 고분자 매트릭스에 기계적, 물리적 특성의 향상 뿐 아니라 전기적, 열적인 특성 향상 등도 부가 되지만 나노 입자의 응집문제와 금속기지와의 계면강도 문제, 제조 공정상의 어려움, 비싼 가격 문제 등으로 인해 탄소 나노튜브의 장점을 최대한으로 이용하지 못하여 왔다.

그러나 최근 심층적인 연구에 의해 탄소 나노튜브 표면에 기능기 부착(Functionalization)기술이 개발되어 탄소 나토튜브를 화학적으로 공정에 이용할 수 있는 토대가 마련되었으며, 해외는 물론 국내에서도 탄소 나노튜브의 대량생산 체계가 갖추어지고 있어 비싼 가격문제의 해결 역시 가능해 졌다. 또한 탄소 나노튜브를 분자수준에서 화학적으로 금속이나 세라믹 기지에 균일 분산시킬 수 있는 기술이 개발됨에 따라, 향후 탄소 나노튜브가 금속 혹은 세라믹 기지 나노 복합재료의 가장 중요한 강화재가 될 것으로 전망된다.

탄소나노튜브는 표 2.2에서 보는 바와 같이 기존의 복합 재료용 강화재에 비해 월등히 우수한 강도, 탄성, 전기 및 열전도도 등을 가지고 있어, 탄소 나노튜브/금속 나노 복합재료를 제조하는 경우 금속기지가 갖는 고인성 및 가공성의 상승 작용으로 인해 기존의 소재보다 뛰어난 성능의 신소재 개발이 기대된다.

그러나 전 세계적으로 탄소 나노튜브/금속 나노 복합재료에 관한 관심은 집중되고 있지만, 지금까지의 국 내·외 산업계나 학교에서 나노 복합재료의 연구 수준은 주로 분말혼합 공정, 함침공정, 주조공정 등 기존의 복합재료 제조공정을 답습하는 수준에 머무르고 있는 등 탄소 나노튜브의 응집에 의한 탄소 나노튜브와 금속 기지간의 계면 강도의 약화를 근본적으로 해결하지 못한 기초적인 단계라 할 수 있다.

기존의 복합화가 마이크로 영역에서 이루어졌다면, 앞으로는 나노기술의 발전에 따라 원자·분자 제어 기술을 바탕으로한 복합소재 개발이 가능해질 전망이다. 나노기술의 특성상 원자·분자 단위에서의 소재 제어가 이루어지면 전혀 새로운 물성의 구현도 가능하다. 결국 alloy형 복합소재의 개발은 기존의 복합소재와는 완전히 차별화된 '신소재'의 개발을 의미하는 것이라 해도 무방하다. 이와 같이 나노 복합재료가 새로운 시대에 요구되는 특성에 대응할 신소재로 각광을 받고 있는 것은 사실이지만, 실용화라는 관점에서 보면 갈 길이 아직 멀다고 할 수 있다.

✔ 표2.2 탄소나노튜브와 기존 강화재의 물리적 특성 비교

종류	직경(㎛)	강도(GPa)	탄성계수 (GPa)	열전도도 (W/mK)	밀도(g/㎤)
Boron	140	3.3~4.0	370~400	100~200	2.3~2.5
SiC	15~145	2.9~4.0	210~400	70~110	2.5~3.5
Al_2O_3	20	1.5	380	30	3.9
Carbon fiber	7~13	2.1~5.0	240~500	250~600	1.7~2.1
Aramid fiber	12	3.0~3.6	70~180	0.3	1.4
Carbon nanotube	0.01~0.04	20~50	600~1200	1,800~6,600	1.6

2.4 복합재료의 응용

2.4.1 자동차용 복합재료

최근 자동차는 전자화, 고급화, 안전화 등에 대한 수요자들의 요구가 다양해짐에 따라 부대장비가 늘어나 자동차 중량이 계속 증가하는 추세이며, 세계적으로 환경오염 문제가 대두되면서 기업별 평균연비 및 자동차 배기가스 규제 강화에 대비한 연비 개선이 절실히 요구되고 있다. 자동차의 연비개선 대책은 엔진, 구동 계의 효율향상, 주행저항 저감, 경량화 등이 있다. 엔진 및 구동 계의 전달효율은 기술적으로는 거의 한계에 도달하여 연비의 대폭적인 향상은 기대하기 어려운 실적이나 구조 변경, 경량재료로의 대체, 부품합리화 등에 의한 경량화는 연비를 대폭적으로 향상시킬 수 있다.

이러한 차체 경량화를 위해 등장한 소재로 알루미늄 합금 등의 비철 금속류가 있으나 고분자 재료, 특히 적절히 강도가 보강된 고분자 복합재료가 선두주자라 하겠다. Handle, Covers, Tank, Fascia 등 내·외장재가 주종을 이루는 일반 플라스틱 재료와는 달리 고분자 복합재료는 Hood, Door, Trunk lid, Roof 등의 차체 외판(Body panel)에 이용된다. 이밖에도 범퍼, 엽상 스프링 및 도어의 임팩트 빔 같은 승용차의 하중지지 부재를 비강도 및 충격 에너지 특성이 좋은 유리섬유 복합재료로 제조하려는 시도가 상당한 성공을 거두고 있다. 또한 후륜 혹은 4륜구동 자동차의 동력 전달을 위한 프로펠러 샤프트(혹은 드라이브 샤프트)를 복합재료를 이용하여 기존의 두 축 혹은 세 축으로 제조되던 부품을 한 개의 축으로 제조하여 부품의 개수를 줄이고, 차량의 경량화 및 NVH(Noise, vibration and harshness) 특성을 향상시키려는 시도가 성공을 거두고 있다.

자동차용 복합재료는 고분자 섬유기지에 유리섬유 혹은 탄소섬유와 같은 강화섬유(Reinforcement fiber)가 보강된 것이 주로 사용되어 왔다. 이중에서 무질서 상태의 유리 단섬유로 보강된 고분자 복합재료(Randomly oriented chopped E-glass fiber reinforced polymeric matrix composites)는 가격이 저렴하여 하중을 지지하지 않는 자동차의 부품에 널리 사용되어지고 있다.

장섬유 강화 고분자 수지 복합재료는 비강도가 연강(SAE 1010) 혹은 고장력강

(SAE4340)보다 10배 이상의 강도를 가지고 있으나, 이들 장섬유 강화 복합재료는 재료의 가격이 비싸기 때문에 과거에는 자동차 부품에 많이 사용되지 않았다. 최근에는 화석 에너지의 고갈에 따른 유류의 가격 인상과 이산화탄소 배출 규제에 따른 자동차 중량 감소의 압력 때문에 자동차 선진국을 중심으로 자동차의 하중 지지부분에 장섬유 강화 고분자 수지 복합재료가 서서히 사용 영역을 넓히고 있다.

최근에는 미국, 일본의 자동차 업계에서 경량화 효과를 증대시키기 위하여 탄소섬유를 사용한 복합재료 부품의 사용을 추진 등에 있다. 예를 들면, 미국의 Ford 사에서는 100% 탄소섬유 강화 복합재료(CFRP, Carbon fiber reinforced plastics) 실험용차를 제조하여 SAEC (The Annual Society of Automotive Enginners Convention)에 전시하였다. 이 차의 연비는 같은 형의 Ford TD의 7.2 km/ℓ에서 9.7 km/ℓ로 향상되었다. 이 실험용차에 있어서의 탄소섬유 강화 복합재료 부품 사용에 의한 경량화 효과를 표 2.3에 나타내었다.

자동차용 복합재료에 사용되는 고분자 재료는 주로 Nylon, ABS, Polypropylene과 같은 열가소성 재료, 혹은 불포화(Unsaturated) Polyester, Vinylester, Polyurethanes 등의 열경화성 재료가 주로 사용된다. 대체 재료로서 복합재료를 자동차에 적용하기

✔ 표 2.3 Ford 실험 차의 탄소섬유-수지 복합재료 주요 부품 질량비교(1979년)

부품	질량(kg)		
	강재	복합재료	질량절감
차체	192.3	72.7	115.0
Frame	128.6	93.6	35.0
Frontend	43.2	13.6	29.5
Hood	22.3	7.8	14.7
Bumper(2)	55.9	20.0	35.9
차륜(5)	41.7	22.3	19.4
Door(4)	64.1	25.2	38.9
Drive shaft	9.6	6.8	2.8
차량 총 중량	1,705	1,138	567

위해서는 성능, 생산속도 및 생산비 들을 포함하는 여러 요인을 서로 균형 있게 조절해야 한다. 예를 들면, 항공·우주분야에서는 성능 향상이 요구 조건이지만 자동차 분야에서는 향상된 성능만이 반드시 가장 필요한 것은 아니다. 그 대신 부품의 생산속도가 빠르고 생산비가 낮아 가격 면에서 유리해야 한다는 것이다. 자동차용 복합재료 부품은 각 단계에서 1분 이하의 소요시간으로 5분 이내의 전체 공정을 현재의 목표로 삼고 있다.

각 분야별 응용 현황을 살펴보면 차체·외판의 경우 주요 성형공정은 압축성형공정과 RTM(Resin transfer molding) 성형공정을 활용하고 있다. SMC(Sheet mold compound)의 다양한 유용성으로 인하여 차체 외판 성형에 소모되는 양이 증가하고 있으며 이는 첨단 자동차 재료로 선도적 위치를 차지하고 있음을 보여준다.

실제의 응용 사례로는, Ford 사는 Taurus, Mercury, Sable의 라디에타의 아래, 윗부분 지지대를 SMC로 제조하여 가격을 14%, 무게를 22% 감소시켰다. 그리고 22조각의 강철로 구성된 기존의 모델을 SMC의 일체 성형기술을 이용하여 복잡한 제조공정을 단순화하였을 뿐만 아니라 부품 가격도 14% 감소시켰다.

Chrysler 사는 신형 Chrysler 미니밴의 앞 유리 와이퍼 전반부의 plenum을 유리 섬유 강화 비닐 에스테르 SMC 제품으로 생산하여 자동차 조립 비용을 감소시켰다. 신형 미니밴의 U-channel 부품은 겨우 3.4 Kg의 무게, 19.5 cm의 폭을 가지고 있다.

자동차의 부하부품에도 복합재료가 응용도고 있는데, 그 예로는 드라이브 샤프트, Leaf spring 및 프레임을 들 수 있다. 드라이브 샤프트는 강도 및 비틀림 강성도가 뛰어나고 무게가 기존 금속제의 30~40%이며 내피로성이 우수하여 Hercules, CIBA-GEIGY, Celanese 등에서 이미 연구 개발을 완성하여 일부 실용화 되고 있으며 GM 계열의 Corvette이 복합재료 Leaf spring을 사용하고 있는 실예이다. 초기의 복합재료 Leaf spring은 철제로 설계된 형태 그대로에 재료만을 대체하는 방식으로 사용되었으나 요즘은 복합재료 상용율을 전제로한 새로운 설계기법이 사용되고 있다. 내충격성, 내식성 및 치수 안정성을 바탕으로 차체 프레임의 복합재료화 또한 시도되고 있는데 미국의 Ford 사에서는 충돌시 앞부분부터 점차로 파괴되는 복합재료 Frame을 개발하고 있다. 이 중 드라이브 샤프트의 경우를 살펴보면 다음과 같다. 자동차의 하중전달 부품에 복합재료를 사용한 대표적 예로 후륜 구동 자동차의 드라이브 샤프트(혹은 프로펠러 샤프트)이다. 승용차와 경트럭에 사용되는 드라이브 샤프트의 정적 토크전달 능력은 약 3500 Nm(동적인 경우는 2000 Nm 에서 20만회) 정도가 요구되며, 이 수치들은 차량에 장착되는 엔진에 따라 차이가 있다. 드라이브 샤프트의 기본 굽힘 고유 진동수(Fundamental bending natural frequency)가 엔진의 회전수와 같아졌을 때는 선회 진동(Whirling vibration)이 발생하므로, 이를 방지하기 위하여 첫 번째 굽힘 진동수는 보통 8000 rpm 이상이 되어야만 한다.

일반적으로 강철이나 알루미늄 프로펠러 샤프트의 경우에 축의 직경을 100 mm 이상으로 제조하는 것이 어렵기 때문에, 샤프트의 길이가 1.0 m 이상 되면 기본 고유진동수가 8,000 rpm 이하로 떨어지게 된다. 따라서 금속 프로펠러 샤프트는 길이가 1.0 m 이상 되면, 일반적으로 두 축으로 제조되어 기본 고유진동수를 높이고 있다.

강철이나 알루미늄에 비하여 비강성이 4배 이상 높은 카본섬유 복합재료를 프로펠러 샤프트에 사용하면 프로펠러 샤프트를 한개의 축으로 제조할 수가 있다. 복합재료 프로펠러 샤프트는 한개의 축으로 제조되기 때문에 경량이며, 유니버설 조인트와 센터지지 베어링 등이 생략되어 탄소섬유의 높은 가격을 상쇄할 수 있을 뿐만 아니라 NVH 향상 효과를 가져 온다.

그러나 복합재료 프로펠러 샤프트는 복합재료와 금속 요크를 신뢰성 있게 접합하여야 하는 과제가 있다. 복합재료 프로펠러 샤프트는 처음에 Dana Corporation 의 Spicer U-joint division에서 1985년 형 Ford Econoline Van에 장착하였다. 그 후 GM의 1988년 모델의 Pickup 트럭에 복합재료 프로펠러 샤프트가 장착되었으며 그림 2.1에서 보는 바와 같이 세가지의 접합방법이 개발 되었다.

그림 2.1의 (a) 및 (b)의 Hercules와 Ciba-Geigy 설계에서는, 블라인드 체결장치(Blind fastener) 혹은 압축링(Compression ring)을 접착제와 함께 사용하여 필라멘트 와인딩된 Carbon-glass fiber 복합재료가 강철 요크에 접합되어 있다. 그림 (c)의 Dana-MMFG 제조방법은 알루미늄 튜브 위에 원주방향으로 유리섬유를 감은 후에, 인발 제조 공법으로 튜브의 길이 방향으로 탄소섬유를 보강하고 있다.

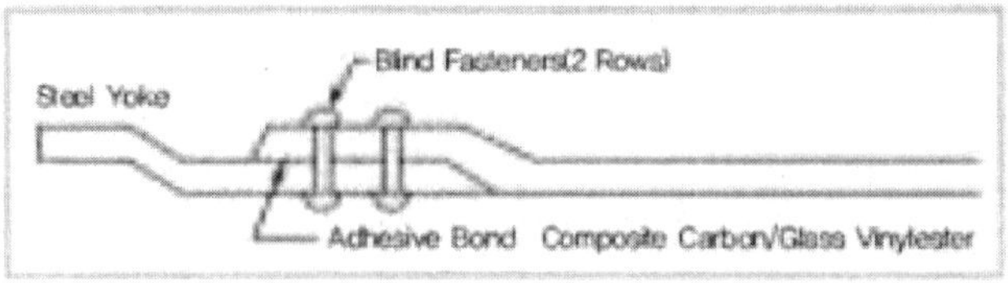

(a) Hercules 설계

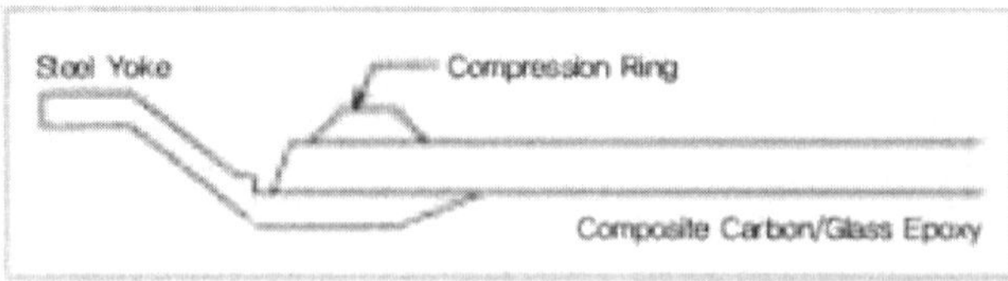

(b) Ciba-Geigy 설계

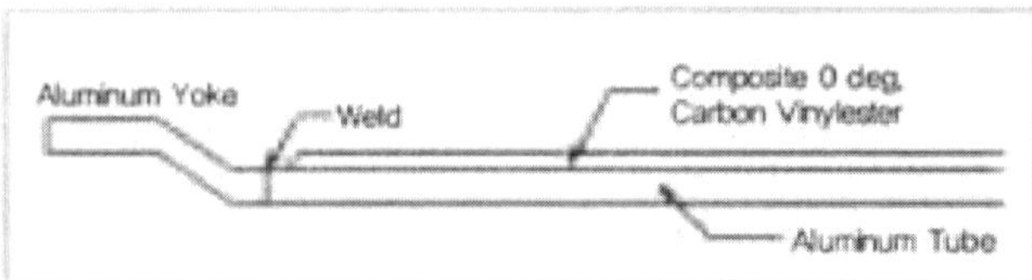

(c) Dana-MMFG 설계

✔ 그림 2.1 드라이브 샤프트와 금속 요크의 접합 방법

이렇게 제조된 샤프를 하이브리드 프로펠러 샤프트라고 부르며, 내부의 알루미늄과 유리섬유는 토크를 전달하며, 외부의 탄소섬유는 기본 고유 진동수를 높이는 역할을 수행한다. 유리섬유 복합재료는 탄소섬유와 알루미늄이 직접 접촉하여 발생하는 갈바닉부식(Galvanic corrosion)을 방지하는 역할도 수행한다.

하이브리드 프로펠러 샤프트는 샤프트와 요크의 신뢰성 있는 접합문제를 슬기롭게 해결하였으며, 또한 값이 비싼 탄소섬유를 조금만 사용하는 이점이 있다. 그러나 알루미늄과 탄소섬유의 큰 열팽창 계수 차이 때문에 알루미늄 표면과 탄소섬유 복합재료의 계면에서 제조시에 열응력이 발생하여, 제품의 사용수명을 감소시키게 된다.

자동차 엔진의 경량화 품목 중에는 기존 흡기/배기용 다기관의 복합재료와는 외국에서 상당한 진전을 보이고 있다. 사용되는 재료로는 열가소성 나이론계 수지에 유리섬유가 함유된 것으로 Dupont이나 BASF에서 상품화하여 Zytel 혹은

Ultramid 등의 상품명으로 판매되고 있으며, 열경화성 수지 BMC(Bulk mold compound) 재료도 사용된다. 이 부품은 경량화와 함께 내구성, 내열 및 내부식성 등의 장점을 가지고 있으며, 자동차용 엔진 주변 부품의 복합 재료화와 시발점의 되는 부품으로 평가되고 있다.

한편 일본의 경우를 살펴보면, 최근 신소재 도입과 차량구조 합리화 등의 다양한 전략을 통해 차량 경량화를 달성하려는 노력을 하고 있다. 이러한 연구 개발 주제 중 주목할 만한 것은 항공기 부품 재료로 주목받는 탄소 섬유를 자동차용 재료로 개발하는 노력이 계속되고 있는 것이다. 일본의 플라스틱 소재기업인 Toray 사는 차량 섀시와 보닛 등에 탄소섬유를 사용해 약 1.3 ton의 자동차를 0.3~1 ton 정도로 줄일 수 있을 것으로 보고 있다.

이를 실행하기 위해 기술거점인 오토모티브 센터를 나고야 시내에 신설하였으며, 경쟁업체인 테진도 GH크레프트를 자회사로 편입하고 이 회사 내에 복합재료 개발센터를 설치했다. 또한 Toray 사는 탄소섬유를 이용한 복합재료에 대해 자동차 차체 등을 대량생산 가능한 고속 성형기술의 확립을 세계 최초로 성공한 바 있다.

탄소섬유와 조합한 수지의 가공특성을 비약적으로 향상시킴으로써 성형시간을 대폭 단축시켰고, 탄소섬유 강화 복합재료 적용 자동차의 양산화도 크게 전진했다.

이러한 연구개발 아래, Toyota 사는 시카고 오토 쇼에서 차체 골격에 탄소섬유 강화 플라스틱을 채용하여 차량 중량을 대폭으로 감소시킨 컨셉트카 'The 1/X'를 출품하였다. 하이브리드 카인 'Prius'와 동등한 실내공간을 지니면서 차량총중량은 420Kg으로 Prius의 약 1/3로 감소시켰다. CFRP를 사용하여 골격을 가볍게 함으로써 엔진의 소배기량화 또한 Power train의 경량화, 협폭 타이어의 채용 등이 가능하게 되어 차량 중심을 대폭으로 삭감할 수 있게 되었다.

GFRP를 적용한 곳은, 차체의 기본 골격을 이루고 있는 Under body(바닥의 골격)와 B filler(앞 뒤 도어 사이의 지주) 및 A filler(앞 유리의 양 옆에 있는 지주)와 Filler로부터 뒤쪽으로 연결되는 Frame 부분이다. 또한, Under body는 앞좌석의 아랫부분, 전면 라이트와 후면 라이트의 안쪽에는 단면을 파도 형상으로 성형한 CFRP 판을 배치하였다.

✔ 그림 2.2 Toyota사의 컨셉트카 "The 1/X"

Toyota 사에 따르면, 420 kg이 경량화의 한계가 아니라 더욱 가볍게 할 수가 있었다고 한다. 단지 운전자만 탑승하였을 경우와 최대 탑승인원인 4명이 승차하였을 경우에, 주행 안정성이나 가속성능 등이 변화하지 않도록 하기 위해서는 420 kg이 적절하였기 때문이다. 엔진은 뒷좌석의 아래에 탑재하였는데 이것은 엔진의 소배기량화 덕분이다. 엔진이 작기 때문에, 보통은 이용할 수 없는 공간으로 되기 쉬운 뒷좌석 아래에 배치하여도 승강성능에는 크게 문제가 되지 않았다. 뒷좌석의 아래라면, 트렁크 공간을 압박하지도 않고 실내 공간을 협소하게 하지도 않는다.

복합재료는 자동차에 이어서 외장재, 구조부품 등으로 응용되고 있으며, 향후 사용의 폭은 점차적으로 증가할 것으로 판단된다. 그러나 복합재료가 자동차에 응용되는데 있어 과학적, 기술적인 몇가지 장애 요인을 극복 해야만 한다. 몇가지 장애 요인중 첫번째로 성형 중에 발생하는 물리 화학적 변화로 Process monitoring 및 제어와 센서 출력이 어떻게 공정 제어에 관련이 되며, 어떻게 부품의 최종 성능과 연관이 있는지에 대해 정확하게 이해하기 위하여 시뮬레이션 과정과 Process 모델링 그리고 데이터 베이스의 축적으로 금형 설계를 개선하고 최적의 성형 인자를 선택해야 할 것이다.

둘째, 계면효과로 가장 중요한 과제는 계면 구조와 성질을 복합재료의 성능과 계면형성에 영향을 미치는 성형인자와 연관 시키는 일이다. 관심의 대상이 되고 있는 성형인자로서는 섬유 표면처리, Sizing, 그리고 성형 중 섬유표면과 수지와의 유동성 및 젖음성 등이다. 또한 중요한 과제는 섬유와 모재간의 계면 성능시험의 결과와 실제 복합재료의 계면 성능간의 관계 이해와 계면에 영향을 미치는 환경적 요인에 대한 연구이다. 셋째 재활용은 생산량이 적은 항공 우주산업보다는 생산량이 많은 자동차 및 전자산업에서 더 중요시되며, 최근에 환경 보호와 자원절약 차원에서 재활용 문제가 급격히 대두되고 있는 실정이다. 넷째 데이터 베이스 및 실험방법으로 성형 특성과 품질평가를 위해서 규격화된 양식이 요구된다.

결론적으로 복합재료가 자동차에 보다 많이 적용되기 위해서는 성능, 생산속도 및 생산비 들을 포함하는 여러 요인을 서로 균형 있게 조절하여야 한다. 가격 면에서 유리한 복합재료를 적용하기 위해서는 원재료의 선택도 중요하지만 복합재료 생산비의 70%는 제조 공정에 있으므로 신뢰성과 생산성이 확보된 제조 공정에 대한 끊임없는 연구 개발이 필요하다.

화석연료 고갈이 우려되고 환경 규제가 강화됨에 따라, 자동차 산업은 환경, 에너지 기술이 접목된 친환경·미래형 자동차로 패러다임 전환중이며 하이브리드·연료전지차 개발에 역량을 집중하고 있다. 또한 지능형 자동차 수요가 증가하고 전장화 기술이 급속하게 발달하고 있으며 여성 근로인력, 실버 계층 등 새로운 수요층 탄생 및 수요패턴 다양화에 따라 다종의 모델 양산이 필수적인 상황으로 변화하고 있다. 환경 보호의 관점에서 연비 개선뿐만 아니라 복합재료 재활용 기술의 개발도 매우 중요하므로 이 부분에 대한 연구도 필요하다. 그리고 복합재료의 특성을 잘 활용할 수 있는 설계기술, 수명 예측 등에 관한 연구도 병행 한다면 자동차 분야에서의 복합재료의 활용은 극대화 될 수 있을 것이다.

2.4.2 우주 항공용 복합재료

최근 여러 가지 이유로 Glass와 Carbon섬유 등의 복합재료를 사용한 항공기가 많이 제작되며 다음과 같은 장점이 있다.

① 금속 재료에 대하여 중량 감소가 가능하다.
② 금속 재료에 비하여 복잡한 기계가공을 생략할 수 있다.
③ 원하는 형태의 곡면을 손쉽게 얻을 수 있어 공력 적으로 유리하다.
④ Fastener를 사용하지 않게 되므로 공정이 간단해진다.

항공기에 복합재료가 사용되기 시작한 것은 1940년대에 레이더의 안테나 덮개인 레이돔에 유리섬유 강화 플라스틱(GFRP, Glass fiber reinforced plastics) 사용하면서 부터이다. 그러나 이는 외부 압력에 견디는 특성(강성)이 낮아 항공기의 주구조물에는 적합하지 못했다. 그러다 1960년대에 금속재료보다 강도와 강성이 우수한 복합재료인 탄소섬유 또는 보론섬유와 플라스틱을 합성한 CFRP(Carbon fiber reinforced plastics)나 BFRP(Boron fiber reinforced plastics)가 개발 되었다. 이후 B-727, B-737 등의 항공기 수평 꼬리날개를 복합 소재로 개발한 것을 비롯하여 승강타 방향타 스포일러 등 조종면과 엔진 나셀 등으로 사용범위가 점차 확대 되었고 최근 항공기의 기체 구조물중 약 20% 이상을 복합소재로 만들고 있다.

Airbus A320은 민간 항공기 중에서 가장 빠르게 대량의 복합재료가 응용된 예이고, 합계 6 ton(기체구조 중량의 약 15%)의 복합재료가 사용되고 있다. 그 중에서 2 ton은 탄소섬유 복합재료(표 2.4)이다.

✔ 표 2.4 Airbus A320에 있어서 탄소섬유 복합재료의 응용

일차 구조재	이차 구조재
수직 꼬리날개 안정판 주 날개 Flap 수평 꼬리날개	수직 꼬리날개 방향타 수평 꼬리날개 승강타 주각비 주각비 Fairing 전각비 Engine 덮개 바닥 panel Aileron, Spoiler, Air break

사실 티타늄(Titanium)과 같이 내열성이 강하고 내식성이 우수한 금속도 있지만 이는 가격이 대단히 비싼데다가 가공하기가 어려워 구조재료로 사용하기에 부적합 하며 복합재료는 금속재료에 비해 커다란 무게 감소 효과를 얻을 수 있기 때문에 그 응용이 갈수록 확대되고 있는 것이다. 또한 기존의 단일 소재로는 가혹할 정도로 높은 기계적 요구 수치에 부응할 수 없기 때문이다. 일예로 우주 왕복선의 주엔진(Space shuttle main engine)의 경우대기권을 탈출하는 과정에서 최대 3300℃의 고온에 노출된다. 이 온도는 통상 항공 우주재료가 견딜 수 있는 최대 한계치를 벗어나므로 우주 왕복선의 주 엔진은 반드시 다양한 형태의 냉각기구가 설치되어야 하는데 역설적으로 냉각장치의 사용 후 급격한 온도변화를 일으키는 치명적 문제가 있다. 결국 급격한 온도변화 즉, 3300℃가 넘는 고온 등 가혹한 환경에서 제기능을 발휘하기 위해서는 첨단 복합 신소재의 중요성은 절대적이라 할 수 있다.

우주 로켓 분야에서는 신소재 기술개발은 사업 성패와 직결될 정도로 중요한 문제다. 과거 금속재료의 보조 수단으로 사용되기 시작했으나 현재는 명실상부한 최고의 항공기 및 우주선 재료로 활용되고 있는 것이다. 미국 및 유럽 등 항공 우주기술 선진국에서는 항공 우주 산업용 신소재 기술 개발에 매우 적극적이다. 풍부한 기술 자료를 바탕으로 신소재 복합재료 개발을 위한 다양한 시험이 이루어지고 있으며 그 응용범위를 더욱 넓혀 나가고 있다, 이미 미국은 1970년대 고순도 비정질 SiO_2계 섬유 복합재료를 우주 왕복선용 내열타일로 사용했으며 탄소-탄소(Carbon-carbon)복합재료는 전투기용 경량 브레이크 디스크 시스템으로 사용되고 있다. 인공위성에 장착된 전파송 수신용 거울(Mirror)에는 초경량 비구면으로 가공된 SiC 재료가 응용되고 있는 등 이미 상당 부분에서 항공 우주산업의 주요 신소재로 사용되어 왔다.

항공기의 기본 구조재로서 복합재료의 적용은 현재 급격히 증가하고 있는 추세이며 재료의 요건으로는 경량성, 고강도·고강성, 내피로성·내부식성이 중요시되며, 최근에는 가격 및 제작기간에 대해서도 중요시 되고 있다. 현재 전세계적으로 군용기나 소형 민항기의 경우에는 미익, 주익, 및 동체 등 주요 구조물을 복합재료를 사용하여 제작하는 것이 일반화되어 있으며, Beech Starship과 같이 전체 기체 구조물을 복합재료로 제작한 All-composite airplane도 이미 오래 전에 선보인 바 있다. 따라서 소형 항공기 부품의 경우에는 복합재료 관련 설계 제작 기술이 이미 확보되어 있는 상태이며, 현재는 경제성을 고려한 최적화 기술개발이 활발하게 진행되고 있다. 반면에 대형항공기의 경우에는 최근까지 Fairing, Fillet, Engine cowl, Radome, Door, Interior 등의 비구조용 부품, 미익의 Vertical stabilizer, 주익의 Spoiler, Aileron, Flap 등과 같은 2차 구조물에 제한적으로 복합재료가 사용되어 왔으며, Floor panel beam이나 Torque fin box와 같은 1차 구조물에 복합재료가 사용되기 시작한 것은 아주 최근의 일이다. 따라서 현재까지도 대형 항공기의 경우 복합재료의 사용은 전체 구조물의 10~20%에 머물고 있는 실정이다. 이와같은 추세로 볼 때 향후 예상되는 개발 분야는 주익 전체, Unpressurized·pressurized fuselage이며 이것이 현실화 되면 전체 구조물의 약 절반 정도를 복합재료가 차지하게 될 것으로 예상된다.

에폭시, 폴리에스터 등의 다양한 고분자 화합물에 탄소, 케블라, 유리, 보론 섬유 등을 사용특성에 맞게 함침시켜 만든 고분자 복합재료가 가장 많이 항공기의 주구조물이나 2차 구조물에 적용되고 있으며 궁극적으로는 비행기 동체를 모두 복합재료로 만드는 것을 목표로 이에 관한 연구가 매우 빠르게 진행되고 있는 추세이다. 또한 최근 추세로서 범용화된 기술로서 높은 압력과 온도로서 복합재료를 성형하는 고비용 구조를 갖는 오토클레이브 성형 기법에서 벗어나 E-beam cure, UV-cure, VARTM(Vacuum assisted resin transfer molding) 등의 저비용 성형 제작기술이 현장에서 직접 적용되는 단계에 이르고 있다. 이와 같이 급격히 발전되는 세계적인 추세 속에서 국내에서도 기술개발 투자 확대 및 산학협력 강화로 고부가가치의 신기술 적용 및 개발에 매진하여 경쟁력 있는 복합재료 관련 기술 확보에 노력해야 할 것이다.

2.4.3 선박용 복합재료

선박은 판과 보강재를 효율적으로 조립한 매우 복잡한 구조물이고, 이동하는 구조물로써는 최대 규모의 구조물이다. 또한, 불규칙파 해상면을 이동하는 특성상, 다양하고 복잡한 하중을 받는 구조물이기도 하다. 그 외에 부유구조물로서의 수밀성이 요구되는 것도 선박의 특징의 하나이다. 선박의 대형화 및 성능 향상에 따라 구성 재료의 여러 가지 성질과 품질 향상의 요구와 더불어, 새로운 재료의 개발 및 개량과 이에 따른 가공 기술 향상이 요구되고 있는 실정이다. 특히, 선체는 일반적인 육상의 구조물과 달리 대형이고 열악한 사용 상태에 놓여 있다. 따라서 선체에 사용되는 재질은 다음의 조건을 만족하여야 한다.

① 값싸고 대량입수가 가능할 것.
② 강도 및 강성이 클 것.
③ 가공성이 좋고, 용접이 용이할 것.
④ 충분한 기밀성과 수밀성을 갖을 것.
⑤ 부식에 대해 충분히 견딜 수 있을 것.

넓은 의미에서 복합재료에 대한 정의는 수지가 처음에는 액체 상태였다가 화학반응에 의해 고체로된 기질 내에 섬유질 보강재를 지지하는 것을 포함한다. 전단력에 의해 주로 증간사이에 하중을 전달하는 역할을 하는 수지와 적층판에 작용하는 주하중에 저항할 수 있는 보강재로 나눌 수 있다. 압축하중이 작용하는 경우, 수지는 유리 섬유를 고정시키면서 면내하중에 견디며 직접적인 압축을 통하여 하중을 전달함으로서 면외하중을 지지하는 역할을 한다. 해양산업에서는 이 복합재료를 이용하여 좀 더 강하면서 가벼운 선박을 건조할 수 있는 방법에 대하여 관심을 기울여 왔다.

초기 FRP(Fiber glass reinforced plastics)선박은 다량의 수지가 함유된 적층판으로 구성된 단판구조가 특징이었다. 초기의 적층판은 오늘날 건조에 사용되는 적층판 만큼 강하지 못하고 건조시의 경험기반이 제한적이었기 때문에, 유리섬유 보강재를 여러 겹으로 적층하여 적층판의 두께는 아주 두꺼운 경향을 띠었다. 이러한 구조는 거의 등방성이다.

FRP 선박이 강선 및 목선과 크게 다른 점은, 선체구성 재질인 FRP가 강화재인 유리섬유와 열경화성 수지에 의해 성형되는 복합재료로서 설계시 적층설계와 선채구조설계를 동시에 하며, 성형시 각층을 쌓아서 외판 및 보강재를 형성하는 점이다. 또한 강도 특성에서는 유리섬유와 모재의 조합방법, 수지의 종류 및 경화조건, 온도 및 습도 등 적층환경 조건, 작업자의 기량에 따른 성형품질의 우수여부에 따라 FRP 적층판의 기계적 특성치가 크게 다르다는 점이다.

FRP선박은 전세계적으로 30년 이상 건조되고 있으며 오늘날 레저보트에 이르기까지 다양한 선박에 적용되어 왔다. 복잡한 구조에 적용이 가능하다는 점과 용접을 하지 않고 선체를 만들 수 있다는 장점이 FRP 선박의 발전요소로 작용했다. FRP 재료는 경량, 진동흡수, 내부식성, 내충격성, 낮은 건조비용과 성형, 유지, 수리의 유리한 점 때문에 대부분의 레저선박에 적용되고 있다. FRP는 1960년대 중반부터 레저 선박건조의 주요재료로 사용되었으며 약 20여년이 지나서부터 비약적인 기술발전에 따라, 최소화된 부품만으로도 선체강도가 유지되는 선박을 대량으로 생산하게 되었다. 초기 대부분의 FRP 선박의 구조설계는 시행착오에 의지할 수밖에 없었기 때문에 초기 조선소들은 많은 손해를 입었다.

현재로서는 GFRP가 소형 선박 재료로서는 완전히 정착했으며 그 이유는 경량성, 내구성(내수, 내해수성)및 디자인의 자유도, 미관, 보수유지가 쉬운 것, 양산성과 자재의 입수성, 작업성 등의 용이성 때문이며 GFRP의 특성은 파괴 직전까지 영구 변형은 극히 작고 아주 크게 변형시켜도 외력을 제거하면 원래의 형태로 복원하는 성질을 갖고 있다. 이 특성은 고속 함정과 같이 파랑충격에 의해 매우 단시간에 커다란 외력을 받는 경우에, 적당하게 변형해서 충격 에너지를 흡수하며 외력을 제거하면서 다시 복원하므로 매우 적당하다.

GFRP의 적용으로 레이싱 보트, 파워보트 및 세일링 요트산업은 현재의 첨단 해양 복합재료 기술발전의 동력을 제공하게 되었다. 레이싱 보트와 파워보트는 중량이 가벼우면서 더 강한 선박 구조 성능뿐만 아니라 좀 더 높은 하중에 견딜 수 있는 성능을 갖게 되었다.

선박건조에 사용되고 있는 두 가지 폴리에스테르 수지는 오소프탈릭계와 이소프탈릭계이다. 오소계 수지는 폴리에스테르의 원형에서 발전된 것이고 여전히 광범위하게 사용되고 있지만 열에 대한 안정성, 내화학성 및 제조공정이 다소 제한적이다. 이소계 수지는 일반적으로 좀 더 나은 기계적인 특성과 내화학성을 보인다. 침수에 대한 향상된 저항성으로 인하여 많은 조선소에서 이소계 수지가 겔코트용 또는 선박용 적층판의 보호 코팅용으로 사용되고 있다.

그 외에 탄소섬유 또는 흑연섬유라고 불리는 폴리아크릴로니트릴계 섬유의 탄소함유량은 93~95%인 반면 Pitch계 탄소섬유는 99%의 탄소 함유량을 나타낸다.

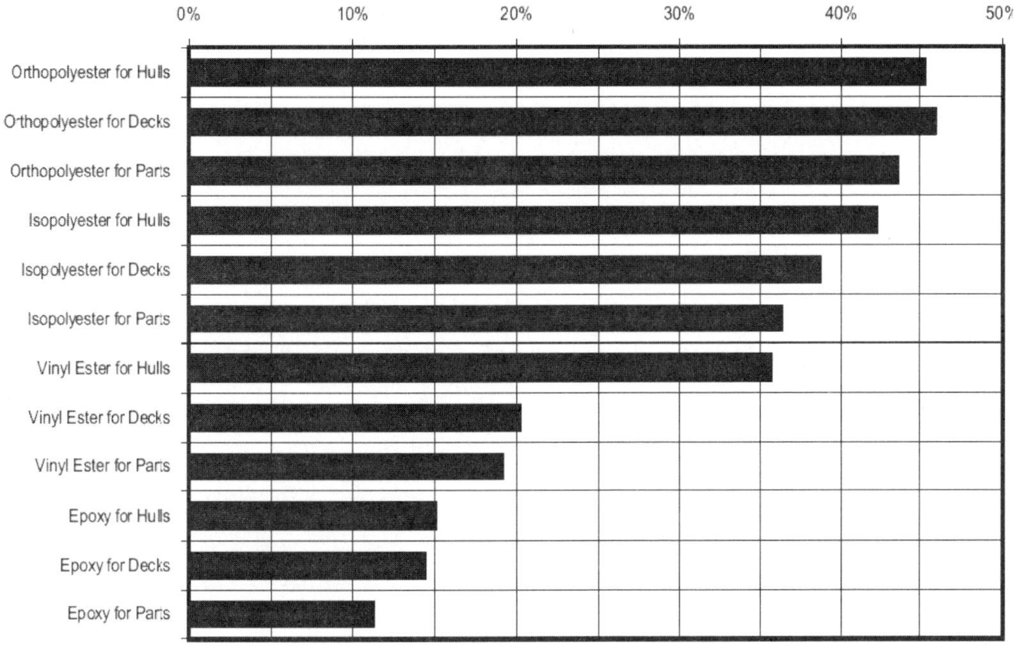

✔ 그림 2.3 선체 부위별 사용되는 수지 (EGA자료)

현재 생산되는 모든 탄소섬유는 유기물의 전구체에서 추출한다. 탄소섬유는 통상적으로 사용되는 보강섬유중 가장 강한 강도와 강성을 갖는다. 또한 유리섬유와 아라미드 섬유처럼 급격한 응력파손이나 응력부식에 지배받지 않으며, 고온에의 성능이 탁월하다. 폴리아크릴로니트릴계 섬유의 주요 단점은 상대적으로 고가이며, 높은 투자비용과 에너지를 많이 소모하는 제조공정에 있다.

탄소섬유와 같은 초고강도 재료는 가격이 비싸고 사용이 제한적이기 때문에 이러한 일방향성 섬유 보강재가 종종 사용된다. 일반적으로 취급하기가 어렵고 함침이 쉽지 않기 때문에 재료의 폭은 제한될 수밖에 없다.

최근에는 열결화성 수지 시스템과 호환되는 열가소성 직포를 함유한 일방향성 섬유재의 일환으로 앵커 보강재가 소개되었다. 일방향성 섬유재료는 선수부와 보강재의 플랜지뿐만 아니라 중앙부 보강재에 주고 사용된다. 초고강도 적층구조가 요구되는 경우에는 전선체에 일방향성 섬유재가 사용된다.

아라미드 섬유의 특징으로 중량이 낮고, 높은 인장강도 및 인장 탄성계수, 내충격성과 내피로성 및 직조성이 월등히 우수하다. 아라미드의 굽힘 성능은 유리섬유만큼 양호하지 못하지만, 아마리드 섬유의 고유한 성능에 적절한 직조와 조작기술을 가미하면 발전 가능성이 있다.

2.4.4 건설용 복합재료

토목·건설 분야에 있어서도, 다른 분야와같이 복합재료의 역학적 성능, 경량성, 성형성이 응용개발의 중요한 인자로 신소재에 관한 사회적 관심이 높아지고, 일명 신기술의 바람에 따라 소위 붐을 일으키고 있는 등 그 동향은 산업 각 분야뿐만 아니라 건설 산업 분야에도 적지 않은 영향을 미치고 있다. 표 2.5는 금후 이용이 기대되는 복합재료이다.

콘크리트 내의 철근은 전기, 화학적 작용으로 부식이 진행되고 있다. 새로 건설하는 구조물의 부식방지를 위해서 복합재료 구조물을 건설하는 것은 절대 필수 불가결한 일이며, 또한 기존 구조물의 보수에도 복합재료가 사용되어야 효과적이 된다. 높은 비강도와 비강성 이외에도 강한 내충격성, 높은 피로강도를 갖고 있으며 기존의 철강 재료에 비해 중량이 매우 작으므로 지진이나 기타 진동발생시 그 무게 비율로 감소된 관성력을 받을 수 있고 구조물이 거대화, 고층화될수록 압축강도뿐만 아니라, 그동안 약점으로 불리는 인장강도, 휨강도, 취성적 성질을 개설할 수 있다.

보통 시멘트 콘크리트에 Polymer latex 재료를 첨가하면 역학적 특성이 현저하게 증가하는데, 이것을 Polymer cement concrete(PCC)라 한다. 이것은 수지를 Cement에 혼합하기도 하고 혹은 Concrete에 수지를 함침 시켜서 방수성, 내구성 및 강도를 향상시킨 새로운 Concrete이다. 보통 콘크리트 믹스에 추가된 1%의 PMMA는 압축강도를 2배 증가시키며 Vinylidene choride latex의 사용에 의해 보톤 콘크리트의 접착강도는 5배까지 증가시킨다.

일반적으로 보통 시멘트 콘크리트와는 다르게, 폴리머 PCC 설계에는 반드시 압축, 인장, 휨강도, 연성, 접착능력, 방수성, 화학적 저항 특성 등의 모든 관련 인자들을 고려하여야 한다. 물-시멘트 비보다는 폴리머-시멘트 비에 의존하는 그러한

✔ 표 2.5 복합재료의 소재 조합 분류

연속상(매트릭스) 분산상(라이너)	유기재료 (플라스틱·고무·목재 등)	무기재료	금속재료
유기재료 ·섬유 ·고무 ·플라스틱 ·펄프 ·목재 등	·FRTP(열가소성수지-섬유) ·FRTS(열경화성수지-섬유) ·WPC(목재→플라스틱) ·복합 막	·세라믹스-플라스틱복합체 ·세라믹스-플라스틱적층판 ·폴리머 혼합시멘트 ·석고 ·섬유혼합시멘트	·금속-플라스틱 적층판
탄소재료 ·카본블랙, ·Graphite입자 ·탄소섬유 등	·CFRP(플라스틱-탄소섬유) ·전도성 고무(고무-탄소분)	·세라믹-탄소복합전극 재료 ·탄소섬유강화 탄소 ·탄소섬유혼합시멘트	·탄소피복 ·금속재료
유리 ·유리섬유 ·유리입자	·CFRP(플라스틱-유리섬유) ·입자충전 플라스틱	·유리섬유혼합시멘트 ·석고	·금속, 유리 적층판
무기재료 ·미립자 ·세라믹스섬유 ·세라믹스위스커	·플라스틱-세라믹스 복합체 ·입자충전 플라스틱 ·폴리머 단체 무기촉매	·질화규소 위스커 ·강화세라믹 ·지르코니아 섬유강화세라믹	·세라믹코팅금속 ·CFRM (금속-세라믹섬유) ·입자분산강화합금 (알루미늄소결금속, 트리아분산니켈 등)

특성 때문에, 폴리머-시멘트 비는 모든 사항에 따라 결정되어야 한다.

이 PCC는 1981년부터 발달되어 왔으며 Polyvinyl alcohol과 Polyacrylamide와 같은 수용성 폴리머가 폴리머-시멘트 비로 2~8% 정도 사용된다. PCC의 장점은 보통 포틀랜트 시멘트 콘크리트에 사용되는 모든 기술이 아무런 어려움 없이 사용될 수 있다는 것이며 98 MPa 이상의 굽힘 강도를 가진다. 하지만 Hygrothermal 환경의 영향을 많이 받는 결점이 있다.

열화 된 교량이나 도로의 보수나 재포장에 폴리머 시멘트 콘크리트가 광범위하게 사용된다. PCC는 결빙 및 해빙, 결빙 방지용 소금(Deicing salt)의 침투 및 마모에 대한 탁월한 저항성을 갖고 있다. 기존 콘크리트에 비해 우수한 접착능력 때문에, 폴리머 시멘트 콘크리트는 일반적인 철근 콘크리트 구조물의 수리를 위한 탁월한 재료이다.

빌딩의 건설재료에 탄소섬유-mortar 복합재료가 사용된 예로서, 외장용 Curtain wall가 있다. 일본 동경에서 건설된 빌딩(1985년)은 탄소섬유-mortar 복합재료의 Curtain wall(1개의 표준 치수 : 폭 1.47 m, 높이 3.76 m)이 5,540개 사용 되었다(그림 2.4)

이 Curtain wall은 Mortar 매트릭스에 길이 3~5 mm의 Pitch계 탄소섬유를 2~4vol.% 혼련하고, Autoclave로 양생된 것이다. 종래의 콘크리트에 비해서 탄소섬유 강화 Mortar의 강도는 2~5배로 되고, Curtain wall의 두께를 얇게 할 수 있으므로 콘크리트에 비해서 무게가 1/2~1/3로 경량화 되었다. 이 때문에 빌딩 골격에 철골량이 적게되고, 또한 골격구조에의 부착 작업이 Tower crane를 사용하지 않고도 전동 Hoist(2ton-f)로 가능하게되고, 공사의 효율을 높이게 되었다. 이로 인해 공사기간을 단축하는 것이 가능해졌다고 보고되고 있다.

교량 건설에 대한 복합재료의 응용 또한 발전하고 있다. 독일의 뒤셀도르프(Dusseldorf) 시는 세계에서 최초로 복합재료 보강봉을 이용한 콘크리트 도로교가

✔ 그림 2.4 외장용 Curtain wall의 시공

건설되어 있다. 1986년에 개통된 16 m의 폭의 47 m 지간을 가진 이 교량은 유리섬유와 폴리에스테르로된 복합재료 봉으로 세계최초의 PC교이다. 또한 길이 113 m인 횡단 육교가 스코틀랜드의 아버휄디(Aberfeldy)에 세워졌다. 이 교량은 유리섬유 보강 복합재료로 구성되었으며, 40개의 평행한 케블라 케이블에 의해 지지된다. 상판구조는 유리섬유 보강 복합재료로 구성되었으며, 높이 17.5 m의 유리 섬유 보강 복합재료로 탑(Tower)에 매달려 있다. 총 250톤의 유리섬유 보강 복합재료 부재가 이 교량에 사용되었다.

근래 록히드 마틴사의 연구 개발부는 저가의 폴리머 매트릭스 복합재료 고속도로의 교량을 보고 하였다. 시범용 복합재료 교량의 치수(길이 9 m 폭 5.4 m)는 교량의 풀 사이즈(18 m)의 1/4부분을 나타낸다. 하중은 AASH -TO HS20-44 Truck 이고, 강도 기준은 물성치의 4의 안전계수를 고려한 최초 겹파괴 범주의 최대응력이 사용되었다. 교량은 전부 표준 유리섬유 보강 폴리에스테르와 비닐에스테르 폴리머 복합재료로 만들어졌으며 짧은 지간범주 120 feet(36 m이하)에 주안하여 만들었다. 설계개념은 Multi-cell box와 Orthotropic beam system 이다. 각각의 구성 요소의 무게는 1.590 kg보다 적고, 미리 결합시킬 수 있으며, 재래식 장비로 교대에 들어 올릴 수 있다. 교량의 결합은 전적으로 단 세 명의 인력, 지게차와 경량 호이스트에 의해 수행되었다. 상세한 실험결과, 이 교량의 재하능력이 AAS-HTO 시방서 조건의 2배를 초과하는 것으로 나타났다. 최대 재하 축 하중은 51.36 ton 인데, 이때의 응력은 설계허용능력의 20%보다 작았다. 그것은 교량을 효과적인 비용으로 지을 수 있는 것을 증명한다. 재료값은 사용이 증가할수록 지속적으로 떨어지는 것이 예상되며, 이 비용은 더욱더 떨어질 것이다.

이렇듯 복합재료는 새로운 건축물을 위한 재료뿐만 아니라 건물이나 사회 간접 시설의 보수 및 유지를 위해서도 지극히 중요한 재료이다. 이러한 시설물의 유지 보수, 대체 공사에 따른 엄청난 교통 혼란 및 각종 다른 문제 등을 고려할 때, 섬유 복합재료의 사용이 최적이다. 재래식 교량의 건설 공기는 몇달 또는 몇년이 되지만 복합재료 교량의 건설 공기는 며칠로 가능하며 각종 환경 문제의 부각을 피할 수 있다. 또한 복합재료 구조물의 무게는 재래식 구조물의 무게보다 훨씬 감소되어 중장비 사용 여부도 달라진다. 또한 지진이나 폭발물 또는 기타 충격시 동적

하중은 1/10로 감소되고 충격흡수 능력은 크게 된다.

최근 산업의 각 분야에서 생산과정에서 발생하는 산업 부산물, 폐기물 등의 처리에 대한 문제가 사회적으로 크게 대두되고 있고, 일부 부산물 및 폐기물(특히 핵폐기물) 등은 공기, 수질, 땅에 대한 지구환경을 크게 훼손시킬 수 있는 문제를 안고 있다. 이에 대한 처리문제는 우리 건설 분야에서도 생각하지 않을 수 없는 현안이 되고 있다. 그러나 여기서 한 가지 긍정적으로 생각할 수 있는 것은 각종 폐기물 및 산업 부산물의 처리기술로서 시멘트·콘크리트 기술이 활용되고 있고, 앞으로도 이를 적극적으로 개발 적용할 필요가 있다는 것이다.

물론 우리나라에서는 경제성의 이유가 우선 앞서는 현재 상황에서 적극적인 추진이 어려운 아쉬운 상황에 있으나, 지구환경의 보전을 위한 정책적 지원과 개발이 필요하다. 이에 많은 연구자들이 시멘트·콘크리트를 이용한 핵폐기물의 처리 기술, 폐기 콘크리트의 재활용 제품 생산, 산업 부산물(플라이애쉬, 고로슬래그, 상수 및 오·폐수 또는 하수 슬러지, 폐고무, 폐목재 및 플라스틱류 등)의 재처리, 재활용을 위한 연구가 발표되고 있고, 이미 적지 않게 상품으로서 사용되는 사례가 보고되고 있다. 이와 같은 기술은 결국 시멘트·콘크리트의 활용 기술이 미래의 환경을 보전하는 기능과 역할에 충분히 기여할 수 있는, 새로운 산업분야로서의 발전 가능성을 가지고 있는 것이다.

재료산업의 향방은 건설 산업에서 쓰이던 재래의 재료들이 새로운 재료로 대체될 때 결정된다. 왜냐하면 건설에서 사용되는 재료는 kg이 아니고 ton으로 사용되기 때문이다. 또한 주재료로 사용하기에는 시방서의 부재와 공업표준규격의 부재 사용 역사가 짧은 이유로 재료 사용상의 위험이 상존하고 있어 보수적인 발주자와 기술자들은 복합재료의 사용이 아직은 시기상조라 생각하고 있다.

하지만 현재 세계적으로 초고층 빌딩의 건설에 많은 신경을 쓰고 있다. 그것은 그 나라의 상징이자 건설기술의 힘을 보여주기 위한 시도이며 과거의 고강도·고유동성·고내구성 개념을 뛰어넘은 새로운 기술의 개혁이 기대되는 프로젝트들이다. 이를 위해 건설 재료 기술로서는 철근콘크리트 건축물의 초경량, 초고층화 시공 기술의 개발이 요구됨으로서 건설 신소재의 개발, 이용, 평가 및 설계 기법의 연구개발이 반드시 수행되어야 한다.

복합재료는 그 역사가 짧은 소재임은 분명하다. 그러나 이런 위험 요소들에도 불구하고 복합재료 관계자들은 생산자, 연구자들, 복합재료시장을 가열시켜 확대 보급 국면으로 전환하고자 도모하고 있다. 그러므로 건설 현장에 사용할 수 있는 시방서와 복합재료 생산 산업의 공업규격과 일치 시킬 수 있는 시범 또는 시험 작업을 확충하고 기본적인 물성치와 역학적 성질을 더욱 더 규명하여 공업규격기준 및 설계시방서를 개발할 필요성이 있다.

2.4.5 스포츠 용품 복합재료

스포츠 용품에서는 중량과 강도가 가장 기본 적으로 갖추어야 할 성능요소 이다. 비강도, 비탄성률이 큰 재료는 설계 자유도를 확대해서 더욱 높은 성능을 갖는 스포츠 용품의 출현을 가능케 했다. 그 예로 일본에서 1958년 FRP가 최초로 실용화된 양궁의 활이다. 이렇듯 스포츠 용품에는 선진적인 공학기술에 의한 제품이 각광을 받는 경향이 있어 복합재료가 적극적으로 응용되고 있다. 독일 바이엘은 탄소나노튜브를 이용한 아이스하키 스틱과 야구배트, 스키 등을 선보였다. 이미 이들 제품은 독일은 물론이고 핀란드 등 유럽지역 스포츠 국가대표 팀에서 사용하고 있는 것으로 알려졌다.

먼저 Golf-club의 Shaft를 보면, 단순히 손으로 치기 쉽게 헤드와 연결해놓은 막대기쯤으로 인식될 수 있다. 하지만 Shaft는 '골프클럽의 척추'라 불릴 만큼 중요하다 할 수 있다. Shaft를 가볍게 하고 Club head에 질량을 집중시킨 경우가 타격된 공에 주어지는 운동량이 크게 된다. 따라서 Head에 질량을 집중시킨 Golf-club의 공이 날아간 거리가 길게 된다. 그만큼 Shaft는 Golf 경기시에 비거리를 더 놓이거나, 방향 제어 능력을 향상시키기 위해 중요한 부분이다. 초기에는 감나무로 만들어진 것을 사용하다 20세기 초에 들어 금속 소재의 shaft를 사용하면서 골퍼들은 이전보다 더 강하고, 안정된 샷을 구사할 수 있게 됐다. 1980년대에 들어서 또 한 번의 소재 혁신으로 그라파이트(Graphite)를 강화재로 쓴 복합소재가 도입된 후, 현재의 탄소 섬유 복합소재에 이르렀다. 복합재료로된 Golf shaft에는 주로 탄소섬유가 사용되지만, 탄소섬유와 Aramid 섬유 또는 붕소섬유가 병용되는 것도 있다. 강제 Shaft는 무게가 120 g이지만 탄소섬유 복합재료의 Shaft는 역학적 성능

이

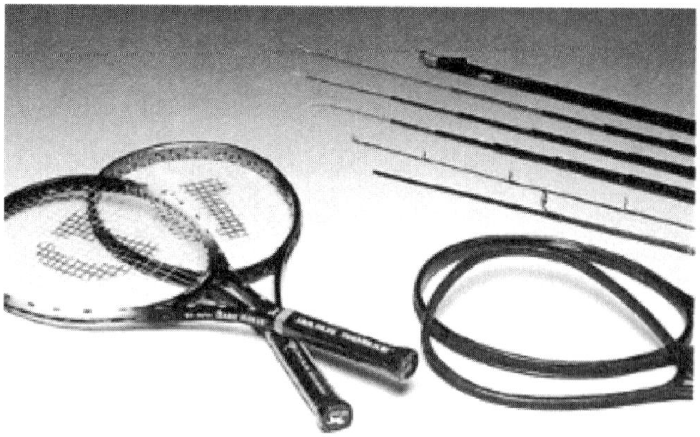

✔ 그림 2.5 복합재료로 제작한 스포츠 용품

강제와 같은 정도에서 무게가 약 45 g의 것이 제조되고 있다. 또한 최근 나노 소재를 적용한 골프채의 경우는 기존 소재보다 10배 이상의 강도를 가지며 비거리또한 월등한 것으로 분석되고 있다.

테니스 라켓의 Frame 재료는 원래 나무로 만들어져 왔으나, 한 때 Al합금으로 바뀐 적도 있다. 그러나 Al합금은 내피로성에 난점이 있기 때문에 현재에는 복합재료가 주류로 되어 있다. 복합재료는 주형성이 풍부하므로 여러 가지 형상의 Frame을 제작하는 것이 가능하다. 또한 강도·탄성률이 높으므로 Frame의 강성을 높게 하는 것이 가능하다. 따라서 Gut의 장력을 높게 할 수 있으므로, 타구면이 넓은 Racket를 제작할 수 있다. 근래에 독일 프라운호퍼 연구소 기술 개발그룹에서 개발한 탄소 나노튜브를 적용한 테니스 라켓 9만 개는 테니스 애호가들에게 순식간에 팔렸다고 한다.

낚싯대의 경우 주로 에폭시 수지를 매트릭스로 하는 유리섬유 직물 프리프레그 또는 탄소섬유 일방향 프리프레그가 사용된다. 과거의 대나무에 비해 강도, 탄성률이 크게 향상된 GFRP 낚싯대의 등장에 의해, 여러 가지 낚시와 낚시 방법에 대한 설계가 용이하게 되어, 시장의 요구에 충분히 응할 수 있다. 이 경향은 GFRP에서

CFRP에의 대체에 따라, CFRP 낚싯대가 등장해서 더욱 박차를 가하고 있다. 낚싯대는 두께가 얇은 Pipe상의 구조이므로, 굽힘이 작용하면 반경 방향으로 눌려져서 파손하는 가능성이 있다. 이것을 방지하기 위해서, 섬유를 낚싯대의 길이 방향과 원주 방향으로 배열시킨 적층구조가 사용되며 낚싯대의 끝 부분에는 일발 성형품이 사용된다.

그림 2.5는 현재에 상품화 되어 있는 가볍고 튼튼한 복합재료로 제작한 스포츠 용품들의 사진이다.

2.4.6 기타 복합재료

(1) 전자종이(E-paper)용 복합소재

정보화 사회가 되면 정보의 이동이 온라인으로 이루어지면서 종이 사용이 줄어들 것이라는 전망이 지배적이었다. 하지만 그 결과는 반대였다. 종이 사용에 대한 관성으로 정보량만큼 인쇄량도 많아졌기 때문이다. 소재의 복합화를 통해 종이 절약의 재도전이 시작되고 있다. 그 중 하나의 방향은 전자책(E-book)으로 이 제품의 핵심소재가 바로 전자잉크(E-ink) 복합소재이다. 전자잉크(E-ink) 소재는 현재 대만의 소형 TFT-LCD 업체인 프라임 뷰 인터내셔널(PVI)에서 독점 공급하고 있다. PVI는 지난 2009년 6월, 2억 1500만 달러에 미국 E-ink를 인수했다. 피인수 기업의 소재 기술은 미국 MIT대학의 미디어 랩(Media Lab) 연구진이 개발한 것으로 1997년 제이콥슨(Joe Jacobson) 등의 일부 연구진이 E-ink를 창업, 상용화하였다. 전자잉크는 고분자 공학, 화학, 전자공학, 물리학 등의 지식과 나노기술을 기반으로한 새로운 소재로서 고분자 캡슐 안에 세라믹 나노 입자들과 액체가 들어있는 형태다. 이 소재로 인한 전자종이(E-paper)의 절전능력은 놀라울 정도다.

기존 LCD의 전력사용량 대비 100분의 1 수준으로 한번 충전시에 2주간 사용이 가능하다. 전자종이의 영상 표시 원리는 각 화소마다 있는 전자잉크 입자에 전기신호를 주면 검은색 또는 흰색을 표시를 하는 방식으로, 정지영상에서는 전력소모가 없기 때문에 획기적인 전력 절감이 가능하다. 현재까지 가장 큰 전자종이는 최근 LG 디스플레이에서 발표한 19인치 플렉서블 전자종이이다. 디스플레이 서치에 따르면 전자종이 패널 시장은 2009년 4억 3천만 달러규모에서 2018년 96억

달러 규모로 연평균 41% 성장할 것으로 전망하고 있다. 전자잉크 소재는 단말기의 핵심기능 소재로 아마존 킨들의 경우 제조원가에서 50%를 차지한다고 알려져 있는 만큼 높은 성장세가 전망된다.

(2) 수처리용 멤브레인 복합소재

기후변화 문제 외에도 인류 생존을 위한 물 부족 이슈가 매우 중요해지고 있다. 물은 대체 자원이 없기 때문에 정수하거나 담수처리를 해서 사용할 수밖에 없다. 현재 가깝게는 사무실에 있는 정수기에도 멤브레인 소재의 필터가 들어 있다. 하지만 이보다 고도 정수처리나 담수 처리를 위해서는 고기능성 멤브레인이 필요하다. 이를 위해 다우(Dow), 도레이(Toray) 등 업체들은 멤브레인 성능 향상 연구개발에 적극적인 상황이다. 궁극적인 목적은 멤브레인에 물을 친화력 있게 만들어주는 기능을 부여하는 것이다. 대부분의 방향은 고분자 소재인 멤브레인 표면에 다른 종류의 소재층을 형성시키는 방식으로 복합화하고 있다. 예를 들면, UCLA의 연구진을 주축으로 2005년에 설립된 벤처기업 Nano H_2O는 역삼투압 멤브레인 표면에 수십 나노미터 두께로 나노 입자(제올라이트)층을 형성하여 멤브레인의 물투과 성능을 2배 향상시켰다. 이외에도 탄소 나노튜브 등 다양한 나노소재 기술들을 활용해서 수 처리 능력을 높이려는 시도들이 이뤄지고 있다. 글로벌 워터 인텔리전스(GWI)에 따르면 이 소재 기술은 수처리 시설 운영비용이 기존 대비 50% 절감이 가능하여 신뢰성만 확보한다면 기존 역삼투압 멤브레인 시스템을 급속히 대체할 것으로 전망하고 있다.

(3) 생체용 나노 복합소재

나노미터 스케일에 있어서 물질의 성질은 더 큰 스케일에서 보이는 성질로 예측할 수 없다. 이런 중요한 특성의 변화는 크기 감소로 인한 성질의 변화에도 이유가 있지만, 더 중요한 이유는 양자역학, 파동설징, 계면현상에 의한 것이다.

물질 안에 있는 전자의 파동성질과 원자 상호간의 반응은 나노미터 스케일에서 물질 변화의 영향을 받는다. 나노 입자나 나노 층 등의 나노 스케일 구조물은 매우 높은 표면적 대 부피의 비율을 갖고 있다. 이런 성질은 복합재료나 화학반응, 투약이나 에너지 저장과 같은 분야에 유용하게 쓰일 수 있다. 또한 양자 크기효과는 금속이나 반도체 물질의 밴드 갭을 확장시켜 흥미로운 광학적 성질을 나타낸다. 나노미터 스케일의 구조를 만든다면 물질의 기초성질, 즉 용융점, 자기성질 전하용량, 색깔 등 물질의 화학성분을 바꾸지 않고서도 제어할 수 있게 된다. 따라서 이런 잠재력을 잘 이용한다면 예전에는 불가능했던 고기능성 제품 개발과 기술이 가능하게 되는 것이다.

생명체의 특이한 현상 중의 하나는 바로 나노미터 이하의 분자, 나노크기의 분자 또는 분자 복합체, 심지어 그 이상 크기의 복합물질들이 자기 조립을 정확하게 수행한다는 사실이다. 나노 기술과 생명 과학과의 만남은 이러한 면의 상호 연계성을 보여주는 것이라 하겠다.

의료분야에서 나노기술은 로봇을 이용한 수술뿐만 아니라 특정 단백질 합성에 필요한 나노 입자, 감염 후 항체 형성 과정을 알려줄 바이오 센서, 나노 탐침을 이용함 암과 심장병 진단, 순환계 질환에 대한 조기경보와 치료체계 구축 등을 단계적으로 실현시켜 줄 것으로 기대되고 있다.

세계적으로 기술 간의 경계를 초월한 복합, 융합 기술 개발을 목표로 대단위 투자가 진행되고 있다. IT, BT 기술의 발전과 NT 기술의 부각으로 물리학, 생물학, 전자공학, 화학, 재료공학 등의 학제간 기술 융합은 급진전될 전망이다. 이로 인한 나노 바이오 기술의 급속한 발전과 함께 공중 보건 향상은 당연한 결과 이지만 기술 개발이 예측할 수 없는 역장용을 불러일으킬 수 있음을 주지하고 나노 물질에 관련된 환경 및 건강 위험 요소를 알아낼 연구를 함께 진행하는 것이 필요할 것이다.

3장

고분자재료

3. 고분자재료

3.1 고분자의 개요

3.1.1 고분자의 정의

고분자(Polymer)는 말 그 자체가 나타내듯이 매우 높은 분자량을 가진 물질이다. 이런 커다란 분자는 보통 거대분자(Macromolecule)라고도 부른다. 고분자의 재료특성이 독특한 것이나 가공 방법이 다양한 것은 이들의 분자 구조에 기인한 것이다. 고분자 재료 또는 플라스틱(Plastics)은 아주 다양한 용도로 쉽게 가공될 수 있어 현재 가장 즐겨 찾는 재료가 되었다.

고분자는 금속과 같은 전통적인 재료에 비하여 밀도도 낮고 비교적 낮은 온도에서 성형 가공될 수 있기 때문에 여러 부품을 하나의 구성 성분으로 결합시키고자 할 때 플라스틱이나 고분자를 선택하게 된다. 설계 측면에서 이를 보통 부품복합화(Part consolidation)라 부른다. 사실 지금까지 나무, 금속, 세라믹이나 유리로 만들었던 여러 부품들이 요즈음 플라스틱으로 새로이 설계되고 있다.

3.1.2 고분자의 역사

자연에서 얻어지는 고무와 같은 고분자 물질은 사용된 지가 천년이 넘었다. 카우촉(Caouchouc)이나 거미 에라스티컴(Gummi elasticum)이라고 불리는 천연고무는 남미 인디언들에 의하여 방수 용기, 신발 및 횃불(Torches)을 만들 때 사용되었다. 하이티(Haiti)나 멕시코(Mexico)를 탐험하였던 스페인 사람들은 원주민들이 고무공을 가지고 진흙 마당에서 경기하는 것을 기록으로 남겼다. 고무나무는 1516년 Pietro Martie d'Anghiera가 라틴말로 쓴 『De Orbe Novo』라는 책에서 처음으로 언급되었다. 프랑스 탐험가이자 수학자인 Charles Maria de la Condamine은 1740년대에 프랑스 학술원에 의해 페루(Peru)에 파견되었을 때 남미로부터 처음으로 카우촉(Caouchouc)을 유럽으로 가져갔다. 그는 보고서에서 남미 사람들이 만들어 쓰는 몇몇 고무제품을 언급하였는데, 예를 들면 바닥에 구멍이 있는 서양배 모양의 피스톤이 없는 고무 펌프가 그것이었다.

그는 고무의 가장 획기적인 성질은 탄성(Elasticity)이 아주 크다는 점이라 지적하였다. 거미 에라스티컴(Gummi elasticum)에 대한 최초의 화학적 연구 결과가 프랑스인 Macquer에 의하여 1761년에 발표되었다. 그러나 고분자의 구조가 이해되기 시작한 것은 20세기에 이르러서였다. 고무가 유럽에 소개되자 곧 다양한 용도가 발견되었다. Gossart는 1768년에 유리관 주위에 고무판을 감아서 처음으로 고분자로 만든 관(Tube)을 제조하였다. 같은 시기에 작은 고무 조각을 사용하여 종이에 쓴 연필 자국을 지우는데 사용하였다. 사실 고무(Rubber)라는 말은 이런 특정한 사용용도 - 즉 문지름(Rubbing)에서 나온 말이다.

이 재료는 서서히 단지 희한한 선물에서 차츰 벗어나 새로운 용도와 가공장치의 개발로 이어지게 되었다. 현재 사용되는 압축 성형기(Compression molding press)의 전신이라고 할 수 있는 스크류형 성형기(Screw press)가 1818년에 Mcpherson Smith에 의하여 특허화 되었지만, 최초의 고분자 가공(Polymer processing)기계로 망명된 것은 1820년 Thomas Hancock가 발견한 고무 혼련기(Rubber masticator)이다. 톱니가 있는 회전체와 톱니가 있는 원통 모양의 공동(Cavity)으로 구성된 이 혼련기의 주 용도는 수작업으로 탄성 띠를 만들 때 나오는 고무 조각을 재활용하기 위하여 사용되었다.

1833년 Charles Goodyear가 가황공정을 개발하게 되어 천연고무의 성질을 향상시키게 되었고, 1836년 Edwin M. Chaffe는 현재의 압연기(Calender)의 전신이라 할 수 있는 이축 증기 가열기를 발명하여 고무에 각종 첨가제를 혼합하여 섬유제품이나 가죽제품에 연속적으로 고무를 입힐 수 있었다.

1845년에는 이미 압축기와 금형(Die)을 사용하여 단추모양이나 보석 장식품, 도미노 놀이패나 다른 물건들을 셀락(Shellac)이나 구타퍼카(Gutta-percha)를 사용하여 만들었다. 구타퍼카 또는 거미 플라스티컴(Gummi plasticum)은 고무나무와 비슷한 나무에서 얻은 것으로 전선 피복용으로 처음 사용되었으며 해저 케이블 피복용으로도 수년간 사용되었다.

1846년에는 트란스-구타퍼카(Trans-gutta-percha)와 시스 헤비아 고무(Cis-hevea rubber)가 케이블 피복용도로 특허화되어 1849년에는 모르스 전신회사에 의하여 허드슨 강을 가로질러 부설되는 케이블을 피복하는데 사용되었다. Charles Goodyear

의 형제인 Nelson은 1851년 의치나 빗을 만드는 데 사용할 수 있는 딱딱한 고무, 즉 에보나이트(Ebonite)를 특허화 하였다.

처음으로 개발된 압출기는 Henry Bewley와 Richard Brooman이 1845년 발명한 램형(Ram-type) 압출기였다. 첫 고분자 가공용 스크류 압출기이며 고분자 가공에서 가장 영향력이 큰 장치는 1879년 전선 피복용으로 Mathew Gray라는 영국 사람에 의하여 특허화 되었다.

장뇌(Camphor)를 사용하여 가소화시킨 니트로 셀룰로오스(Cellulose nitrate)가 1870년에 Isaiah와 John Hyatt에 의하여 특허화 되었는데 이것이 최초의 열가소성 수지로 생각된다. 금속을 가지고 사출 성형한 경험을 바탕으로 Hyatt 형제는 셀룰로오스 수지를 성형할 수 있는 사출성형기를 만들어 1872년에 특허화 하였다.

1870년대의 산업 혁명기에 접어들어 천연고무, 구타퍼카, 셀룰로오스 수지, 셀락(Shellac)을 사용한 제품이 대량으로 생산되기 시작하자, 고분자 가공산업계는 이런 원료물질을 조제하고 가공하기 위하여 내부적인 반죽과 혼합이 가능한 혼합기를 개발하게 되었다. 이들 중에서 가장 획기적인 발명은 1916년에 Femley Banbury가 개발한 반바리 혼합기(Banbury mixer)였다. 이 혼합기는 약간의 보완을 거쳐 지금도 고무를 혼합하는데 널리 사용되고 있다.

1907년에 Leo Baekeland가 개발한 베클라이트 수지(Bakelite resin)가 아마도 인공적으로 합성된 최초의 고분자일 것이다. 페놀 수지(Phenolic resin)라고도 알려져 있는 이 베클라이트 수지는 페놀(Phenol)과 포름알데히드(Formaldehyde)를 같이 혼합하여 가열하면 축합 중합반응이 일어나서 생겨나는 열경화성 수지(Thermosetting resin)이다.

1924년 Hermann Staudinger가 고분자를 선형 분자사슬로 설명하는 모델을 제안하였다. 이 모델이 여러 과학자들에 의하여 받아들여 비로소 새로운 물질을 합성할 수 있는 개념을 제공하게 되었다. 1927년에는 셀룰로오스 아세테이트(Cellulose acetate)와 염화비닐 수지(Polyvinyl chloride, PVC)가 개발되었다. PVC가 기존의 셀락 수지보다도 내마모성이 좋았기 때문에 1930년대 초부터 축음기판을 만드는 재료로 대체 사용되게 되었다. Wallace Carothers는 폴리에스테르(Polyesters)와 폴리아미드(Polyamides)같은 축합중합 고분자의 선구자였다.

이 때에 와서야 비로소 과학계는 Staudinger 모델의 유효성을 인식하기 시작하였다. 폴리아미드는 주로 나일론(Nylon)이라 불리는 수지로서 1938년에 상업적 생산이 시작되었다. 폴리비닐아세테이트(Polyvinyl acetate), 아크릴 수지(Acrylic polymer), 폴리스티렌(Polystyrene, PS), 폴리우레탄(Polyurethanes)과 멜라민 수지(Melamine)가 역시 1930대에 개발되었다.

열가소성 수지를 가공하기 위한 일축 압출기(Single screw extruder)를 고안하였다. 세계 2차 대전과 전후 몇년간에는 새로운 고분자 물질을 개발하는 일이 가속화되었다. 폴리에틸렌(Polyethylene, PE), 폴리테트라플루오로에틸렌(Polytetrafluoroethylene), 에폭시 수지(Epoxy resin)와 ABS수지(Acrylo-nitrile-butadiene-styrene)가 1940년에 개발되었고 선형 폴리에틸렌, 폴리프로필렌(Polypropylene, PP), 폴리아세탈 수지(Polyacetal), 폴리에틸렌테레프탈레이트(Polyethylene terephthalate, PET), 폴리카보네이트 수지(Polycarbonate, PC) 등 많은 것들이 1950년대에 선보이기 시작하였다. 1970년대에 폴리페닐렌설파이드(Polyphenylenesulfide)와 같은 새로운 고분자가 개발되었고 1980년대에 액정 고분자(Liquid crystalline polymer)들이 개발되었다.

오늘날에는 새로운 고분자를 합성 개발하는 일이 점점 어려워지고 또 경비도 많이 들고 있다. 이에 따라 두가지 또는 그 이상의 고분자들을 블랜딩(Blending)하거나 기존의 고분자를 가소화제(Plasticizer)를 이용하여 개질함으로써 새로운 엔지니어링 재료를 개발하는 것이 여러 사람들이 채택하는 방법이 되었다.

고분자에는 천연고분자 화합물과 인조고분자 화합물로 나눠고 다시 이것들은 각기 여러 종류로 파생된다. 앞으로 서술할 것은 이 여러 고분자 중에서도 친환경적이며 저렴하고, 가벼우면서 성형성이 좋은 이유로 그 수요가 점차 늘고 있는 플라스틱에 관하여 다루어 질 것이다.

3.2 플라스틱의 분류 및 일반물성

플라스틱의 종류는 수천가지가 넘지만 이들은 크게 열경화성 플라스틱과 열가소성 플라스틱의 두가지로 분류된다. 1933년 미국에서 생산된 3100만 톤의 플라스틱 중에서 90%는 열가소성이었다. 그러나 1995년 세계수급전망에 따르면 총생산량의 83%만 열가소성이었으며, 점차 플라스틱의 종류가 다양해지고 사용범위가 넓어지고 있다. 앞서 말했듯이 모든 플라스틱 수지는 열가소성이나 열경화성 수지로 구분할 수 있다. 열가소성 수지는 냉각하면서 고체화되면 더 이상 긴 분자들이 움직일 수 없게 된다. 그러나 가열하면 이들은 분자들이 서로 쉽게 미끄러져 흐름(Flow)의 성질을 되찾게 되는 물질이다. 열가소성 수지는 다시 무정형(Amorphous)과 결정성(Semi-cystalline)수지 두 종류로 나뉜다.

무정형 열가소성 수지는 용융상태에서 냉각될 때 무질서한 분자구조를 유지하게 되어 불규칙적인 분자구조를 보여주는 경우이다. 무정형 고분자는 자신의 유리전이 온도(Glass transition temperature, Tg)이하로 냉각될 때 고체화된다. 반면에 결정성 열가소성 수지는 분자 구조상 어떤 질서를 가지면서 유리화된다. 따라서 보통 용융온도(Melting temperature, Tm)라고 하는 온도 이하로 냉각될 때 일정한 질서를 갖고 배열하기 시작하므로 딱딱하게 변하게 된다. 결정성 고분자 중에서 어떤 분자들은 일정한 질서를 가진 영역으로 변환되지 못한 경우 무정형 영역에 일부 남아 있게 된다. 결정 영역 속에 있는 이 무정형 영역은 유리전이 온도가 상온이하이므로 상온에서는 고무나 가죽처럼 부드럽게 보인다. 반면에 열경화성 수지는 화학적 경화반응에 의하여 고체화된다. 기다란 거대분자들이 경화되면서 서로 가교되어 망상구조(Network)를 형성하므로 더 이상 분자들은 서로 미끄러질 수 없게 된다. 이와 같은 망상구조의 형성으로 다시 가열하여도 더 이상 흐름의 성질을 가질 수 없게 된다. 분자 간의 가교의 밀도가 높기 때문에 열경화성 수지는 딱딱하고 잘 부스러지는 성질을 띤다. 열경화성 수지도 유리전이 온도를 나타내지만 보통 열분해 온도 근처이거나 그 이상이다.

열경화성 수지와 비교해 볼 때 탄성체(Elastomers)는 단지 약간만 가교되어 있어서 분자들이 거의 최대한도까지 늘어날 수 있게 된다. 그러나 분자사이에 연결고리가 있기 때문에 서로 미끄러져 움직일 수 없으므로 아주 큰 변형도 가역적으로 일어날 수 있다. 탄성물질들의 공통점 중의 하나는 유리전이온도가 상온보다 매우 낮다는 것이다. 이미 언급한 바와 같이 설계공학자들은 수천가지 다른 규격의 고분자를 이용할 수 있다. 이런 재료들은 재질 면에서 볼 때 부드러운 것부터 딱딱한 것, 유연한 것부터 부서지기 쉬운 것, 약한 것부터 강한 것에 이르는 다양한 성질을 갖고 있다.

현재 실용되고 있는 플라스틱 재료의 종류는 대단히 많다. 중요한 것만 하더라도 수십 종류에 달하고 있으며 같은 종류에도 여러 가지 등급이 있다. 따라서 이들의 물성에도 여러 가지 특성이 있으나 그 중에서 일반적인 장점을 열거하면 다음과 같다.

① 가볍고 강하다.

고분자 재료가 금속, 세라믹 등과 특징상 다른 점은 비중이 0.9~1.4로 경량인 점이다. 고분자 재료는 유기 화합물이며 구성하는 원소가 대부분이 탄소, 수소, 산소, 질소 등 비교적 가벼운(원자량이 작은) 비금속으로 이루어져 있기 때문에 원자량이 큰 원소로 이루어진 금속 등에 비하여 대단한 차이가 있다.

② 성형성이 좋다.

플라스틱은 가열하면 연화되거나 용융되어 성형하기 쉽게 된다. 특히 금속에 비하여 비교적 낮은 온도에서 가공할 수 있어 제조원가가 적게 든다.

③ 전기 절연성이 좋다.

플라스틱 재료는 화학 구조상 자유전자가 없기 때문에 대부분이 유리, 세라믹과 같은 뛰어난 전기 절연체이며, 따라서 전선의 피복 등 전기, 전자제품의 절연체로 널리 쓰인다.

④ 단열성이 좋다.

플라스틱 재료에는 자유전자가 없기 때문에 열을 전달하기 어려우며, 이 특성을 이용하여 단열재로 이용된다. 이 특성을 더욱 강화시킨 것으로는 발포재가 있으며, 이것은 플라스틱 내부에 기포를 생성시켜 공기의 단열효과를 이용한 것이다.

⑤ 가격이 저렴하다.

성형온도가 낮고 용이하며 대량생산이 가능하므로 제품단가가 염가로 된다.

⑥ 가공법에 따라 성질을 변화시킬 수 있다.

예를 들면 PVC는 단독으로 경질의 제품이 만들어지지만 여기에 가소제를 첨가하여 가공하면 연질의 제품도 만들어진다. 또한 무기물 또는 섬유를 강화시키면 강력한 제품을 만들 수도 있다.

반면에 단점으로는 열에 약하고, 표면 경도가 약하다. 용제에 약하며, 대전되기 쉽다.

3.2.1 범용 플라스틱 재료의 특성

앞에서 서술한 바와 같이 플라스틱 재료의 종류는 대단히 많으며, 그 화학적 구조 및 물리적 구조에 따라 특성도 제각기 다르다. 따라서 어떠한 제품을 만들고자 할 때에는 그 제품의 사용 장소, 사용목적 등에 따라 필요한 내열 온도범위, 기계강도, 내구성, 가격 등을 만족시키는 적당한 재료를 찾아내어 사용해야 한다.

5플라스틱 재료는 그 성능 면으로 보아 범용 플라스틱과 엔지니어링 플라스틱으로 분류할 수 있다. 엔지니어링 플라스틱은 폴리에틸렌이나 염화 비닐수지 등과 같은 범용의 열가소성 수지와 비교하여 성능이나 기능이 매우 우수한 소재로서 기계적 강도, 내마모성, 내열성, 내구성 등이 좋아 금속, 세라믹 등을 대체하여 사용할 수 있는 플라스틱 재료를 말하며, 소위 5 대 엔지니어링 플라스틱이라고 불리는 폴리아세탈, 폴리에스테르, 폴리아미드, 변성 PPO, 폴리카보네이트 등이 이 부류에 속한다.

(1) 폴리에틸렌

폴리에틸렌(polyethylene, PE)은 5대 범용수지들(LDPE, HDPE, PP, PS, PVC) 중 대표적인 것으로서 고분자 중에서 가장 간단한 구조를 가지고 있다.

✔ 표 3.1 폴리에틸렌의 밀도와 성질과의 관계

성질 \ 밀도	0.92	0.935	0.95	0.965
결정화도(%)	65	75	85	95
경도의 상대치()	1	2	3	4
연화온도(℃)	100	110	120	130
인장강도(kgf/cm^2)	140	180	250	400
신장율(%)	500	300	100	20
1000개의 $-CH_2-$ 결합당의 CH_3의 수	34~40	10~15	4	1~1.5
열변형 온도(℃)	45~50	~65	~80	~85

폴리에틸렌의 제조에는 에틸렌 가스의 중합에 의하여 중합조건의 차이에 따라 성질이 다른 것이 얻어지며, 대표적으로는 결정화도가 높고(~95%) 단단한 성질을 가진 고밀도 폴리에틸렌(HDPE) 및 분지(Graft)가 있고 그 길이가 짧고 길음에 따라서 결정성이 낮은 선형 저밀도 폴리에틸렌(LLDPE)과 저밀도 폴리에틸렌(LDPE) 등이 있다. LLDPE의 결정화도는 50~55%이고 LDPE의 결정화도는 45~50%이다. 또한, 생성된 폴리에틸렌의 분자량에 따라 그 성질이 다르게 나타나서 분자량이 높아지면 일반적으로 기계적 성질이 개선되고 용융점도가 높아진다. 유리전이 온도는 HDPE는 -20℃ 정도, LDPE -60℃ 정도이다. 폴리에틸렌은 전형적인 무극성 고분자이며 분자 사이의 힘이 약하여 비교적 부드러운 성질을 나타낸다. 특히 저밀도 폴리에틸렌은 성형재료로 가장 널리 사용되고 있는 재료로서 신장되기 쉽고 고주파 전기 절연성이 우수하며, 뛰어난 화학 특성을 가지고 있으며 성형이 용이하고 염가이므로 가장 대량으로 사용되고 있다.

고밀도 폴리에틸렌은 저밀도 폴리에틸렌의 연한 성질과 낮은 내열성(용융점:130~140℃)을 보완한 경질의 재료로서 용기·병류 등의 강도를 요하는 성형품의 제조에 사용된다. 한편 분자량이 100만 이상인 초고분자량 폴리에틸렌은 다른 물리적 특성을 나타내어 충격강도, 특히 저온 충격강도와 내마모성 및 스트레스 크랙킹 특성 등이 매우 우수하여 분체 수송용구 등의 라이닝을 비롯하여 토목 공사용 장비에 사용되는 삽날 부분의 라이닝 등에 사용된다. 그리고 저밀도 폴리에틸렌은 sheet 필름, 식품 포장재 등에 많이 사용되고 있다.

(2) 폴리프로필렌

폴리프로필렌(Polypropylene, PP)은 폴리에틸렌의 에틸렌 단위에 메틸기가 측쇄로서 결합되어 있는 형태의 고분자로서 폴리에틸렌에 비해 보다 경질인 재료이다. 또한 측쇄인 메틸기가 결합되어 있는 장소의 규칙성에 따라 규칙성이 있는 아이소택틱(Isotactic), 규칙성이 없는 어택틱(Atactic) 및 교호로 규칙성이 있는 신디오택틱(Syndiotactic) 구조의 폴리프로필렌으로 나누며, 그에 따른 성질도 매우 달라진다. 즉 아이소택틱 구조의 것은 결정성이 높으며 강직한 성질을 갖지만, 어택틱 구조의 것은 비결정성으로서 밀도가 낮고 기계적 강도가 약하지만 연성이 좋아서 Sheet 필름 등으로 성형되어 사용되고 있다. 일반적으로 딱딱한 파이프, 병, 식, 가정용품, 자동차 부품 등의 제품으로서 사용되는 것은 주로 아이소택틱 구조로 된 것이다. 폴리프로필렌은 폴리에틸렌보다 내열성 및 기계적 성질이 우수하다. 가장 대표적인 특징으로는 밀도가 0.90 g/cm^{3}으로서 고분자 재료들 중 가장 경량의 재료로 평가되고 있으며 유리 전이온도는 -4~40℃이다. 그리고 고주파 절연성이 뛰어나 이러한 장점을 살려 절연부품, 브라운관의 절연 Holder, Packing 등에 사용되고 있으며, 비의류용 섬유로서 그 사용범위가 매우 넓다.

(3) 폴리스틸렌

폴리스틸렌(Polystyrene, PS)은 비결정성 고분자로서 용융 유동되기 쉽고 열안정성 및 성형성이 좋아서 대표적인 사출 성형용의 수지이다.

반면, 물리적 특성은 유리 전이온도가 95℃로 높아 상온에서 단단하고 취약하여 충격에 의해 파손되기 쉬우며, 낮은 비결정성으로 인해 광투과율이 88%로 투명성이 좋다. 또한 전기 절연성이 양호하며, 특히 고주파 절연성이 우수하여 고주파

✔ 표 3.2 아이소택틱 폴리프로필렌의 물성

성질	폴리프로필렌
인장강도(kgf/cm^2)	280~380
신장율(%)	250~700
내충격성(kgf·cm/cm^2)	41.5
경도(R-scale)	85~95
탄성률(kgf/cm^2)	2,100~12,000
압축강도(kgf/cm^2)	660~760
체적고유저항(ohm-cm)	1010
유전상수(106cycle)	2.0~2.2
비열(cal/g℃)	0.45~0.46
열변형 온도(℃), 4.6kgf/cm^2	104
용융점(℃)	165~176
투명성	투명~불투명

재료로 많이 사용된다. 내약품성은 약하여 많은 유기용제에 용해되기 쉬우며 자외선에 의한 열화가 일어나기도 하지만, 방사선에 대해서는 우수한 저항성을 가지고 있다. 한편 범용 수지로서 저렴하고 우수한 성형성과 성형 재현성을 갖고 있어 수많은 일용품이 이로부터 만들어지며 전기, 전자제품의 외부 구조물, 부품의 지지체 등에 사용되고 있다. 그리고 PS에는 GPPS(General purpose PS)와 HIPS(High impact PS)가 있는데, GPPS는 스티렌을 단독 중합한 PS를 말하며 HIPS는 SBR과 같은 고무를 blending 하거나 graft하여 내충격성을 강화시킨 PS이다.

(4) 폴리염화비닐

염화비닐 수지는 폴리에틸렌과 함께 가장 대량으로 널리 사용되고 있는 수지로서 그 자체로는 경질이지만 가소제의 첨가에 의해 연질 PVC(Flexible polyvinyl chloride)로도 되며, 그 성질이 매우 다양하게 나타난다. PVC의 가장 중요한 성질은 빛이나 열에 대한 안정성 및 내수성이 우수한 것이다.

일반적으로 결정성은 낮으나 극성기인 할로겐 원소인 염소를 함유하기 때문에 분자간 인력이 비교적 강하여 용융점이 212℃로 높으며, 밀도는 1.31~1.45 g/cm^{3}이므로 고분자 재료 중에서 매우 높은 편이다. 유리전이 온도가 87℃이므로 상온에서 단단한 성질을 나타내며 경질 PVC(Rigid polyvinyl chloride)는 파이프, 플랜지류, 경질필름, 시트, 패널판, 레코드판 등의 용도로 두루 사용되고 있다. 이러한 경질의 염화비닐 수지에 가소제를 첨가하면 연질의 제품이 만들어져 호스, 포장용 시트, 전선피복 및 기타 일반적인 용도의 비닐류 등에 쓰이고 있다.

(5) 폴리아크릴레이트

아크릴계 수지에는 메타크릴산 에스테르계 또는 아크릴산 에스테르계의 중합체가 있으며, 이 중에서 수지재료로서는 폴리메틸메타아크릴레이트(Poly-methyl-methacrylate, PMMA)가 가장 실용성이 높다.

이 수지는 비결정성 고분자 물질이지만 아크릴산 에스테르의 비교적 약한 극성기를 가지고 있기 때문에 점성이 강한 성질을 가지고 있으며, 광투과성이 95% 정도로 아주 우수하고 유리전이 온도 Tg는 105℃이다. 수지로서 각종 렌즈, 필터 및 항공기의 방풍 유리 등에 사용되고 있으며, 또한 염색과 착색이 자유로워 미술적 응용이 많다. 그리고 내후성이 우수하여 수년간 옥외에서 방치하여도 변색되지 않으며, 보통의 무기 유리에 비하여 자외선 투과율은 현저히 크다. 그러나 범용 수지로서는 고가이므로 사용이 다소 제한되고 있다.

3.2.2 엔지니어링 플라스틱

(1) 폴리아미드

폴리아미드(Polyamide, PA)는 흔히 나일론(Nylon)이라고 불리어지고 있으며, 나일론은 최초로 개발한 미국의 Du Pont co.의 상표명으로부터 비롯된 것으로, 기본 구조는 수많은 반복 단위들이 아미드 결합(-CO-NH-)으로 연결되어 있는 형태이다.

여러 종류의 폴리아미드는 아미드 결합 사이의 분자구조에 따라 각기 그 명칭이 달라지지만 지방족 화합물로 되어 있는 것들은 반복단위의 탄소원자의 수에 따라 나일론6, 66, 4, 11 및 12 등으로 불린다. 나일론은 결정성 고분자로 성형조건에 따라 다르나 20~30% 정도 결정화하고 있으며, 결정부분은 특히 마찰저항이나 경도가 크다. 또 나일론 수지는 높은 충격강도를 가지며 마찰계수가 작고 내마모성이 크다. 용융점은 종류에 따라 다르지만 220~260℃, 밀도는 1.13~1.15 g/cm^3, 유리전이 온도는 70~90℃이다.

아미드 결합은 그 자체가 대단히 강한 결합력을 가지고 있으며 동시에 주위의 아미드 결합들과 어울려 수소결합을 형성함으로써 폴리아미드 수지는 대단히 강인한 성질을 나타낸다. 이러한 강인성은 나일론의 대표적인 장점으로서 널리 알려져 있다. 대개의 폴리아미드들은 그 융점 이상의 온도에서 아주 용이하게 가공할 수 있다. 그리고 각각의 융점은 구조에 따라 매우 다양하므로 섬유, 포장재뿐만 아니라 전선의 피복 등과 같은 전기제품의 고분자 재료와의 반응 사출 성형(Reaction injection molding, RIM)에 의해 성형되어 기어, 볼트와 같은 기계부품으로도 사용되고 있다.

(2) 폴리에스테르

폴리에스테르(Polyester)는 고분자를 이루는 기본결합이 에스테르 결합으로 되어 있는 고분자이다. 그래서 산과 알카리 및 수증기에는 약하고 아민에는 쉽게 분해되며 50℃ 이상에서 수분이 많으면 가수분해 된다. 하지만 유기용제나 유류에는 안정하다.

가장 대표적인 것으로는 통상 폴리에스테르로 일컬어지는 PET(Poly-ethyleneterephthalate)인데, 이것은 에틸렌과 벤젠환의 사이를 에스테르 결합이 연결짓고 있는 구조로 되어 있다. 이 벤젠환은 육각형의 평면구조로 되어 있어 구부러지기 어렵고, 또한 서로 잘 포개어지는 성질을 가지고 있어서, 이것이 규칙적으로 함유되나 PET의 분자쇄는 나란히 배열하기 쉬울 뿐 아니라 배열된 상태로 중첩하여 결정형태를 잘 이루는 특성을 가진다. 따라서 PET는 섬유형성이 아주 우수하여 합성섬유중 가장 중요한 재료로 손꼽히고 있다. 더욱이 PET의 뛰어난 기계적 성질은 엔지니어링 플라스틱에의 응용이 가능하여 이 분야에서도 재료의 특성이 높이 인정되고 있다. PET로부터 만들어지는 필름은 포장재료뿐만 아니라 사진, 영화필름의 대부분을 점하고 있으며 오디오, 비디오, 플로피 디스크 같은 자기 테이프와 자기 막 등의 소재로서 이용되고 있다. 또한 수지로서의 PET는 유리섬유와 혼합하여 만든 섬유강화 복합재료는 고분자 재료의 복합재료중 가장 우수한 성능 개선 효과를 나타내고 있다. 그리고 PET의 융점은 267℃, 유리 전이온도는 65℃이다. 한편, PET와 유사한 구조와 성질을 갖는 폴리부틸렌테레프탈레이트(Polybuthyleneterephtalate, PBT)가 있다. 이것은 PET의 에틸렌 대신 부틸렌 구조를 갖는 것으로 PET에 비해 열적 특성이 다소 떨어져서 실용적인 합성섬유로 이용되기에는 부적합하지만, 가공성이 우수하고 결정성이 아주 빠르므로 PET와의 혼합이나 유리, 탄소섬유 등으로 강화시켜 복합재료로 제작할 경우, 그 사용온도를 월등하게 증가시킬 수 있어 최근 들어 많이 생산·이용되고 있다.

(3) 폴리카보네이트

폴리카보네이트(Polycarbonate, PC)는 폴리에스테르의 일종이지만 반복구조 단위가 탄산 에스테르를 포함하고 있는 특징 때문에 선상의 열가소성 재료이다. 카보네이트 결합 사이를 이루는 구조는 지방족과 방향족의 탄화수소가 널리 쓰이지만 주로 방향족의 탄화수소인 비스페놀 A를 한쪽의 출발물질로 하는 폴리카보네이트

✔ 표 3.3 폴리카보네이트와 금속과의 강도 비교

성질	폴리카보네이트	아연합금(주조용)	알루미늄합금 (주조용)
밀도(g/cm^3)	1.19	6.64	2.71
탄성률(kgf/cm^2)	2.39×10	7×10	2.81×10
인장강도(kgf/cm^2)	820	2,800	2,100
인장강도/밀도	689	422	780
강도/무게	1	0.61	1.13

가 생산되어 실용되고 있다.

이 고분자의 구조 단위 간에는 강한 상호인력이 작용한다. 따라서 높은 중합도의 재료는 성형이 대단히 어렵기 때문에 실제로는 다소 낮은 중합도의 물질을 생산하고 있고, 이러한 낮은 중합도로도 충분히 역학적 특성을 가진 제품을 얻을 수 있다.

한편 폴리카보네이트 분자간의 강한 상호작용에도 불구하고, 이 재료는 거의 결정을 이루는 일이 없이 비결정 상태를 유지하고 있어 광투과성이 89%로 우수하며, 실용 조건하에서 치수 안정성이 뛰어날 뿐 아니라 충격강도는 열가소성 플라스틱 재료들 중 최고 수준에 달한다. 그리고 유리 전이점은 150℃로 비교적 높다. 또한 내약품성 면에서는 산에는 강하나 알카리에 약하며 유지용제 등에 대한 내식성이 다소 떨어지지만 반면에 뛰어난 내수성을 보이고 있다. 내광성(자외선)이 우수하여 실외에서 사용되는 플라스틱 재료로서 헬멧, 계기판, 건축용 유리 대용 등으로 다양하게 이용되고 있고 광학재료의 부품과 정밀기구의 외부구조 등의 소재로도 많이 이용되고 있다.

(4) 폴리옥시메틸렌

폴리옥시메틸렌(Polyoxymethylene, POM)은 폴리아세탈이라고도 칭하며, 반복 구조 단위에 메틸렌기가 들어 있어 이것을 산소원자 에테르 결합으로 연결한 모양을 하고 있으며, 결정성이 대단히 높은 선상의 열가소성 고분자 재료이다.

폴리아세탈 수지는 수소결합을 하고 있어서 기계적 강도와 탄성률이 크고 내용매성, 내크리프성이 높고 탄성회복이 양호하며 내피로성이 좋고 충격과 진동에 잘 견디며 자기 윤활성, 우수한 내마모성을 가지고 있다. 용융점은 181℃, 유리 전이온도는 -13℃, 밀도는 1.41~1.45 g/cm^{3}이다.

또한 표면경도가 높고 뛰어나 내화학 약품성, 광범한 실용 온도범위, 습도, 수분의 영향을 거의 받지 않으며, 내열수성이 좋고 높은 치수 안정성, 양호한 전기특성, 뛰어난 성형 가공성 등을 지니고 있다. 다만 내산성, 내열성, 내후성, 성형 가공시의 수축성 등의 면에서 다소 제한이 있어 사용시 주변 환경이 그다지 변화를 보이지 않는 사무기기나 자동차의 가솔린 탱크, 와이프 및 비디오 기어 등의 기계부품이나 가정용 기구의 부품 또는 수도용구의 부품 등에 사용되고 있다.

(5) 변성 폴리페닐렌옥사이드

2.6-xylenol을 산화 Coupling이라는 반응약식을 고분자화한 것을 기초로 하고 있다. 유리 전이온도가 220℃인 열가소성 비결정성 고분자이고 비중은 1.06~1.10으로 엔지니어링 플라스틱 중에서 최저에 속한다. 또한 흡수율도 0.07%로 낮고 전기적 특성은 엔지니어링 플라스틱 중 가장 좋으며, 강인성과 치수 안정성을 갖고 있어 자동차 부품, 전기, 전자제품 및 통신기기 등에 폭 넓게 쓰인다. 그러나 이 물질 역시 다른 방향족 고분자들과 마찬가지로 성형가공의 어려움을 지니고 있어 이를 개선시키기 위한 노력이 집중된 결과, 범용의 고분자 재료를 PPO와 Blending하거나 Graft시켜 내열성의 저하를 최소화하면서 성형 가공성을 현저하게 증가시킨 제품이 개발되었다. 즉 이것은 GE에 의해 개발되어 Noryl이라고 명명하고 있다. 이것 또한 변성 PPO로 불리기도 하며, PPO를 상용성 있는 폴리스티렌으로 희석시킴으로써 가공성을 향상시킨 것으로 생각하면 된다. 결국 변성 PPO는 PPO, PS와의 폴리머 Alloy이다.

3.2.3 고성능 엔지니어링 플라스틱

(1) 폴리페닐렌설파이드

폴리페닐렌설파이드(Polyphenylenesulfide, PPS)는 벤젠고리에 유황이 붙은 모양이 반복구조로 되어 있다. 융점이 285℃이고 유리 전이온도가 90℃, 인장강도는 7~14 kgf/mm^2, 굴곡 탄성률 1.2~1.7×103 kgf/mm^2, 열변형 온도는 260℃(18.6 kgf/cm^2) 이상으로서 내열성이 우수한 고결정성의 열가소성 고분자이다.제조방법은 파라디클로로벤젠과 황화소다를 극성 유기촉매 속에서 반응시키는 것으로 벤젠환 사이에 산소대신 유황이 들어감으로써 성형성이 대단히 좋다. 그리고 불연성이면서 사용 온도 범위가 200℃ 이상인 우수한 내열성 고분자 재료이며, 370℃에서도 몇 시간은 견딜 수 있고 425℃에서 열분해가 시작된다. 또한 각종 화학약품에 대해 극히 안정하며, 200℃ 이하의 온도에서는 이 고분자를 용해하는 용매가 없다. 유리섬유 또는 탄소섬유로서 보강되거나 무기질 충전제나 불소 수지와의 복합과 조성으로써 자동차 부품, 변속기 부품 및 절연제품 등에 사용되고 있다.

(2) 폴리술폰

폴리술폰(Polysulfone, PSF)은 기본적으로는 길게 연결된 주사슬 구조가 술폰기(-SO)라는 연결 구조에 의해 이어져 있는 고분자이다. 주사슬 구조는 지방족과 방향족 구조가 모두 이용되며, 이러한 주 사슬의 구조에 따라 그 특성이 달라져 응용범위 또한 다양하다. 지방족의 폴리술폰은 각종의 유기용제에 가용성이며 용액상태에서 박막으로 가공이 가능하며, 빛의 조사에 의해 분해되는 성질을 지니고 있어 반도체의 집적회로의 제조공정에서 서브미크론(Submicron) 가공용 재료로 이용되고 있다. 반면 일반적으로 폴리술폰은 방향족 탄화수소를 함유한 것을 말하며, 방향족 고리와 술폰기에 의한 내열성과 술폰기의 산소결합으로 인한 유연성으로 가공, 성형성이 용이한 비결정성 열가소성 고분자 재료이다. 또한 그 구조에 가수 분해가 되기 쉬운 에스테르 결합이나 아미드 결합이 포함되어 있지 않아서 고온에서 산이나 알카리에 의한 분해 작용을 잘 받지 않기 때문에 실용상의 안전성에 관해서 높이 평가되고 있기도 하다. 따라서 이 재료는 열변형 온도가 174℃(18.6 kgf/cm^2), 유리 전이온도는 190℃로 우수한 내열성과 전기적 특성을 살려 집적회로의 코넥터 등의 전자기기 부품, 의치, 카메라, 자동차, 시계 및 전열기의 부품재료에 널리 사용되고 있다.

(3) 폴리에테르술폰

폴리에테르술폰(Polyethersulfone, PES)은 디클로로디페닐설폰의 중축합 반응으로 합성되어 방향족환 사이에 술폰기와 더불어 방향족환에 치환된 염소원자의 축합반응의 결과로 생성된 에테르 결합을 포함하고 있는 고분자이다.이 고분자는 비결정성일 뿐만 아니라 유리전이 온도가 225℃로 고온 영역에 있기 때문에 이것을 재료로 하여 얻어지는 제품은 고온에서의 실용특성이 주목할 만하다. 특히 100℃ 이상에서의 탄성률은 모든 열가소성 재료로 만든 제품들 중 가장 높은 수준에 있으며, 연속 사용 온도가 180℃로 내열성과 고온에서의 치수 안정성 및 크리프특성이 뛰어나다. 이러한 특성을 이용하여 전기, 전자공업 분야에서의 응용 외에 내열수성 등을 살려 열수처리 분야에 많은 사용을 하고 있다.

(4) 폴리에테르에테르케톤

폴리에테르에테르케톤(Polyetheretherketone, PEEK)은 결정성이 높고 가공이 쉬운 초내열성 재료로서 방향족의 환상구조로 둘러싸인 아주 안정한 케톤 결합을 포함하고 있어서 고체상에서의 안정성이 매우 높을 뿐만 아니라 에테르 연결부위로 인해 용융상태에 있을 때는 분자사슬의 운동이 용이하게 되어 가공시의 유동성이 양호하다.

그리고 유리전이 온도 143℃, 용융온도 343℃, 가공온도가 370℃ 이상으로서 가공하기가 Polysulfone보다 상당히 어렵지만, 고온의 용융 상태에서 장시간 안정한 특성이 있고 유동성이 양호하기 때문에 융점이 매우 높음에도 불구하고 사출, 압출 등의 각종 성형법을 고온에서 그대로 적용시킬 수 있다. 이러한 방법에 의해 제조된 제품의 특징은 고온에서의 내산·내알카리성 및 내열수·내스팀성과 내방사선성 등으로, 항공 우주용의 전기 절연재, 지하철의 전선피복, 복합재료, 원자력 발전소 내의 배선과 전기 부품 등에 응용되고 있다. 대부분의 화학약품이나 용제에 대한 저항성이 좋지만 진한 황산이나 불화수소에 약한 단점을 지니고 있고, 최종제품 생산에 있어서 냉각속도를 조절하여 결정화도를 높여 주어야 원하는 물성을 얻을 수 있다. 또한 고주파 특성이 우수하고 내가수 분해성이 뛰어나서, 각종 공업 분야에서도 용도 개발이 진행되고 있다.

(5) 폴리이미드

폴리이미드(Polyimide, PI)는 방향족환이 이미드 결합으로 연결된 구조로 되어 이는 방향족의 초고내열성 고분자로서, 우주개발을 위한 연구로부터 생겨난 물질이다.

성형품을 가공하고자 하는 경우, 반응 용매나 폐환반응 때 발생되는 수분의 제거가 어렵기 때문에 직접가공은 불가능하고, 일단 분말상태로 만들어 분리하여 탈수·폐환시킨 폴리피로멜리트이미드를 얻은 다음, 이것을 세라믹의 성형과 마찬가지로 유리전이 온도인 410℃보다 높은 450℃부근까지 가열하여 소결하는 방법을 사용한다. 융점이 700℃라 하지만 실제로 불용·불융이다. 이처럼 우수한 내열성을 비롯하여 각종 특성을 가지고 있지만 가공성에 어려움이 있는 폴리피로멜리트이미드에 대하여 피로멜리트산 대신 벤조페논 테트라카르본산 무수물을 사용하고 옥시디아닐린 대신 메필렌디아닌과 톨루엔 디아닐린을 사용한 폴리이미드가 개발되었고, 이후 방향족 구조를 여러 가지로 변형시킨 다양한 형태의 폴리이미드 재료가 차례로 개발되게 되었다. 이들은 대부분 중간체의 상태에서는 일반적인 고분자 재료와 크게 다르지 않는 유동성을 지녀서 쉽게 성형될 수 있고 열경화 반응에 의해 초내열성을 지닌 폴리이미드 고체로 되는 물질들이다.

그리고 열처리시에 축합반응 대신 부가반응에 의해 경화되도록 하여 경화반응시 생성되는 휘발성분이 없어 최종 제품에서의 결함을 극소화시킬 수 있도록한 경우도 있다. 실제로, 현재 개발된 폴리이미드의 종류는 매우 다양하며 따라서 각각의 특성들 또한 그 범위가 매우 다양하다. 이는 이미드 결합 사이의 구조에 따라 대부분 결정지어지며, 이러한 제품의 성능의 다양성을 가지고 항공기와 자동차의 엔진, 모터 주변의 절연재, 컴퓨터의 회로기판, 자동차의 축받이, 내후성 도료 등에 사용되고 있다.

(6) 폴리에테르이미드

1971년, 미국의 GE사에 의해 개발되어 Ultem이라는 상표명으로 판매되고 있는 폴리에테르이미드(Polyetherimide)는 이미드기가 방향족 에테르 단위 사이에 끼어 있는 구조로 되어 있다.

이미드 구조로 인한 견고성, 열안정성, 난연성과 함께 에테르 결합으로 인한 사슬의 유연성을 함께 가지고 있어서, 성형 가공시의 우수한 가공특성, 즉 용융상태에서의 유동특성을 지닌 비결정성의 열가소성 수지로 평가되고 있으며 유리전이 온도는 217℃로 비교적 높다. 성형 가공시에는 이 폴리이미드계의 고분자에서 공통적으로 볼 수 있는 우수한 내열성을 살려 가공조건을 광범위하게 설정할 수 있으며, 가공된 제품은 비결정성 고분자들 중 화학약품에 대하여 최고 수준의 내식성을 갖고 있으며 고온에서도 높은 강도를 유지한다. 또 내가수분해성이 우수하여 끓는 물(비교적 높은 온도) 속에 1만 시간 넣어도 가수분해되지 않고 견디며, 초기 인장강도의 95% 정도를 유지한다. 회로기판 및 베어링 부품 등의 용도 이외에 약병 및 의료기기 등에 사용되고 있다.

(7) 폴리아미드이미드

폴리피로멜리트이미드의 우수한 내열성을 그대로 지니면서 더욱 가공성이 좋은 고분자를 만들기 위한 노력으로 개발된 것이 폴리에테르이미드와 폴리아미드이미드(Polyamideimide, PAI)이다. 폴리아미드이미드도 폴리에테르이미드와 마찬가지로 고분자의 구조단위 안에서 방향족 환구조가 아미드 결합과 이미드 결합으로 연결되어 있다. 제조방법은 기본적으로 폴리아미드를 합성하는 반응과 폴리이미드를 합성하는 반응을 서로 조합한 반응을 통하여 합성되며, 그 구조에 따라 직쇄상의 열가소성형 및 열경화성형으로 나누어진다. 열가소성형은 용융상태로 사출, 압출, 혹은 트랜스퍼 성형으로 가공되고 있다. 열가소성 폴리아미드이미드의 유리 전이온도는 280℃로서, 240℃에서 연속 사용이 가능하며, 특히 고온에서의 기계적 특성은 타의 추종을 불허하며 자기 소화성과 내방사선성도 우수하다. 열경화성 폴리아미드로부터 얻어지는 제품의 내열성은 더욱 뛰어나며, 기타 특성은 열가소성의 재료로 가공되는 다른 제품과 거의 같다.

일반적으로 고성능 열가소성 수지가 되기 위해 요구되는 물성치는 인장강도가 70 MPa 이상, 인장 탄성률은 2 GPa 이상이어야 하는데, 표 3.4 에서 각 플라스틱의 물성치는 각각 기준 이상이므로 모두 고성능 열가소성 수지라고 말할 수 있다.

고성능 열가소성 수지가 되기 위해서는 좋은 기계적 물성뿐만 아니라 내화학성 및 내용제성도 우수하여야 한다. 특히 항공기의 재료로 사용되기 위해서는 하중이 부하된 상태에서도 항공기 유체나 윤활유 및 용제에 대한 저항성이 뛰어나야 한다. 내화학성이 뛰어난 수지로는 결정성 고분자인 PPS와 PEEK를 대표적으로 뽑을 수 있다. 비결정성 열가소성 수지는 결정성 수지에 비해 대체적으로 할로겐 약품이나 키톤 또는 저분자량의 산화 화합물에 약한 특성을 지니고 있다. Polyarylene sulfone 수지는 혹독한 화학 환경에서도 저항성이 매우 뛰어난 것으로 알려져 있다. 일반적으로 기계적 물성, 고온 안정성 및 내화학성이 뛰어난 열가소성 수지는 유리전이 온도나 용융온도가 높기 때문에 가공하기가 힘든 단점이 있다. 따라서 고성능 복합재료의 열가소성 수지로 사용되기 위한 가장 우선적인 조건은 복합재료 제조시 가공성이 우수해야 한다는 것이다. 고성능 열가소성 수지들에 대한 가공온도는 표 3.4에 나타나 있으며, 표에서 보는 바와 같이 가공온도가 모두 300℃ 이상의 고온임을 알 수 있다. 가공온도가 높으면 높을수록 수지들이 산화되거나 열분해되기 쉬우므로 복합재료의 제조공정이 어려워진다.

✔ 표 3.4 고성능 열가소성 수지의 기계적 물성

	Tensil strength (MPa)	Tensil modulus (GPa)	Processing temperature(℃)
PPS	78	3.50	325
PAS	100	-	329
PEEK	91	3.80	371
PEI	104	3.0	343
PAI	186	4.40	350
PES	83	2.41	-
PSF	76	2.20	300

(8) 플루오르화 수지

반복구조 단위에 플루오르 원자를 함유한 고분자들은 모두가 불소수지라 불리어지고 있다. 이들 중 가장 대표적인 것이 테프론(Teflon)이라는 상표명으로서 친숙한 폴리4플루오르에틸렌(Polytetrafluoroethylene, PTFE)이며, 이는 전체 불소수지 생산량의 70% 이상을 점유하고 있다. 시판 성형용의 PTFE는 분자량이 400~1000만 정도로 다른 일반 합성수지에 비하여 대단히 크며, 용융점도가 1011 poise로 유동성이 매우 나빠서 사출, 압출성형은 불가능하며 상온에서 분말을 압축 고형화하여, 그것을 융점 이상의 온도에서 소결시키는 성형법을 사용하고 있다. PTFE는 폴리에틸렌의 수소원자가 모두 불소원자로 치환되어 있는 구조로 되어 있으며, 폴리에틸렌에 비하여 화학적 결합이 월등히 안정하며, 또한 원자반경이 큰 불소원자에 의해 기본 골격인 탄소원자가 구속되어 고온, 고압, 약품 등 주변의 가혹한 상황에서도 그 기본구조는 그다지 영향을 받지 않는다. 그러나 이같이 안정한 구조로 인해 실용의 재료로서 가공하는 데는 통상의 수지 가공법을 적용할 수 없는 어려움도 지니고 있다. 이 PTFE는 현존하는 고분자 재료 중에서는 화학적으로 가장 불활성이고 용융점은 327℃로 비교적 높으며, 유리전이 온도는 126℃, 밀도는 2.14g/cm^{3}로 고분자 재료 중에서 가장 크다. 보통 고분자 재료에 할로겐 원소가 들어가면 용융점이 높아지고 밀도가 커지게 된다. 그리고 그 사용온도 범위는 영하 268℃에서 영상 280℃에 달한다. 또한 이 재료는 그 자체의 표면장력이 극히 낮기 때문에 다른 재료에 방수, 방유성 또는 접착방지 능력을 부여하는데 이용되고 있으며, 전기 절연성도 재료들 중에서 가장 뛰어난 성능을 보인다. 이러한 PTFE의 구조를 지닌 다른 재료들과의 공중합 또는 혼합에 의해 통상의 성형방법으로 가공할 수 있는 수종의 불소 수지가 개발되게 되었다.

(9) 폴리불화비닐리덴

기타 불소수지로 주목받고 있는 것은 폴리불화비닐리덴(Polyvinylidene-fluoride, PVDF)으로, 이것이 가지고 있는 전기적 성질로 인해 압전소자와 초전소자로서의 응용이 중요시되고 있다. $(CH_2CF_2)n$의 구조를 지닌 고분자로서 강인한 기계적 성질(인장강도 50 MPa, 밀도 1.77 g/cm^3, 열변형온도 145℃), 내후성, 내자외선성이 우수하고 압전성, 집전성 등 특히 강한 성질을 지니고 있다. 내식코팅이나 초고내후성 PCM 강판용 도료에 사용된다.

(10) 실리콘 수지

실리콘의 골격구조는 이제까지의 고분자 재료와는 달리 무기질 고분자에 가깝다. 그러나 주사슬에 유기 치환기를 갖기 때문에 유기 고분자로 불리어 지고 있다. 열적특성은 알킬기의 구조에 따라 매우 다양하지만 일반적으로 실리콘 수지로 사용되는 제품의 열변형 온도는 170~260℃, 유리전이 온도는 영하 126℃로 성형 가공성은 그다지 양호하지 않다. 불연성이고 고온에서 사용해도 잘 견디며, 전기 절연특성 및 내화학 약품성도 우수하여 자동차의 전기 계통의 각종 패킹, 반도체, 전자기기의 코팅재, 건물의 창문용 실링재에 사용된다. 변성 실리콘 수지는 섬유 가공용에 사용되며, 오일은 이형제, 변압기와 자동차의 클러치 오일 및 고부하 펌프의 오일링(Oil ring) 등의 용도로 사용되고 있다.

3.3 플라스틱의 응용

3.3.1 수송기계용 용도

(1) 자동차 분야

자동차 설계자들이 플라스틱을 선호하는 것은 가볍고 가공하기가 쉽기 때문이다. 차가 가벼우면 연료가 적게 들고 배기가스 양이 적게 된다. 현재 자동차 설계에서 고려하는 두가지 큰 인자는 1960년대 미국에서 시작된 안전도 규격과 오일위기로부터 기인한다. 이 두가지 인자는 1960년대 중반 이후 자동차의 많은 부분을 금속대신 플라스틱 재료로 대체하게 만들었다. 원래 플라스틱은 자동차의 내장재로만 사용되었으며, 현재 그 역할은 확고하다. 이들은 표면, 돌출 부분 등에서 충격 완충 역할을 함으로써 승객의 안전을 지킨다. 이러한 수동적인 안전도에의 기여뿐만 아니라, 자동차 앞쪽의 에어 댐(Air dam), 뒤쪽의 스포일러(Spoiler)와 같이 공기 흐름을 조절하여 핸들 감을 향상시키는 부품으로 사용되거나, 타이어의 고무

강화 섬유 등에 이용됨으로써 적극적으로 안전성의 향상에 기여한다. 또 플라스틱으로 만든 캠축 구동 체인 활로를 사용하거나, 톱니 모양의 플라스틱 벨트를 체인 대신 사용함으로써 소음을 크게 줄여 자동차의 환경 친화성을 향상시킬 수 있다.

고분자는 분자 구조상 소음을 감소시키는 감쇄 특성이 있다. 사람들은 조용한 엔진이 성능이 좋은 엔진으로 생각하는 경우가 많다. 공기 흡입 분기관에 사용되는 플라스틱(주로 나일론임)은 압력 주조법으로 만든 알루미늄에 비해 무게가 절반이며, 표면이 매끄러워 공기 흐름을 좋게 하므로 엔진효율을 향상시키며, 사출 성형법으로 성형하므로 이차 가공비용이 들지 않는다. 또, 나일론은 알루미늄에 비해 열전도도가 낮으므로, 엔진이 약간 높은 온도에서 가동되어 배기가스에 의한 오염이 줄게 되며, 시동을 건 후 엔진이 가열되는데 필요한 시간이 짧아진다. 험한 도로를 달리는 자동차에 앉아 있으며, 차대에 고정된 자동차의 좌석이 아주 정교하게 만들어져 있어 불규칙적인 도로 표면으로부터의 진동을 잘 완충시킨다는 것을 느낄 수 있다. 폴리우레탄 폼 기술의 향상이 이것을 가능하게 하였다. 좌석은 운전자가 안정되게 운전할 수 있는 형태로 성형되어 있어 안전 운행에 기여하는데, 예전의 목재, 가죽, 목화, 말털 등을 사용해서는 이와 같은 설계가 불가능하다.

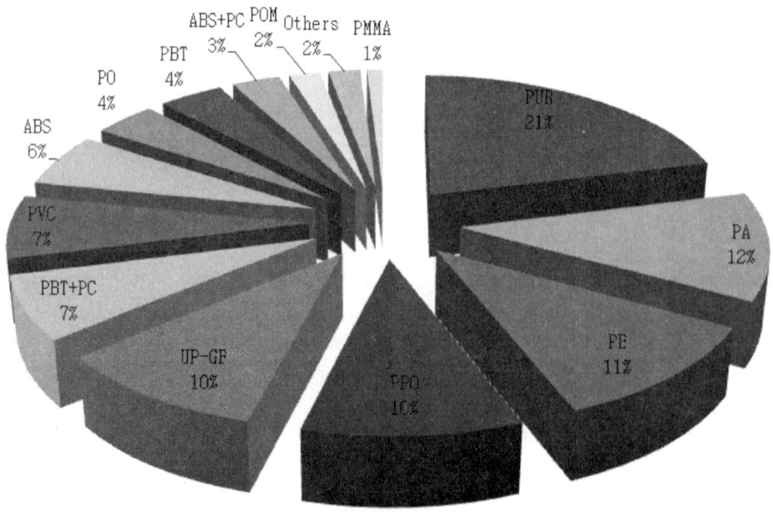

✔ 그림 3.1 BMW5 시리즈에서의 플라스틱 사용현황

자동차 공업에서의 플라스틱 사용량의 증가는 저가의 자동차뿐만 아니라 고급 차에서도 마찬가지이다. BMW 사의 경우 독일 차 평균 플라스틱 사용량의 두 배의 플라스틱을 사용한다. 그림 3.1은 BMW 5 시리즈에 사용하는 플라스틱이다.

13 종의 중요 플라스틱 등 중량의 10%인 149 kg이 플라스틱인데, 용도별로 보면, 58%는 내장재, 27%는 외장재, 8%는 차대, 7%는 엔진에 사용된다. 자동차에 사용되고 있는 플라스틱 소재의 부품적용은 표 3.5와 같이 각 재료에 있어서 호모 폴리머에 비해 폴리머 alloy 재료, 고무·기능성 필러(Filler)를 첨가한 복합재료가 압도적으로 많다.

PP는 일상생활에서뿐만 아니라 자동차용 재료로서도 광범위하게 이용되고 있다. ABEX(Automotive benchmarking & Exhibition)에 따르면(표 3.6), PP는 자동차용 재료로서의 선두주자이며, Toyota Aygo, Renault Clio 그리고, BMW1은 자동차에 각각 총 플라스틱 대비 52%, 48%, 33%의 PP 소재를 적용하였다. 이는 PP 재료가 비중이 낮고, 내열 및 내화학 특성이 우수할뿐만 아니라 수분에 대한 흡수성이 낮아 후변형이 적으며 성형시 흐름성이 우수하고 재활용이 용이한 점 등 많은 장점을 가지고 있기 때문이다. 한편, PP는 저온 내충격성이 떨어지기 때문에, 탄산칼슘, 탈크(Talc), 유리섬유, clay, 엘라스토머 등과 같은 충진재를 보강하여 굴곡 탄성률이나 경도, 열팽창률 등의 성능을 증가시킴으로써 더욱 더 자동차 부품으로의 적용 확대를 꾀하고 있다. 현재, PP를 사용한 자동차 내장부품 동향은 재료의 원가절감과 재료의 단순화, 통합화를 통한 재료 개발기간의 단축 및 햅틱, 옵틱, 스크래칭 향상을 통한 감성화 기술을 개발하는 추세로 진행되고 있다. PP는 저코스트, 내약품성, 성형성이 우수하여 인스트루먼트 판넬, 도어트림 등에 사용되고 있다.

GM의 경우, 재료의 원가절감 및 감성품질 향상을 위하여 PP + EPDM - TD20을 개발하여 적용하고 있다. 또한 외장부품에도 내장부품과 마찬가지로 재료의 단순화, 통합화를 통한 재료 개발기간 단축 및 간소화를 통한 원가절감을 달성하고 있다.

✔ 표 3.5 자동차 부품용 수지 재료 및 적용 부품 사례

재료종류	재료구분	내장부품	외장부품	기능부품
PP	Homo Polymer	Door trim, Scuff plate	–	Tank, Duct, Battery tray
	Composites	Instrument panel and side parts Pilar garnish	Bumper, Wheel cover, Back door	Belt cover, Shroud fan
ABS	Homo Polymer	Instrument panel and side parts Pilar	Radiator grill, Spoiler	–
	Polymer Alloy	–	Radiator grill, Fender, Back door	–
	Composites	Instrument panel	Garnish	–
PA	Homo Polymer	Connector	–	Tank parts, Sensor, Switch, Connector
	Polymer Alloy	–	Wheel cover, Fender, Back door	Fuel cap
	Composites	Ventilator fin	Door handle, Wheel cover	Heed cover, Intake manifold
POM	Homo Polymer	Clip	Clip	Fuel pump
m-PPE	Polymer Alloy	Instrument panel and side parts	Fender, Back door, Wheel cover, Spoiler, Bumper	Heed cover, Intake manifold
	Composites	Rod Iner	Garnish	Fuel pump
PBT	Homo Polymer	–	–	Sensor, Switch, Connector
	Polymer Alloy	–	Door handle, Fender	–
	Composites	Register pin	Door handle, Door mirror	Sensor housing, Motor, Housing
PC	Homo Polymer	Meter	Window glass, Heed ramp lens	–
	Polymer Alloy	Instrument panel and side parts	Radiator grill, Door handle, Fender, Back door	–
	Composites	–	Roof rail	–
(Source : Toyoda Gosel Technical Review, 2006)				

✔ 표 3.6 자동차용 플라스틱 사용 비율

	BMW1	Toyota Aygo	Renault
플라스틱 비율(%)	20	15	13
플라스틱 총 중량(kg)	279	128	167
PP(%)	33	52	48
PA(%)	14	9	7
PUR(%)	14	13	13
ABS(%)	7	2	2
PE(%)	6	8	8
PVC(%)	4	3	3
PBT/PET(%)	3	1	4
PC(%)	1	3	1
Acryl(%)	1	N.S	N.S
PPE(%)	1	N.S	2
Thermoset plastic(%)	0	N.S	2
Etc.(%)	15	8	11
(Source : Automolive Benchmarking & Exhibition (AEEX), 2006)			

		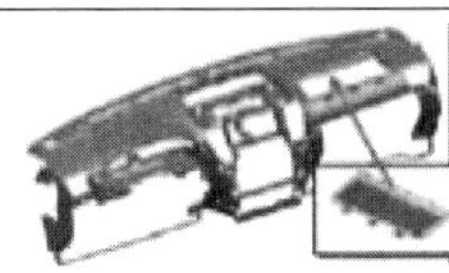
Skin (ABS, TPO, TPU, PVC)	Foam (Urethane)	Core (PC+ABS, PP)
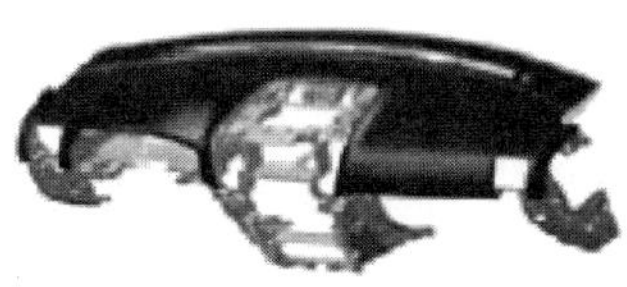		
완성품 C/Pad		

✔ 그림 3.2 PP를 적용한 자동차 외장부품 적용사례

미국 GM에서는 자동차 외장부품인 범퍼 훼시아(Fascia) 소재로 1990년 초기부터 TPO를 적용하였으며, 강성과 내충격성을 개선하였고 박육화가 가능한 무기물 충진제가 개발되면서 1990년 이후에 그 사용량이 증가하고 있다. 또한 GM에서는 각 지역마다 다르게 적용되고 있는 20개 이상의 TPO 외장재료 규격을 두개로 간소화 및 모듈화하기 위한 논의를 진행했으며, 이러한 개발과정을 통해 공통 제품, 금형 디자인, 성형시간 단축 등의 효과를 기대할 수 있게 되었다. 특히, 재료규격 단일화, 일체화로 글로벌 재료 통합구매가 가능해져 제조원가와 검증시간, 검증비용 등을 줄일 수 있게 되었다. 적용부품은 TPO 재료 적용이 가능한 범퍼 훼시아, 바디 사이드 몰딩, 도어록(Door lock) 커버 등이 있으며 자동차 내·외장부품에 적용되는 PP재료 특성을 표 3.7에 나타내었다.

GM 글로벌 플랫폼 차종부터 적용되는 TPO 외장재료 규격을 적용하기 위해서는 범퍼 훼시아 무게를 지탱할 수 있는 충분한 강성, 우수한 치수 안정성, 우수한 충격 안정성 및 글로벌로 사용 가능한 공통 금형의 수축율 등과 같은 여러 가지 사항들이 고려된 재료개발이 필요하다. 이러한 일환으로 GM에서는 각 지역별 범퍼 훼시아의 규제와 GM 글로벌 플랫폼 차종으로서 요구특성을 만족하는 재료규격의 최적화를 찾는 연구를 진행하여 표 3.8과 같이 GM 글로벌로 일체화, 통합화된

✔ 표 3.7 자동차 내·외장부품에 적용되는 PP재료 특성

구분	재료	특성	적용사례
Interior Parts	PP+EPDM-TD20	High stiffness & High Impact	Instrument panel
	PP+EPDM-TD20	High stiffness & Medium Impact	Door trim
	PP-TD20	Generic performance	Console, Garnish
Exterior Parts	PP+EPDM-TD20	High stiffness & High Impact	Bumper fascia
(PP : Polypropylene, EPDM : Ethylene propylene diene monomer, TD : Talc)			

✔ 표 3.8 GM 글로벌 센터 훼시아의 통합 규격

재료 규격	호주	브라질	독일	한국	북미
	HN1775-24	QK1096	QK00987	EDS-M-4633-03	GMW15187
MFR (g/10min)	19	24	14	27	25
Density (g/cc)	1.07	0.98	1.05	0.98	1.02
Flexural Modulus (MPa)	1.720	1.810	1.400	1.300	1.700
Mold shrinkage (%)	0.46	0.73	0.58	N/A	0.6
After bake 30 min @ 250°F (%)	0.68	0.99	0.79	0.92 @ 90℃	0.84
Multi-axial impact @ 0℃ Energy @ Max load Ductile/Brittle (J)	> 15	> 15 Brittle	> 15 D/B	N/A	> 15 Ductile

범퍼 훼시아 TPO 외장재료 규격(GMW15187 for Painting, GMW15188 for Mold-in-Color)을 만들었다.

자동차용 재료 개발의 중요 요소인 가격 및 부품 요구사항에 부합하여 가장 많이 사용되는 플라스틱 재료는 범용재료인 PP와 엔지니어링 플라스틱 재료인 PA 재료이다. PA 재료는 알루미늄 등의 비철금속 부품 대체 재료로 유리섬유 강화 복합재료의 형태이며 사용량이 많아지고 있는 추세이다. PA 복합재료는 내열성이 뛰어나 내연기관이나 자동차 상판(Roof)을 대체하는 소재로 적용이 추진되고 있으며 인테크 매니폴드(Intake manifold)를 필두로 라디에이터 탱크, 캐니스터(Canister), 엔진커버 등의 엔진룸 부품과 가속 페달, 핸들 등의 내장부품으로 사용되고 있다.

외판이나 외장제품으로는 휠 커버, 도어 미러 등이 있고, 섀시 계통으로는 클러치 부품, 시프트 레버 등 자동차 분야에서 가장 많이 쓰이는 고성능 엔지니어링 플라스틱이라 할 수 있다.

엔진룸에서 적용되고 있는 플라스틱 재료는 아직 그 사용량이 미미하여 불과 10~15 kg에 지나지 않는다. 이것은 엔진의 폭발행정 등에서 생기는 온도상승과 엔진룸의 컴팩트화에 따른 부품 모듈화 등의 개발로 엔진룸의 온도가 많이 상승하여 엔진룸 사용시 요구되는 재료의 높은 내열성 및 유체류(엔진오일, 부동액, 워셔액 등)에 대한 내화학성 등의 물성을 만족시키기 어렵기 때문이다.

그러므로 요즘은 특성별 요구조건에 맞는 재료의 개발이 이루어지고 있으며, 개발사례로는 내에틸렌글리콜(Ethylene glycol)용 PA재료 개발이나 애쉬 트레이(Ash tray)에 사용되는 신규 난연 평가조건을 만족하는 재료개발이 좋은 예라 할 수 있다. 자동차 관련 연구기관인 Inpro는 엔진룸 부품의 플라스틱화 현상과 개발 가능성에 대해 보고하였다. 현재 금속소재를 플라스틱 재료로 대체하고 있는 부품으로는 라디에이터, 에어 인테이크, 에어 필터, 실린더 헤드 커버 등이 있으며 엔진, 기어박스, 파워트레인 및 스티어링 시스템 영역에서 향후 더 높은 대체 가능성을 담고 있는 부품 후보로 검토 중이다. 또한 중량, 품질, 음향특성과 함께 추가로 내열성, 내약품성 및 동력 전달성 등의 새로운 요건을 검토하여 단기, 중기적으로 플라

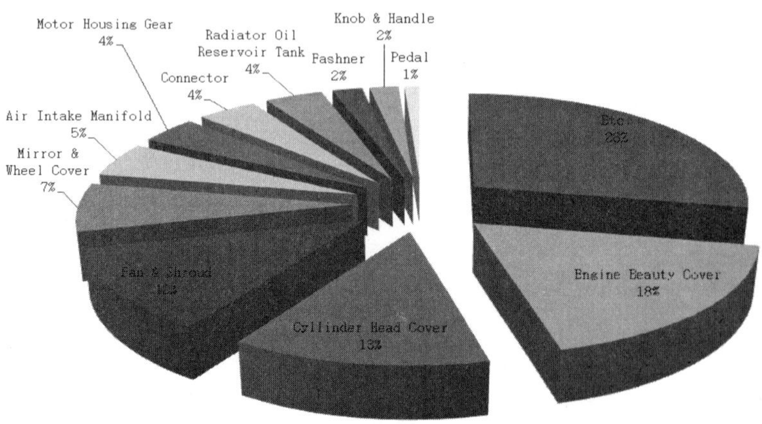

✔ 그림 3.3 PA적용 부품 현황(2002)

스틱의 부품 적용 가능성이 커지고 있다.

(2) 항공기 분야

보론(Boron) 섬유가 등장한 이후 카본 및 Kevlar 섬유 등의 등장, 그리고 우수한 열경화성 수지의 개발로 인하여 고성능 고분자 복합재료(High performance polymer composites)는 구조용 소재로 주목받기 시작했고, 금속재료에 비하여 커다란 무게 감소 효과를 얻을 수 있기 때문에 우주 및 항공기용 등의 소재로 각광을 받고 있다. 비록 소재의 가격이 비싸고 공정비용 및 Quality assurance에 사용되는 비용 등이 높으나, 소재의 비강도(Specific strength) 및 비탄성률(Specific modulus)이 우수하고 구조물을 단순화 시킬 수 있다는 커다란 장점 때문에 복합재료의 응용이 갈수록 확대되고 있는 것이다.

표 3.9는 L-1011 항공기의 Aileorn과 Fin을 금속과 복합재료로 제작한 경우를 예로 들어 비교한 것이다. 복합재료를 사용하는 경우에 중량은 약 30% 이상, 그리고 부품의 수는 약 30~75% 감소하는 것을 알 수 있다. 즉 금속을 사용할 때는 접합시키고자 하는 부품에 구멍을 뚫어 Fastener를 이용해야 하지만 복합재료의 경우에는 부품을 적당히 배열하여 Co-curing시킬 수 있기 때문에 Fastener의 수를 줄일 수 있다. 이에 부수적으로 물리적 손상이 가장 발생하기 쉬운 구멍의 수를 줄일 수 있기 때문에 품질의 향상을 얻을 수 있다.

✔ 표 3.9 Aileron과 Vertical Fin에서 사용된 복합재료와 Al과의 비교표

	Inboard Aileron		Vertical Fin Box	
	Al	Composites	Al	Composites
Weight(lb)	141	104	858	623
No. of ribs	18	10	21	15
No. of parts	398	205	714	229
No. of fastener	5,253	2,574	40,800	10,150

고분자 복합재료는 상당기간 동안 여러 가지 검증의 필요성과 경험의 부족으로 인하여 구조물의 Secondary structure에 국한되어 사용해 왔다. 그러나 항공기의 주요 Primary structure인 Wing, 동체(Fuselage), 미익(Empennage) 등에 복합재료를 사용하기 위하여 기술 선진국을 중심으로 많은 연구가 수행되어 왔고, 현재 군사용 비행기, 민항기, Advanced tactical fighter, 그리고 Supersonic/hypersonic transport 등의 주요 소재로 복합재료가 자리를 잡아가고 있다. Boeing 767에 사용된 복합재료 부품의 예로 볼 때 민항기에 사용되는 복합재료 부품의 비중이 점차 확대되고 있으며, 복합재료가 Primary structure에 사용되는 경향이 두드러지고 있다. 구체적으로 최근에 개발된 Boeing 777이나 Airbus A320과 같은 민항기에서는 뒷날개의 Horizontal 및 Vertical stabilizer 모두가 복합재료로 제작되었다. 현재 항공기용으로 사용되는 수지는 거의 열경화성 수지이며, 특히 에폭시 수지는 그 중 85~90%를 차지하고 있다. 즉 에폭시 수지는 항공기용으로 응용될 수 있는 적당한 공정성과 물성을 지니고 있다고 판단되어 왔던 것이다.

표 3.10에서는 현재 사용되는 Neat resin이 항공기용으로 더욱 확대되어 사용되기 위하여 요구되는 물성을 정리한 것이다. 표에서 알 수 있는 바와 같이 에폭시 수지의 강도와 탄성은 이미 이 기준을 만족시키고 있다는 것을 알 수 있으나, 아직도 Ultimate strain 5% 이상 및 Fracture toughness 3 kJ/m^2 이상을 만족시키기는 쉽지 않다는 것을 알 수 있다. 이 파괴인성을 향상시키기 위한 연구가 여러 분야에서 진행되고 있는 바, Lightly crosslinked 수지의 개발, 고무나 열가소성 수지와의 혼합을 통한 개선, 또는 Interleafing 구조를 갖는 프리프레그(Prepreg)의 개발 등이 여기에 해당한다. 문제는 수지 또는 복합재료를 Toughening시켰을 때 다른 물성이 우리가 원하지 않는 방향으로 악화되는 것을 얼마나 최소화 시키느냐가 그 관건이라 할 수 있다.

이와 더불어 최근 항공기용 복합재료의 검증에 주요한 부분으로 등장하는 수분에 대한 영향을 언급하지 않을 수 없다. 즉 에폭시 수지 등 많은 고분자 물질이 수분을 흡수했을 때에는 유리 전이온도가 저하될 뿐만 아니라 기계적 물성도 감소한다는 사실이 입증되었다. 따라서 복합재료가 수분을 흡수한 상태에서 과도한 에너지의 부하 및 온도가 급격히 상승하는 경우에는 복합 재료에 쉽게 손상이 발생

✔ 표 3.10 항공기 분야를 위한 Neat Resin의 물성

Property	Minimum	Desired	Typical Epoxy
Tensile strength(MPa)	70	> 100	70~80
Tensile modulus(GPa)	2	> 3	3.8
Ultimate strain(%)	5	> 10	1~2
Fracture toughness(KJ/m^2)(℃)	3	> 3.0~5.0	0.1
Tg	121	> 177	121
Solvent resistance	-	Equivalent to Epoxy	Excellent

하거나 손상의 진행속도를 가속화시킬 수 있다고 추측 가능한 것이다. 이러한 문제는 차세대 민항기로 지목되어 현재 연구개발 단계에 있는 초음속 민항기의 경우에는 더욱 중요한 점으로 지적되고 있다. Airbus A320은 민간 항공기 중에서 가장 빠르게 대량의 복합재료가 응용된 예이고, 합계 6 ton(기체구조 중량의 약 15%)의 복합재료가 사용되고 있다. 그 중에서 2 ton은 탄소섬유 복합재료이다.

항공기를 이용하는 여행자는 앞으로 점점 증가할 것으로 추정된다. 그러나 공항의 수를 늘리는 것은 쉽지 않으므로 항공기를 대형화하든가, 기체를 경량화하여 적재 가능한 하중 양을 증대시키는 등의 방법에 의해 1기당의 수송능력을 증대시킬 필요가 있다고 생각된다. 또한 현재 있는 공항이 수송할 수 있는 하중에는 한계가 있으므로, 항공기의 대형화를 이루어도 기체의 경량화가 필요로 된다. 이러한 상황에서 민간 항공기에 복합재료를 항공기의 일차 구조재로서 이용 가능하게 하기 위해서는 CAI(Compression after impact)의 향상, 습열 환경에 있어서 압축강도의 향상 및 대량생산을 전제로 하는 성형가공의 생산성의 향상 등이 요청된다.

프리프레그 적층재는 항공기에 새가 부딪힌다든가 수리 중에 공구를 떨어뜨린다든가 하는 등의 판면에 수직방향에서 충격을 받으면 층간박리(Delamination)가 발생하고, 압축강도가 아주 저하하는 일이 있다. 또한 충격에 의한 적층재 내부의

손상을 외부에서 식별하는 것이 곤란한 것도 문제로 된다. 손상이 생기는 기구로서는, 먼저 충격에 의해 프리프레그 단층(Unit ply) 내에서 섬유에 평행한 방향으로 균열이 발생되고, 이 균열이 층간에 전달되어 간다고 생각된다.

프리프레그 단층 내에 균열이 발생하는 것을 방지하기 위해서는 매트릭스 수지의 파괴인성을 높이는 것이 효과가 있다고 생각된다. 프리프레그 단층 사이에 균열이 전파하는 것을 억제하기 위한 방책으로 prepreg 층간에 스트레인 에너지의 흡수층을 설계해 넣는 것이 검토되고 있다. 스트레인 에너지의 흡수층으로서, 먼저 프리프레그 층간에 얇은 고인성 필름을 개재시키고 그 다음 프리프레그 층간에 미립자상의 Acrylonitrilebutadiene 고무 변성 에폭시 수지 또는 열가소성 수지를 분산시킨다. 마지막으로 프리프레그 층간에 섬유상의 열가소성 수지를 배열시키는 것이 제안되고 있다.

파괴인성이 큰 복합재료를 높은 생산성으로 제조 가능성이 있는 성형방법으로서 섬유를 3차원적으로 배향시킨 구조의 Preform를 사용한 RTM(Resin transfer molding)이 주목된다. 그러나 일반적으로 섬유 함유율이 높은 Preform은 수지의 경화수축에 따라 매트릭스에 균열이 생기기 쉬운 등의 문제가 있다. 이러한 문제를 섬유·수지·Preform의 구성, 금형의 설계를 포함한 성형기술 등의 여러 가지 관점에서 어떻게 해결해 나갈 것인가는 금후의 문제이다.

(3) 선박 분야

유리섬유 및 탄소섬유 등의 강화용 섬유와 수지 매트릭스를 조합시킨 복합재료를 일반적으로 섬유 강화 수지(Fiber reinforced resin)라고 포괄적으로 말하고 있다. 복합재료로 사용되고 있는 대표적인 강화용 섬유의 중요한 특성을 강선(Steel wire)과 비교하여 표 3.11에 나타냈다.

섬유 강화 수지는 탄성률·강도가 높고 밀도가 낮기 때문에 항공·우주용도와 같이 중량이 엄격히 제약을 받는 곳에 적당한 재료로 사용되고 있다. 특히 선박에 있어서 선체의 강성·경량성은 매우 중요하며, 그 대표적인 적용 예로 레이스용 요트를 들 수 있다. 요트의 상징인 돛대는 길이 33 m의 중공 구조재로 탄소섬유/에폭시 수지 복합재료로 되어 있다.

✔ 표 3.11 강화용 섬유의 특성

	유리섬유	탄소섬유	아라미드섬유	붕소섬유	강선
직경(㎛)	6~25	6~8	12	130	-
밀도(g/m^2)	2.54	1.74~1.90	1.45	2.6	7.9
인장탄성률(GPa)	70	230~600	60~130	385	200
인장강도(GPa)	1.5~2.5	2.9~7.0	2.8~4.0	3.8	1
열신장률(×10-6K-1)	5	-0.5~0.1	-5.7	4.9	11.5

✔ 표 3.12 FRP와 타재료의 비교

	비중	인장강도(kg/cm^2)	압축강도(kg/cm^2)	전단강도(kg/cm^2)
FRP	1.5	600~1,200	1,600	800
알루미늄	2.7	1,900	3,700	1,120
철	7.8	4,100	4,100	3,200

이러한 섬유를 수지 내에 함침 시켜 강화시킨 것을 섬유강화 플라스틱(Fiber reinforced plastics, FRP)이라 하고 금속재료에 비해 비강도와 비탄성률이 높고 내식성이 우수하며, 섬유방향 및 적층순서의 변화에 따른 유동적인 이방성을 갖는 특성 등으로 경량화 및 고속화가 요구되는 소형 선박의 외판 및 부재로 많이 사용되고 있다. 그 예로 배관, 닥트(Duct) 작업, 펌프, 혼합용기, 분리기(Separator) 및 열압축기 등의 선박 내 여러 분야에서 볼 수 있다.

FRP의 강도가 좋기는 하나 대형 선박에 쓰이는 스틸(Steel)보다는 다소 강도가 떨어진다. 대형선박의 경우 단위면적당 받는 하중을 FRP는 견디기 힘들기 때문이다. 또한 실제 사용시 작업자의 부주의 또는 공구 등의 충격에 의해 층간분리와 같은 결함이 발생할 수 있고, 항해 중에는 큰 파도 등에 의해, 접안 또는 계류시에는 충돌 및 마찰에 의해 큰 하중을 받을 수 있는데, 이러한 충격 및 마찰에 대한 국부적인 손상 및 총체적인 붕괴를 야기할 수도 있다. 이 FRP의 충격강도에 영향을 미치는 재료인자로는 섬유함유율, 섬유방향, 섬유와 기지의 접착정도 및 섬유와 기지의 특성 등이 있으며, 또한 사용 온도 조건에 따라 충격강도는 상이한 양상을 나타낸다. 또한 선박 외판재인 경우 마찰 및 마모 거동에 대해 마모막이 형성되었다가 미소 절단, 기지의 변형, 균열이 발생하고 박리현상 등이 일어난다. 이를 개선하는 것으로 FRP 선체 적층을 기존의 수적층 공법(Hand lay-up)이 아닌 진공적층 방법으로 유도해 낼 수 있다.

진공 적층공법은 기존의 성형 적층공법인 수적층 공법 등에 비해 우수한 품질의 제품 생산과 깨끗한 작업환경 제공 등의 특징을 갖고 있다. 이를 정리하면 다음과 같다.

① 균등한 강도를 줄 수 있다. 대개 수적층 공법으로 작업자가 롤러(Roller)를 이용하여 합성수지를 함침(Infilteration) 시키면서 가압하여 강도를 유지하므로 작업자의 경험 및 숙련도에 따라 품질이 좌우 되지만, 진공적층 공법은 진공펌프로 몰드내부의 압력을 유지하기 때문에 균등한 강도를 낼 수 있다.

② 빠른 공동 발생 대처를 할 수 있다. 진공 적층공법은 합성수지를 주입하여 강화재가 합성수지를 흡수하는 방식으로 함침이 진행되기 때문에 공동

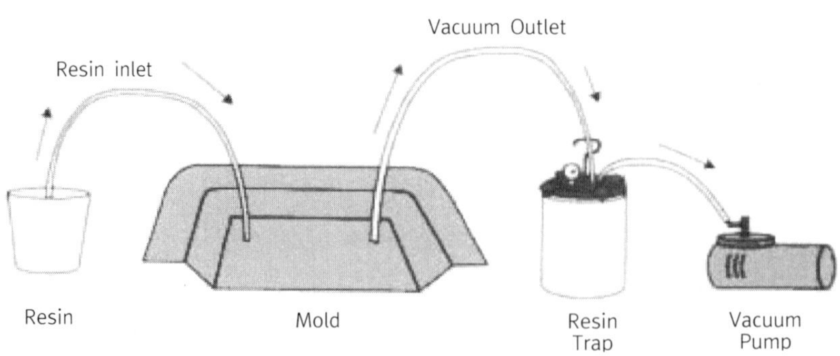

✔ 그림 3.4 진공공법 모식도

발생이 육안으로 확인할 수 있고, 공동 발생시 간단한 조치로 공동 제거가 가능하다.

③ 경량화 및 고강도 효과를 얻을 수 있다. 합성수지-섬유 비율을 3 : 7(수적층공법은 7 : 3)까지 가능하다. 합성수지 함유율이 낮으면 적층판의 두께가 얇아지고 선체중량이 가벼워져 고속화 시킬 수 있으며, 인장강도와 굽힘강도가 높아진다.

이밖에도 미려한 표면마감을 얻거나, 닫힌 몰드를 사용하므로 청정작업환경 구현 효과를 얻을 수 있다.

이러한 진공공법의 특징으로 인하여 중소형 선박의 FRP 평판 오차를 5% 이하로 줄일 수 있고(5.55 m급 실선), 함침 시간을 13,208초에서 6,612초 감소시킬 수 있다(5.55 m급 실선). 하지만 아직도 강화섬유의 재료 특성을 모두 반영하지 못하는 것과, 대형선박에도 적용시키고 활성화 시키는 것이 향후 개선 연구 과제로 남아있다.

3.3.2 친환경적인 용도

현재 자동차 산업에서의 바이오 소재는 일반적으로 널리 알려진 바이오에탄올, 바이오 디젤 등과 같은 대체연료 분야 외에도 헤드라이너, 트렁크 라이너, 시트백, 팩키지 트레이, 플로워 카페트, 시트 패딩, 에어 필터 등의 자동차 내·외장부품의 소재로 다양하게 사용되고 있다. 그 중 가장 오래전부터 사용되고 있는 바이오 소재는 아마(Flax), 황마(Jute), 대마(Hemp), 양마(Kenaf) 등과 같은 식물의 줄기에서 얻어지는 섬유 및 바나나(Abaca), 용설란(Sisal), 헤네켄(Henequen) 등과 같은 식물의 잎에서 얻어지는 섬유로 일반적으로 폴리프로필렌 등과 같은 열가소성 수지와 혼합하여 섬유강화 플라스틱의 형태로 자동차 내·외장 부품으로 적용되고 있다.

바이오 기술(Biotechnology)은 그림 3.6에서 도식적으로 나타낸 것과 같이, 기존의 화학 산업이 화석원료인 석유자원에 의존하던 것과는 달리, 자연계에서 빛에너지가 식물의 광합성을 통해 반복적으로 생산되는 식물자원(Biomass)을 원료로 기존의 화학 산업중 일부 혹은 상당 부분을 대체함으로써 인류의 지속가능한 성장

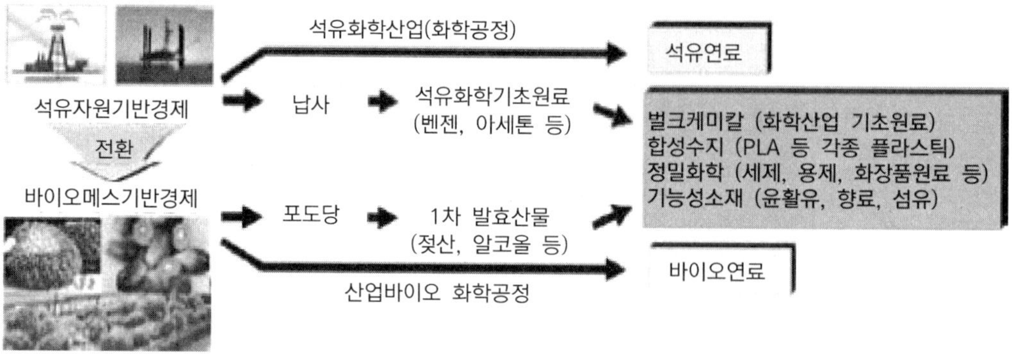

✔ 그림 3.6 화석연료 기반 화학산업과 식물자원 기반 화학산업의 비교

및 생존을 가능하게 하는 새로운 형태의 바이오-화학 융합형 기술이라 할 수 있다.

이러한 바이오 기술은 환경 친화적이며, 지속 가능한 성장을 추구하는 21세기형 화학 산업 패러다임의 변화 속에서 갑자기 등장한 기술이 아니다. 이미 현재도 전세계적으로 화학제품의 5%(500억불) 이상이 바이오 기술을 이용하여 생산 중이며, 2015년까지는 세계의 화학제품 25%(4,300억불)까지 증대될 것으로 많은 전문기관들이 예상하고 있다.

현재, 전 세계의 석유 매장량은 1,373억 배럴(가채 년수 약 40년 이하)로 이미 일부 전문기관에서는 원유 생산의 Peak Time이 지났다고 예측하고 있으며 이에 따라 국제원유가도 과거에 상상할 수 없던 수준인 100 $/B 이상에서 안정 혹은 지속적인 가격상승에 직면하고 있다. 따라서 이러한 한정된 석유자원에 의존하는 기존 석유화학 산업의 경우 지속적인 원가상승 압박에 따른 지속적 발전 위기상황이 심각한 상황이다.

현재 고분자를 비롯한 화학소재 산업의 메가트렌드는 가격과 환경보호라는 두 가지 점에서 바이오매스를 원료로 사용하여 제조되는 바이오 플라스틱(Bio-plastics)의 개발 및 생산으로 흘러가고 있음을 알 수 있다. 유가가 배럴당 50 $ 이하일 때까지는 고분자 가격이 시간에 따라 다소 감소하지만 그 이상일 경우에는 날이 갈수록 고분자 가격도 원유가와 함께 증가하며, 유가에 따른 고분자가의 상승과 CO_2 발생문제 때문에 현재 전세계적으로 바이오 매스를 활용한 바이오 플라스틱의 개발에 많은 연구가 진행되고 있다.

이로써 바이오 플라스틱은 석유자원에 대한 수요증가 및 환경보존 문제에 대한 대응 방안으로서 대체 소재로 인식되고 있으며, 생분해성 소재인 PLA(Poly lactic acid)를 생산하는 기존 업체 외에 일본, 중국 등의 후발업체들의 참여 및 개발로 다양한 분야의 기술 개발 및 상업화가 이루어지고 있는 실정이다.

자동차 부품에 사용되는 플라스틱 소재로서 PLA 바이오 플라스틱과 바이오포리올의 기술적 진보는 세계적으로 빠르게 진행되고 있으며, 그 외의 바이오 소재들도 강도개선, 유연성, 내열성, 분해기간 조절, 가공성, 생산성 등의 원천적인 기술 개발을 통하여 다양한 부품에 확대, 적용하기 위한 연구가 계속 진행 중에 있으며, 재활용 측면에서 다른 고분자와의 상용성을 개선하고자 하는 연구도 필요하다.

향후, 국내 자동차 분야에서도 바이오 플라스틱에 대한 지속적인 관심과 개발을 통한 자동차 부품으로의 적용이 확대될 것으로 예상된다.

3.3.3 기타 용도

(1) 건설분야

토목·건설 분야에 있어서도, 다른 분야와 같이 복합재료의 역학적 성능, 경량성, 성형성이 응용개발의 중요한 인자로 되어 왔으나, 그 중에서도 수지를 매트릭스로 하는 복합재료의 내식성이 우수한 점에 착안한 응용개발이 많은 것이 주목된다.

일반적으로 섬유로 강화시킨 복합재료가 쓰이며 이러한 섬유강화 복합재료는 새로운 건축물을 위한 재료일뿐만 아니라 건물이나 사회 간접시설의 보수 및 유지를 위해서도 지극히 중요한 재료이다. 시설물의 유지 보수, 대체 공사에 따른 엄청난 교통 혼란 및 각종 다른 문제 등을 고려할 때, 섬유 복합재료의 사용이 최적이다. 구조물의 유지 관리 문제뿐만 아니라 건설 및 보수 기간이 결정적으로 중요하기 때문이다.

보통 시멘트 콘크리트에 Polymer latex 재료를 첨가하면 역학적 특성이 현저하게 증가하는데, 이것을 Polymer cement concrete(PCC)라 한다. 이것은 수지를 Cement에 혼합하기도 하고 혹은 Concrete에 수지를 함침 시켜서 방수성, 내구성 및 강도를 향상 시킨 새로운 Concrete이다. 보통 콘크리트 믹스에 추가된 1%의

PMMA는 압축강도를 2배 증가시키며 Vinylidene chloride latex의 사용에 의해 보통 콘크리트의 접착강도는 5배까지 증가시킨다.

일반적인 보통 시멘트 콘크리트와는 다르게, 폴리머 PCC 설계에는 반드시 압축, 인장, 휨강도, 연성, 접착능력, 방수성, 화학적 저항 특성 등의 모든 관련 인자들을 고려하여야 한다. 물-시멘트 비보다는 폴리머-시멘트 비에 의존하는 그러한 특성 때문에, 폴리머-시멘트 비는 모든 사항에 따라 결정되어야 한다. 폴리머 시멘트 콘크리트에 쓰이는 폴리머 혼합재료는 다양하다. Styrene-butadiene rubber (SBR) 유액, Ethylene vinylacetate (EVA) 및 Polyacrylicacid ester (PAE) 유제와 같은 폴리머 분산제가 널리 쓰이고 있다. 또한 해양 구조부재로서 섬유 강화 플라스틱(Fiber reinforced plastics, FRP)의 적용성이 검토되고 있다. 해양이라는 가혹한 환경 하에 있는 구조물을 강도뿐만 아니라 내해수성이 요구되므로, 해양 구조물에 사용되는 콘크리트 및 보강재는 내염성 특성을 가져야 한다. 이러한 내해수성 목적에 부합하는 신소재로서 FRP가 주목되고 있다. 국내의 경우, 주로 노후 콘크리트 구조물의 보수 및 보강재로서 활용되고 있으나 최근에는 FRP의 활용 범위가 철근 대체재로까지 확대되어 FRP bar를 이용한 구조부재 개발 및 연구가 활발히 진행되고 있다. 이는 유리섬유 강화 플라스틱(Glass Fiber reinforced plastics, GFRP) 중에서도 해양구조부재로서의 적용성은 Fly ash(20%)와 Silica fume(5%)으로 치환된 GFS(GFRP + Fly ash + Silica fume)보가 가장 우수하다. 이밖에도 GFRP는 건설현장, 열화 된 교량이나 도로의 보수나 재포장에 폴리머 시멘트 콘크리트가 광범위하게 사용된다.

앞서 서술 하였듯이 복합재료가 강철대신 사용될 때, 현장으로 이동되고 정 위치에 들어 올려지는 데는 1/4의 무게로 수송된다. 더구나 가설 시간과 구조물이 받게 되는 총무게가 크게 감소된다. 이런 요소들은 또 현장에서의 다른 활동들의 방해를 크게 감소시킨다. 많은 경우에 접착된 복합재료 보강은 강판보다 저렴하게 될뿐만 아니라 성능도 더욱 좋다. 이로서 전 세계적으로 수많은 교량, 주차장 고층 건물 및 기타 콘크리트, 목재 및 강 구조물들이 보강이나 보수를 필요로 하고 있다. 이 방대한 규모의 사업에 고분자 모재의 복합재료가 해답으로 부각되고 있는 것이다.

(2) 일반산업 용도

Roller의 경량화는 자중에 의한 휨과 관성 모멘트의 절감, 동력의 절감 등, 특히 고속 반송용 Roller에 있어서 중요한 과제이다. 탄소섬유/수지 복합재료는 이러한 종류의 Roller에 적당한 재료이지만, 강제 Roller와 같은 정도의 표면경도를 달성하는 것이 곤란하기 때문에 개발이 진전되지 않았다. 그러나 도금, Ceramic 용사 등에 의한 복합재료의 표면 가공기술이 진보하고, 탄소섬유의 가격이 저하한 것도 있어 오늘날에는 여러 공업 분야에서 수요가 있고 대형의 Roller(길이 7.8 m, 외경 0.5 m)도 제조되고 있다. Roller의 소재로는 Filament winding 혹은 Prepreg를 사용한 Sheet wrap에 의해 제조된다. Roller뿐만 아니라 압력용기, 전파 수신용 Reflector, 진단용 침대 판의 수지 발포재 등 그 분야가 다양하며 일반적으로 강화섬유/수지 복합재료가 쓰인다. 이는 섬유강화복합재료가 높은 비탄성률·비강도를 가지는 이유이다.

이밖에도 Sports & leisure 분야와 실생활, 의학 분야 등 여러 종류의 고분자가 쓰이며 고성능 엔지니어링 플라스틱의 개발과 함께 그 기능이 점차 확대되어지고 있다.

✔ 그림 3.7 직경 45m의 전파망원경

✔ 그림 3.8 복합재료를 이용한 스포츠 용품

4장

세라믹스재료

4. 세라믹스재료

4.1 파인세라믹스란?

Ceramics라는 영어는 점토를 구워 단단하게 한 것을 의미하는 그리스어 Keramos가 어원이다. 원래는 도자기를, 현재는 내화물, 유리, 시멘트를 포함한 비금속·무기재료를 가르키는 수가 많다. 이와 같은 의미에서 현재 세라믹스는「비금속 · 무기재료로, 제조공정에서 고온처리를 한 것」이다.

세라믹스 중에서도 특히 전자 산업을 시작으로 각종 산업용도로 사용되는 자기는 높은 성능이나 정도가 요구되므로, 현재는「파인세라믹스」라 부르고, 점토나 규석 등 자연재료로 만드는 일반적인 도자기와 구별하고 있다. 파인세라믹스는「정선(精選) 또는 합성된 원료분말」을 사용하여「정밀하게 조정(調整)된 화학조성」을「잘 제어된 성형 · 소결가공법」에 의해서 만들어진 고정밀 세라믹스라 할 수 있다.

또 JIS R 1600(파인세라믹스 관련 용어)에서는 파인세라믹스는「목적으로 하는 기능을 충분하게 발현시키기 위하여, 화학조성, 미세조직, 형상 및 제조공정을 정밀하게 제어하여 제조한 것으로, 주로 비금속 무기물질로 이루어진 세라믹스」라 정의되어 있다.

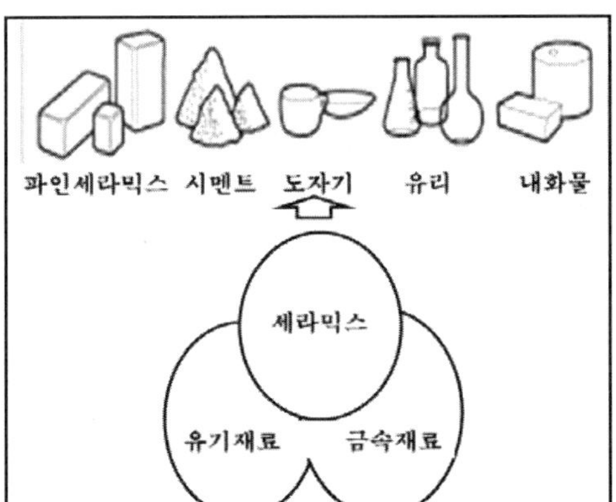

✔ 그림 4.1 3대 재료의 하나인 세라믹스

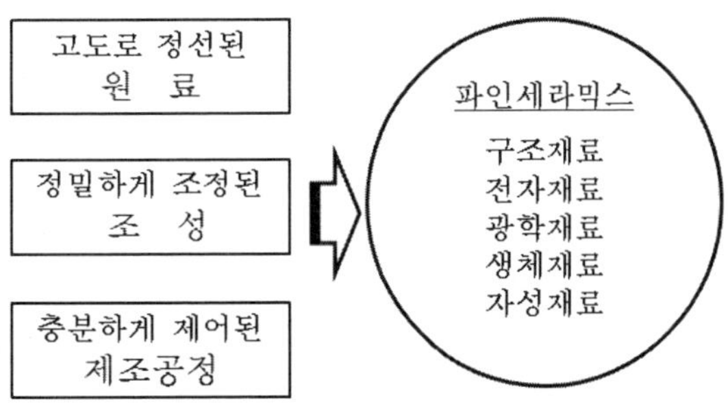

✔ 그림 4.2 파인세라믹스의 개념도

4.2 파인세라믹스의 역사

컴퓨터 두뇌에 해당하는 CPU나 자동차 엔진 부품 등 높은 신뢰성이 요구되는 부품에도 사용되는「파인세라믹스」는 최첨단 하이테크놀러지와 축적된 Know-how에 의하여 다양한 분야에서 형태를 달리하여, 현대사회를 지탱하는 천단소재이다. 독자는 시초를 알고 있는가? 우리가 보통 사용하고 있는 찻잔, 꽃병 등의 도자기가 파인세라믹스의 시조이다. 「구운 것」의 역사는 토기에서 시작한다. 지금부터 수만년 전, 인류는 흙을 반죽하여 그릇 형태로 만들어 불로 구워 굳히는 기술을 익혔다. 그때까지는 암석으로 만든 석기를 사용하였다. 토기는 「공업제품의 시조」라 할 수 있다. 석기시대 이후, 현재의 파인세라믹스가 등장하기까지 긴 세월이 걸렸다.

4.2.1 전기 기술 시대의 세라믹스

예부터 수많은 변천을 거친 도기문화도 드디어 발전기를 맞이한다. 19세기 중반에 에디슨이 전등을, 벨이 전화를 발명하고, 전기 시대라 부르는 시대가 도래하고, 오랫동안 「밥그릇」으로 사용된 「구운 것」은 시대에 알맞은 새로운 역할을 하게 되었다. 일반적으로 구운 것은 전기가 통하지 않는 성질이 있다. 전기가 통하지 않는 성질을 가진 종이나 목재에 비하여, 구운 것은 기온이나 습도와 같은 외적환경이 변하여도 성질이 변하기 어려운 경향 즉, 고신뢰성을 가지고 있다. 1만년 이상의 구운 것의 역사를 통하여 다양한 형태를 실현하는 조형기술도 있다. 이와 같이 구운 것은 애자나 절연재료 등 송전선부터 가정에사 사용되는 다양한 제품에 이르기 까지 폭넓게 사용되고, 전기 사용을 용이하게 소중한 재료가 되었다.

4.2.2 전자 세라믹스 시대의 세라믹스

20세기에 들어와 라디오 방송의 개시, 텔레비전 방송의 개시, 트랜스의 발명 등 전자공학 시대를 맞이한다. 이 시대를 지탱하는 것이 새로운 세라믹스이다. 먼저 사용된 것이 20세기 전반의 대형 진공관용 세라믹스이다. 무선기기에 사용되고, 고주파수로 사용하여도 고출력이 얻어지는 세라믹스의 특성은 다른 재료로 얻을 수 없다. 또 재료로서 세라믹스는 큰 진보를 하였다. 천연원료에 인공적으로 합성한 원료가 사용된 것 외에, 금속재료와 견고하게 접합하기 위한 기술도 개발되어, 현재의 파인세라믹스에 크게 근접하였다.

전자공학 시대의 중추적인 부품「반도체」, "산업의 꽃"이라 불리는 전자 산업을 뒷받침한 것도 세라믹스이다. 2차대전 후 미국에서 트랜지스터나 IC가 개발되었지만, 당시는 외부에서 습기나 강한 빛에 대하여 매우 약하여 그대로는 산업용으로 사용할 수 없었다. 트랜지스터나 IC의 전기적인 특성은 그대로이면서 외부로부터 습기나 빛을 차단할 수 있도록 된 것이 세라믹스 패키지이다. 이 패키지가 있음으로서 반도체가 널리 사용되게 되었다.

전자부품으로서 콘덴서나 인덕더를 소형화한 것이 세라믹스이다. 20세기 중반부터 세라믹스가 갖는 유전성이나 자성 등 크게 특성을 개량한 세라믹스가 첨차로 개발되어, 전자부품은 급속하게 소형화, 고성능화를 도모할 수 있게 되었다. 나아가서 전자기기의 소형화에 세라믹스는 아주 크게 공헌하였다. 콘덴서를 세라믹스로 만들 수 없었다면, 현재와 같은 휴대전화의 존재는 불가능하였다. 휴대전화 1데에 200개 이상의 세라믹스 콘덴서가 사용된다.

정선(精選) 또는 합성된 원료분말을 사용하여 관리된 공정으로 만들어진 고정도 공업용재료로서 기존의 구운 것과는 일획을 그은 「파인세라믹스」가 이 시대에 탄생하였다.

4.2.3 신소재의 기수로서 파인세라믹스

파인세라믹스는 원료의 종류나 합성방법, 지금까지 확립해 온 풍부한 제조공정 등으로 여러 가지 특성을 창출하는 것이 가능하다. 이 때문에 전자 산업뿐 만 아니라 모든 산업에도 이용 할 수 있게 되었고, 신소재의 기수라 할 수 있는 존재가 되었다. 가볍고 강성이 높고, 또한 약품 등에 강한 성질을 이용하여 수 m에 이르는 대형 사이즈의 세라믹스가 반도체 제조장치나 액정제조장치에, 또, 고신뢰성이며 금속과의 조합이 용이하므로 자동차용부품에 사용되고 있다.

유전특성이나 압전특성을 이용한 소형이며 고성능인 세라믹스 콘덴서, 세라믹스 필터 및 세라믹스 발진자 등 많은 전자부품의 기능을 만드는 기반재료가 되어 있다. 그 외에도 약품에 강한 성질 때문에 중화학공업에, 마모에 강한 성질을 이용하여 섬유산업에 사용되는 등 대부분의 산업 기간부품으로 활용되고 있다. 공업제품이나 부품뿐 만 아니라 파인세라믹스의 특성을 활용하여 칼, 장식품, 낚시도구 부품 등 우리들 생활에 실용적인 상품으로 점점 이용이 확대되고 있다.

4.3 세라믹스와 파인세라믹스의 차이

세라믹스 제품은 단단하고 내열성, 내식성, 전기절연성 등이 뛰어나고, 도자기나 내화벽돌, 시멘트, 유리 등이 대표적인 것이다. 세라믹스의 분류는 그림 4.3과 같다.

파인세라믹스는 이상의 성질 외에 기계적, 전기적, 전자적, 자기적, 광학적, 화학적, 생화학적으로 우수한 성질, 고도 기능을 가지고 있다. 현재는 반도체나 자동차, 정보통신, 산업기계, 의료 등 다양한 분야에 사용되고 있다.

파인세라믹스와 세라믹스의 차이는 주로 원료와 제조법이다. 세라믹스는 도석(陶石), 장석(長石), 점토 등 천연 광물을 사용·혼합하여, 성형, 소성하는 방법으로 만든다. 이것에 대하여 파인세라믹스는 고순도로 정제한 천연원료나 화학적 공정에 의하여 합성한 인공원료, 천연적으로 존재하지 않는 화합물 등을 사용한다. 이들 원료를 배합함으로서 원하는 성질을 갖는 물질을 얻을 수 있다. 또 배합된 원료는 성형, 절삭, 소성, 연삭 등 정밀하게 제어된 복잡한 공정을 거쳐, 고도의 치수 정도, 게다가 고기능을 가진 고부가 가치제품이 된다.

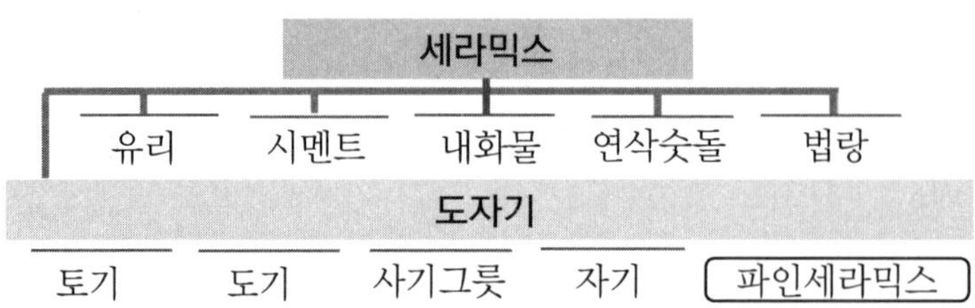

✔ 그림 4.3 세라믹스 분류

4.3.1 세라믹스(Ceramics)

① 유리(Glass) : 규석, 석회석, 소다산 등을 가열, 용융하여 성형한 비정질 고체이다.

② 시멘트(Cement) : 석회석과 규석 등을 혼합, 소성, 분쇄한 미세한 분말이다. 자갈, 모래에 물로 섞으면 콘크리트가 된다.

③ 내화물(Refractories) : 고온에서 변질하기 어려운 재료를 성형, 소성하여 만든다. 제철, 제강용, 유리 용융용 등 로를 만들 때 사용한다.

④ 연삭숫돌(Grinding wheel) : 알루미나, 탄화규소의 미립을 고착시켜 만든다.

⑤ 법랑(Porcelain enamel) : 철판에 유리원료를 도포하여 가열·용융시켜 코팅한 제품이다.

4.3.2 도자기(Pottery & Ceramics)

점토를 원료로 성형, 소성하여 만드는 제품으로 원료, 소성온도, 흡수성 등의 차이에 의하여 토기나 자기 등으로 분류된다. 또 알루미나 자기 등의 특수한 광물질을 주체로 하는 특수도자기(파인세라믹스)가 있다.

① 토기(Earthenware) : 점토를 혼합하여 성형하고, 저온(800℃ 전후)에서 구워 만든 용기이다. 토기는 기원전 6000년 중동 출토품이 있다. 적갈색의 화분, 빨간 벽돌, 풍로, 여과기 등에 사용한다.

② 도기(Pottery) : 토기보다 고온(1000~1250℃)에서 소성하지만, 흡수성이 있고, 유약을 발라서 사용하여 구운 것이다. 다기, 식기, 꽃병, 기와등 폭넓게 사용한다.

③ 사기 그릇(Stoneware) : 순도가 약간 높은 점토를 원료로 잘 구워 흡수성이 없는 것이다. 도관이나 보도벽돌, 고급 그릇, 다기 등에 사용된다.

④ 자기(Porcelain) : 순도 높은 점토에 규석, 장석을 혼합, 성형, 소성하여 잘 구운 백색의 것이다. 색채가 풍부한 유약을 바른다. 수、, 당과 같은 중국조정시대(7, 8세기)에 발전하여 세계로 전파되었다. 식기류나 애자, 미술공예품, 외장타일 등 폭 넓게 사용된다.

✔ 표 4.1 파인세라믹스의 종류

재료	화학식	구분	
티탄산바륨	$BaTiO_3$	산화물	기능재료
티탄산지르콘산납	$Pb(Zr \cdot Ti)O_3$		
페라이트	$M_2+O \cdot Fe2O_3$		
알루미나	Al_2O_3		구조재료
포스테라이트	$2MgO \cdot SiO_2$		
지르코니아	ZrO_2		
지르콘	$ZrO_2 \cdot SiO_2$		
물라이트	$3Al_2O_3 \cdot 2SiO_2$		
스테아타이트	$MgO \cdot SiO_2$		
코제라이트	$2MgO \cdot 2Al_2O_3 \cdot 5SiO_2$		
질화알루미늄	AIN	비산화물	기능재료
질화규소	Si_3N_4		구조재료
탄화규소	SiC		

4.3.3 파인세라믹스(Fine Ceramics)

파인세라믹스는 「정선 또는 합성된 원료분말을 사용하여 정밀하게 조정(調整)된 화학조성」과 「잘 제어된 성형、소결 가공법」에 의해서 만들어진 고정밀 세라믹스라 할 수 있다. 종전에 비하여 고도의 기능을 가지므로 반도체, 자동차, 산업용기계 등 폭넓은 분야에서 사용된다. 파인세라믹스는 New ceramics, Advanced ceramics라고도 부른다. 표 4.1에 파인세라믹스의 종류를 나타낸다.

4.4 파인세라믹스 제조공정

대표적인 파인세라믹스 제조공정의 예를 그림 4.4에 나타낸다. 파인세라믹스 원료는 무기질 고체분말로 순도, 입자경, 입자분포 등이 고정도로 제어된 것이 사용된다. 기능에 맞게 배합한 원료는 더욱이 바인더라 부르는 점결제와 혼합한다. 설계대로 정밀성형이나 절삭가공하여, 온도제어 된 고온 소성로에서 굽는다. 소성 과정에서 수분과 바인더를 제거한다. 더욱이 가열함으로서 분말입자끼리 융합하여 공극이 감소하여 소결되어 치밀하고 매우 단단한 제품이 얻어진다.

4.4.1 파인세라믹스 제조공정

(1) 원료조합 · 혼합 · 분쇄

세라믹스 제조 공정에서 원료조합 · 혼합 · 분쇄공정은 제품의 재료특성이나 품질안정성을 결정하는 중요한 공정이다. 세라믹스 볼이 충전된 밀이라 부르는 장치에 원료분말을 물 등의 용매와 함께 넣고, 균일한 혼합이나 입자 크기 분포를 균일하게 하기 위하여 장치를 회전 또는 진동 시킨다. 원료분말의 조정(調整), 바인더 및 분산제의 첨가 등을 하여 균일하게 혼합한다. 혼합된 것을 슬러리라 한다.

(2) 분무 · 건조

원료조합 · 혼합 · 분쇄공정에서 조정된 슬러리는 열풍이 발생하는 분무건조기라

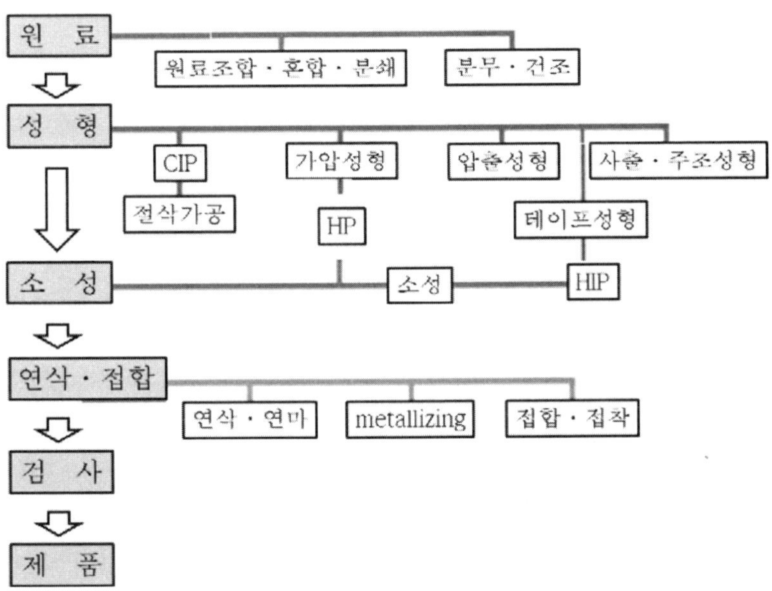

✔ 그림 4.4 파인세라믹스 제조공정

불리는 장치로 분무된다. 다음 성형공정에서 성형 형태의 충진성을 높인다든지, 성형체의 밀도를 높인다든지 하기 위하여 슬러리를 건조시킴과 동시에 과립체로 입자를 만든다.

(3) 냉간 정수압 가압 성형(CIP, Cold isostatic press)(그림 4.5)

건조된 과립상의 원료를 고무 등의 몰드에 충진하고, 압력을 가하여 제품형상에 가까운 형상으로 하는 성형방법이다. 고무 몰드에 과립상의 원료를 충전하고 두껑을 덮어, 물이 들어있는 고압용기에 넣어 수압을 전 방향에서 균등하게 가하여(등방가압), 균질하고 고밀도인 성형체를 만든다. 큰 제품이나 두꺼운 제품을 성형하기에 적합한 성형방법이다.

(4) 가압성형(그림 4.6)

건조된 과립상의 원료를 몰드에 충전하고, 압력을 가하여 제품형상에 가까운 형상으로 하는 성형방법이다. 금속성 금형에 과립체를 충전하고, 상하에서 압력을 가하여(일축가압), 고밀도 성형체를 만든다. 치수 정밀도가 요구되는 매우 복잡한 기계부품 등의 양산에 적합한 성형방법이다.

(5) 압출성형(그림 4.7)

건조된 과립상의 원료에 물과 바인더, 가소제, 분산제를 첨가하여 점토상으로

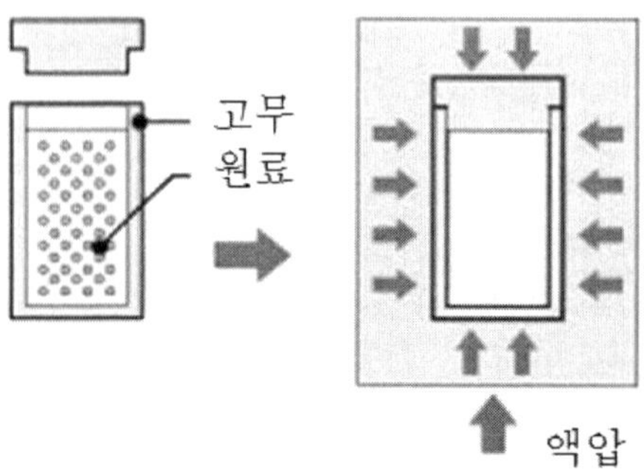

✔ 그림 4.5 CIP의 개략도

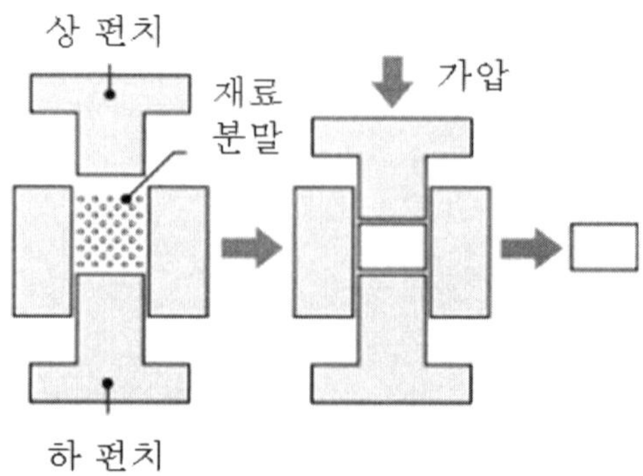

✔ 그림 4.6 가압 성형 개략도

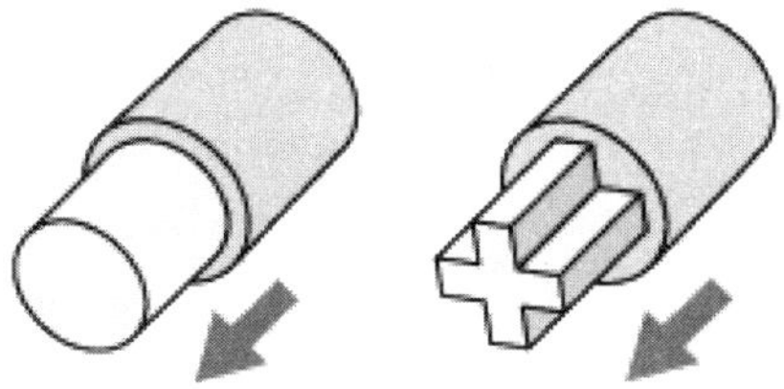

✔ 그림 4.7 압출 성형 개략도

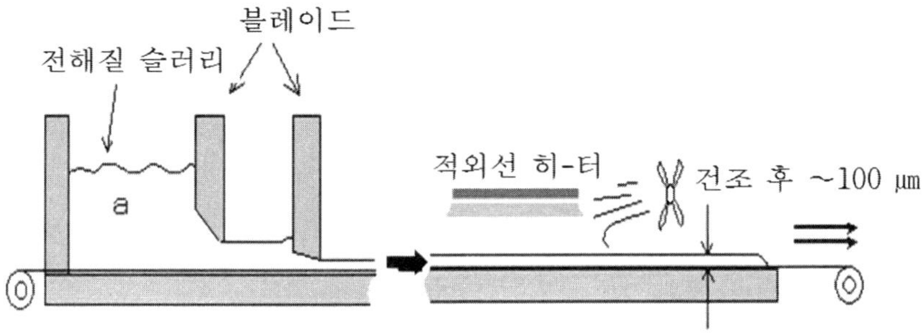

✔ 그림 4.8 Doctor blade method의 개략도

만들고, 점토상의 가소체에 압력을 가하면서 금형을 통하여 압출·성형하는 방법이다. 금형을 통하여 압출하기 때문에 동일 단면 형상을 갖는 긴 제품의 성형에 적합한 성형방법이다.

(6) 테이프 성형

원료분말에 바인더와 용매를 넣어 슬러리를 만들어 얇은 성형체를 연속적으로 만드는 방법이다. 테이프 성형은 일반적으로 균질한 슬러리를 필름 모양으로 얇게 늘려 형성하는 Doctor blade method가 사용된다. 얇은 테이프를 적층하여 만드는 IC용의 세라믹스 패키지나 세라믹스 콘덴서 등의 제조에 적합한 성형방법이다.

► Doctor blade method (그림 4.8)

특징은 고가 설비가 필요없고, 쉽게 전해질을 박막화, 더욱이 대면적화가 가능하다. 제작방법은 물과 알콜 등에 전해질(지르코니아)을 섞어 슬러리를 만든다. 이

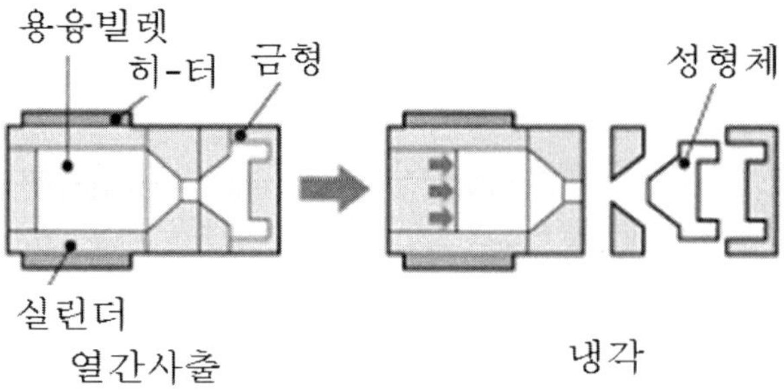

✔ 그림 4.9 사출 개략도

것을 그림 a에 넣는다. 캐리어 필름을 당겨서 블레이드로 슬러리인 전해질을 원하는 두께로 한다. 캐리어 필름과 블레이드 간격을 정밀하게 조절하는 것이 중요하다. 이것을 적외선 히-터와 팬으로 건조시킨 후 소성한다.

(7) 사출 · 주입 성형(그림 4.9)

건조된 과립상의 원료에 첨가물을 넣어 유동성을 부여하고, 몰드 내에 가압·충전하여 제품형상에 가까운 형상으로 만드는 하나의 성형방법이다. 사출성형은 원료에 수지를 혼합, 가열·용융하고 유동성을 부여하여 금형에서 사출한다. 그리고 금형을 냉각하여 바인더를 굳혀 성형체를 만든다. 주입성형은 혼합원료에 용매와 분산제를 넣어 흡수성의 몰드에 주입하여, 수분량을 적게 굳혀 성형체를 만든다. 어느 것도 높은 치수 정도가 요구되는 복잡한 삼차원형상의 성형에 적합한 성형방법이다.

(8) 절삭가공

세라믹스는 매우 단단하여 소결 후에 가공(연삭가공)은 다이어먼드 숫돌 등을 사용하고, 큰 에너지가 필요하다. 그 때문에 세라믹스는 소결하기 전에 소결시의 변형(수축)을 고려하여, 최종형상에 가까운 형태로 가공(절삭가공)한다. 절삭가공은 초경 제품을 사용한다.

(9) 핫 프레스(Hot press)

고온에서 성형체에 압력을 가하여 기공(공극) 등이 적은 치밀한 소결체를 얻는 방법이다. 탄소 몰드 등에 원료분말을 충전하고, 가열과 동시에 상하에서 몰드에 가압하여 소결체를 만든다. 단순한 형상만 만들 수 있다.

(10) 소성

소결공정에서는 압축 성형된 세라믹스 원료 (충전율 약 60%)를 융점 이하로 가열하고, 분체기리 융착 · 합체시키는 것으로 치밀화가 진행된다. 고온에서 세라믹스 분체는 입자의 접촉점에서 서로 물질이동이 일어나고, 마치 물방울이 접촉하여 하나가 되는 것 같이, 일체화한다. 소결방법은 진공중, 대기중 및 비산화 분위기 중 등 목적에 따라 여러 가지 방법이 있다.

(11) 열간 정수압 가압 소결(HIP, Hot isostatic press)

고온에서 가스압을 등방적으로 가하여 소결을 촉진시켜 고밀도 소결체를 만드는 방법이다. 일단 예비소결하여 밀도를 리론밀도의 95% 정도까지 높인 후, 가열로가 있는 압력용기에 넣어 가열과 동시에 1,000~2,000 기압의 가스압을 등방적으로 작용시키는 소성방법이다.

(12) 연삭·연마

주로 다이어먼드 숫돌 등을 사용하여, 치수 정도가 높은 제품이나 경면연마된 제품을 만드는 중용한 가공공정이다. 세라믹스는 고경도이므로, 가장 단단한 다이어먼드 숫돌을 사용하고, 더욱이 높은 치수정도 가공을 한다.

(13) Metallizing

소결체 표면에 금속층을 만들어 도체 패턴의 형성이나 기밀을 유지하기 위한 공정이다. 소결체 표면에 금속분말이나 세라믹스 등의 혼합분말인 Paste(유동성과 점성이 있는 물질)를 도포하여 고온에서 열처리함으로서 세라믹스 표면에 금속층을 만드는 방법과 도금처리에 의하여 금속층을 만드는 방법이 있다.

(14) 접합 · 접착

세라믹스 제품끼리, 세라믹스 제품과 금속 · 수지를 일체화 시켜, 복합제품으로서 부가가치를 높이는 중요한 공정이다. 기계적으로 결합하는 방법과 접착제, 유리, 땜납을 사용하여 결합시키는 방법이 있다.

㈜ 검사 : 고객이 안심하게 제품을 사용하기 위하여, 엄격하게 검사를 실시하여 제품으로 출하한다.

4.5 파인세라믹스 종류

파인세라믹스에는 알루미나, 지르코니아, 탄화규소, 질화알루미늄 등 여러 가지 종류가 있다. 제조기술이 진화하여 사용하는 원료의 종류나 입자의 미세함, 소결방법 등 달리하는 것으로, 각각 다른 특성을 가지는 것이 만들어 진다. 용도나 목적에 따라서 제품 만들기에 적합한 파인세라믹스 재료를 선택하고, 형상을 결정하고, 소결시켜, 제품을 만들 수 있다.

4.5.1 산화물 세라믹스

(1) 알루미나(Al_2O_3)

알루미나는 천연 Corundum(강옥)으로 출토한다. 그러나 현재 알루미나 세라믹스로 사용되는 원료는 거의 복사이트(Bauxite)에서 화학적으로 생성된 것이다. 알루미나 세라믹스는 Al_2O_3를 주성분으로 하는 세라믹스로, 파인세라믹스 중에서 가장 넓게 이용되고 있다. 알루미나는 많은 동질이상(Polymorphism)이 있다. 통상 소결하여 세라믹스로 만든 것은 α-Al_2O_3이다. γ-Al_2O_3를 1100℃이상으로 가열하면 α-Al_2O_3로 전이한다. β-Al_2O_3는 이름은 알루미나이지만, 분자식은 Al_2O_3가 아니고, 알칼리성분을 가진다.

알루미늄(Al)의 클라크수(Clarke number)는 7.56으로, 지각을 구성하는 금속원소로서는 실리콘 다음으로 많다. 따라서 산화물인 알루미나(Al_2O_3)는 실리카(SiO_2) 다음으로 많이 존재하므로 저렴하고 풍부한 자원이다. 공업적인 알루미나 원료는 복사이트(Bauxite)에서 바이어(Baeyer)법으로 만들며, 생산량은 년간 50만톤 정도이다.

알루미나 산화물이므로 특수한 분위기에서 소결하지 않아도 치밀한 소결체가 얻어진다. 대량생산의 경우에는 가스로가 사용된다. 그러나 입계에 전혀 기포가 없는 반투명한 알루미나(Lucalox)는 입계에 기포를 없애기 위하여 수소분위기 전기로에서 소결한다. 알루미나 세라믹스의 소결온도는 사용하는 원료나 순도에 따라서 다르지만, 1400~1800℃정도이다. 일반적으로 고순도인 알루미나의 소결온도는 사용하는 원료나 순도에 따라서 상당한 차이가 있지만 1400℃~1800℃ 정도이다. 일반적으로 고순도 알루미나의 소결온도는 1700~1800℃로 고온이다. 소결온도를 낮고, 소정의 특성을 가지기 위하여 SiO_2, CaO, MgO가 첨가된다.

알루미나 세라믹스의 색은 보통 백색이다. 수소분위기에서 입계에 기포가 없도록 소결하면 반투명이 된다. 고순도의 원료를 HP, HIP에서 소결하여도 반투명 세라믹스가 된다. 알루미나 세라믹스는 다종다양하다. 특성은 알루미나의 함유량, 치밀도, 결정입경의 크기 등에 따라서 크게 다르다. 그러나 알루미나 세라믹스의 특징은 '단단하다, 강하다, 싸다'이다. 단단한 것 만이라면 SiC 세라믹스가 단단하다. 강한 것 만이라면 Si_3N_4 세라믹스가 강하다. 그러나 어느 정도 단단하고, 강하고, 파인세라믹스 중에서 싼 것이 알루미나이다. '싸다'라는 것은 특성은 아니지만, 재료로 이용하기 위해서는 매우 중요한 인자이다.

알루미나 세라믹스의 대표적인 특성을 표 4.2에 나타낸다. 알루미나 세라믹스는 종류가 많고, 제조사에 의해서 차이가 있다.

또한, Al_2O_3 함유량은 같아도 내열성을 중시한 종류와 내마모성을 중시한 종류는 특성이 다르다. Al_2O_3 밀도는 4.0 g/cm^{3}이고, SiO_2, CaO, MgO를 첨가한 Al_2O_3 세라믹스는 첨가한 성분이 입계에 유리상을 형성하므로 밀도가 약간 작다. 통상, Al_2O_3 순도가 낮은 종류는 내열성과 경도가 고순도 Al_2O_3 세라믹스만큼 필요하지 않는 용도에 사용한다. Al_2O_3 세라믹스 경도는 Al_2O_3 세라믹스 함유량에 정성적으로 비례하고, 고순도 일수록 경도가 높다. Al_2O_3 세라믹스 경도는 대략 Hv로 20 GPa 정도이다. 이 값은 SiC 세라믹스의 30 GPa보다 작지만, β-Si_3N_4 세라믹스의 15 GPa보다 크다. 열팽창율은 세라믹스중에서 비교적 커서 8×10^{-6}℃$^{-1}$이고, 이것보다 큰 열팽창계수를 가지는 ZrO_2는 $10\times10^{-6}℃^{-1}$이다. Al_2O_3 세라믹스는 환원분위기나 고온에서 안정한 전기절연성이 있다.

Al_2O_3 세라믹스의 재질은 종류가 많다. 재질을 구별하는 첫 번째 기준은 Al_2O_3 함유량이다. Al_2O_3를 몇% 함유하고 있으면, Al_2O_3 세라믹스라고 할 수 있는가 하는 규정은 없지만 생산되고 있는 품종 중에서 알루미나라 부르는 가장 적은 것이 약 76%이다. 어떤 재료가 특정한 용도로 사용되기 위해서는 요구되는 용도를 다른 재료보다 잘 만족시킬 수 있기 때문이다. 이러한 의미에서 Al_2O_3 세라믹스의 어떤 특성이 각각의 용도와 관계있는가를 표 4.3에 나타낸다. Al_2O_3 단결정은 베르누이(Verneuil)법으로 대량 생산한다. Al_2O_3에 미량의 Cr을 고용시키면 빨간 루비가 되고, Fe를 고용시키면 청색 사파이어가 된다. Al_2O_3 단결정은 시계 등 정밀기계의 고급 베어링에 사용된다. 한편, 루비, 사파이어는 보석으로 잘 알려져 있다. 일반적으로 보석점에서 많이 팔리고 있는 루비, 사파이어는 베르누이법으로 만든 인조보석이다. 천연 루비, 사파이어와 인조품은 성분, 경도, 굴절률은 거의 같지만, 천연제품의 가격은 100배 이상 비싸다.

고압 나트륨램프는 나트륨 고온 증기에서 부식되어서 안 되므로 유리는 사용할 수 없고, 투광성 Al_2O_3가 사용된다. 고압 나트륨램프에 사용되는 Al_2O_3는 투광성이지만, 투명하지는 않다. 투명이라는 것은 보통 유리창과 같이 먼 곳의 경치가 깨끗하게 보이는 것이다. 투광성은 빛이 통과하지만, 직진성이 없으므로 먼 곳의 경치가 보이지 않는다. Al_2O_3는 육방정형으로 결정의 축 방향에 의해서 빛의 속도가 다르므로, 작은 결정이 많이 모인 세라믹스는 입계에 기포, 이물질이 없어도 빛의 직진성이 없다. 그러나 고압 나트륨램프는 투명일 필요는 없고, 투광성이면 좋다.

(2) 지르코니아(ZrO_2)

지르코니아(ZrO_2)는 알루미나보다 융점이 높고(2700℃), 기계적으로 강하고 산소이온의 좋은 도전체라는 두개의 큰 특징을 가지고 있다. 이 때문에 지르코니아는 알루미나 다음으로 범용 세라믹스이다. 그러나 알루미나에 비하여 원료가 고가이고, 용도가 알루미나만큼 많지 않고, 지르코니아가 아니면 안 되는 용도에 이용된다.

지르코니아(ZrO_2)는 지르콘($ZrSiO_4$)과 밧델리야트(Baddeleyite, ZrO_2)가 주요한

자원이다. 지르콘 광석에서 지르코니아를 정제하기 위해서는 건식법과 습식법이 있다. 건식법은 지르콘에 카본을 첨가하여 고온 환원하여 얻어진 ZrC를 산화하여 지르코니아(ZrO_2)로 한다.

$$ZrSiO_4 + 4C = ZrC + SiO + 3CO$$

이 방법으로 내화물에 사용되는 85~94% 정도의 ZrO_2가 제조된다. 구조용 세라믹스에 사용되는 지르코니아 원료는 습식법으로 제조한다. 습식법은 지르콘에 탄산 알칼리를 첨가·융해하여 수산화 지르코늄으로 하여 소성하여 지르코니아(ZrO_2)로 한다. 내화물용의 원료는 저가이지만, 구조용 원료 가격은 고가이다. 지르코니아(ZrO_2) 세라믹스의 특성은 안정화제의 종류와 양에 의하여 크게 다르므로, 통상은 세라믹스 제조자가 지르코니아 원료에 안정화제를 적당하게 배합한다. 단, 강도부재의 지르코니아는 Y_2O_3첨가가 일반적이고, 안정화제가 배합된 원료도 시판되고 있다.

✔ 표 4.2 대표적인 알루미나 세라믹스의 특징

특성대분류	특성소분류	단위	95% Al_2O_3	99.5% Al_2O_3
체적밀도		g/cm^3	3.7	3.9
기계적특성	비커스경도	GPa(500gf)	12.5	13.5
	굽힘강도	MPa	250	300
	파괴인성치	$MPam^{1/2}$	3.0	3.5
	영률	GPa		380
	포아송비	-		
열적특성	비열	J/kgK		
	열전도율	W/mK	7.2	8.4
	열팽창계수	$10^{-6}℃^{-1}$	7.8(20~1000℃)	8.1(20~1000℃)
	열충격 온도차	℃		
	실용 사용 온도	℃	1600	1850
전기적특성	체적고유저항	Ω·m(20℃) (1000℃)	>1015 >106	>1015 >108

✔ 표 4.3 Al2O3 세라믹스의 용도와 특성 관계

	내열(충격)성	강도	경도	전기 절연성	열전도성	내마모성	내식성
내화물	◎	○					◎
이화학기구	○	○	○				○
각종윤활부품	○	○	◎		○	◎	
플러그	○	◎		◎			
IC기판		◎	○	◎	◎		
세라믹스공구	◎	○	◎		◎	○	
고압 나트륨램프	◎	◎		○	○		◎
보석		○	◎				

1970년대는 지르코니아 소결 온도가 1700~1800℃였다. 그러나 그 후 부분안정화 지르코니아의 발명과 원료 기술의 발전에 의하여 미크론 이하의 원료를 쉽게 얻을 수 있게 되었다. 그 결과, Y_2O_3 등의 안정화제가 혼합된 시판 원료를 구입·성형하여, 1300~1400℃에서 소결하면, 거의 100% 정방정 지르코니아 소결체가 간단하게 얻어진다. 지르코니아는 몇 가지 동질이상(Polymorphism)이 있고, 사용중에 안정성이 대단히 중요한 문제가 된다. 예를 들면, CaO로 완전하게 안정화한 지르코니아라도 1000℃이상의 고온에서 장시간 사용하면, 일부분이 단사정으로 되어(탈고용) 강도가 저하한다. 더욱 중요한 문제는 부분 안정화 지르코니아나 정방정 지르코니아는 200~250℃정도에서 급속하게 단사정으로 되어 버리는 수가 있다. 더욱이, 100℃정도의 열수중에서도 같은 전이가 생긴다. 이런 전이가 발생하기 쉬운 것은 세라믹스를 구성하는 결정의 크기에 강한 영향을 받는다. 이 때문에 제조시 결정입경이 커지지 않도록 저온에서 소결하고 치밀하게 할 필요가 있다.

지르코니아 세라믹스의 색은 약간 황색을 띄는 것이 많다. 그러나 순수한 지르코니아는 흰색이고, 많은 경우 미끈미끈한 빛을 통하는 듯한 감촉이 있다. 또, 지르코니아는 환원이 쉬워 흑색으로 된다. 지르코니아 기본 특성을 표 4.4에 나타낸다.

✔ 표 4.4 ZrO_2의 기본 특성

분자량	123.22
이론밀도	단사정 5.84, 정방정 6.10
비중	단사정계 5.68, 정방정계 6.10, 입방정계 6.27
융점	2715℃
비등점	3730℃
천이온도	단사⇔정방 1170℃, 정방⇔입방 2370℃
경도	8~8.5 모스(입방정)
단사정 정방정 입방정	<1000℃; a = 5.17, b = 5.266, c = 5.308 Å <1900℃; a = 5.07, b = 5.16Å >1900℃; a = 5.067 ± 0.01Å
단사정 : 공간군 격자정수(Å) 정방정 : 공간군 격자정수(Å) 입방정 : 공간군 격자정수(Å)	$P2_1/c$ a = 5.156, b = 5.191, c = 5.304, β = 98.8° $P4_2/nmc$ a = 5.094, c = 5.177 Fm3m a = 5.124
열팽창계수	-130 ~ -80℃ ; $2*10^{-6}$℃$^{-1}$ -80 ~ -50℃ ; $8*10^{-6}$℃$^{-1}$ 500 ~ 1000℃ ; 8.8 ~ 12 * 10^{-6}℃$^{-1}$
증기압	logPat = $-(34.383/T)*10^{-4} + 11.98$
표준생성 엔탈피	ΔH_{fo} = −261.0 ± 0.4 cal·mol^{-1} (0 °K) ΔH_{298} = −262.3 ± 0.4 cal·mol^{-1} (298 °K)
엔트로피	S_{298} = 12.036 ± 0.08 cal·deg^{-1}·mol^{-1} (298 °K)
생성자유에너지	-247.7 kcal/mole
융해열	ΔH^{o}_{m2950} = 20.8 kcal/mol^{-1} (2950 °K)
비열	200 350 500 1000 1200 1400℃ 0.127 0.140 0.146 0.157 0.160 0.175 cal·g^{-1}
열전도율	1000℃ : 0.004 cal·sec^{-1}·cm^{-1}·℃$^{-1}$ 1300℃ : 0.005 cal·sec^{-1}·cm^{-1}·℃$^{-1}$
영율	0℃ : $168*10^{-10}$ dyne·cm^{-2} 1400℃ : $90*10^{-10}$ dyne·cm^{-2}
유전율	12.5
비저항	room temp. : >1013 Ω·cm 697℃ : 3300 Ω·cm
해리압	1500 2000 2500℃

	10^{-13} 10^{-12} 10^{-10}기압
자화율	$4*10^{-6}$
용해도	불용 : 물, 산화용액(불화수소산 제외), 알칼리, 염, 모든 유기용매 용해 : 불화수소산, 진한유산, 용융붕사, 용융유리
독성	급성경구독성 LD_{50} = 3.5 ~ 10 g/kg

✔ 표 4.5 정방정 지르코니아 세라믹의 특성

대분류	소분류	단위	정방정 ZrO_2
체적밀도		g/㎤	6.05
기계적 특성	비커스경도	GPa	13.4
	굽힘 강도	MPa	1400
	파괴 인성치	$MPam^{1/2}$	9
	영률	GPa	210
	포아송비	-	0.31
열적 특성	비열	J/㎏K	~450
	열전도율	W/mK	~3.0 (25℃)
	열팽창계수	$10^{-6}K^{-1}$	9.6 (20-400℃)
	열 충격 온도차	K	~300
	실용사용온도	K	
전기적 특성	체적고유저항	Ω·m	$>10^{14}$

정방정 지르코니아 세라믹스의 특성을 표 4.5에 나타낸다. 지르코니아 세라믹스의 특징은 비중이 약 6.1 g/cm^3이고, 열전도율이 작고(단열성이 양호), 열팽창율이 크다. 결정의 동질이상(Polymorphism)과 특성의 관계를 설명하면, 입방정(완전안정화)의 지르코니아의 경도는 크지만, 강도, 인성은 그렇게 뛰어나지 않다. 입방정과 정방정의 혼합(부분안정화) 지르코니아와 100% 정방정 지르코니아는 강도, 인성이 뛰어나다. 단사정형(미안정화) 세라믹스 소결체는 없다. 더욱이 부분 안정화 지르코니아나 정방정 지르코니아 세라믹스의 기계적인 특성은 안정화제의 종류, 양 및 제

조조건에 따라서 변한다.

지르코니아 응용은 이온 전도체 응용과 그 이외의 응용으로 나눈다. 그 이외의 응용은 내화물, 안료 성분으로 이용, 연마·연삭제, 지르코늄을 함유하는 전자재료(예, 압전체)의 원료 등이다. 또, 지르코니아는 고내열성으로 열전도성이 나쁘다. 지르코니아를 섬유로 만들면 내열성이 매우 양호한 단열재가 된다. 강도부재의 응용은 광통신용 접속장치, 분쇄용(볼밀의 볼), 칼 등이다.

(3) Mullite($3Al_2O_3{\cdot}2SiO_2$)

독일의 N.L.Bowen 등은 고온 처리한 점토 중에 생성된 결정이 $3Al_2O_3{\cdot}2SiO_2$라는 신 화합물을 발견했다. 그 후, 신 화합물이 스코틀랜드의 Mull섬의 열변질 암석 중에 존재하는 것이 알려져, Bowen은 생산지명을 따서 $3Al_2O_3{\cdot}2SiO_2$를 Mullite라고 명명했다. Mullite는 비중 3.15 g/cm^{3}의 결정으로 융점이 1850℃이고 내열성이 우수하고, 열팽창계수가 비교적 작아 열 충격에 강하고, 성분이 값싼 SiO_2와 Al_2O_3이기 때문에 내화물이나 화학부재로 많이 사용되고 있다.

도자기 중에 석출하는 Mullite의 결정은 침상으로 성장하기 때문에, Mullite가 석출한 도자기는 충돌에 강하다. 파인세라믹스로서 Mullite가 연구대상으로 된 것은 Mullite가 저 열팽창성이지만 기계강도가 떨어지기 때문에, 기계강도를 Al_2O_3정도 우수한 세라믹스를 만들려고 한 것이다. 그러나 1980년대에 강도향상을 위한 여러 방법을 적용해도, Mullite가 Al_2O_3의 강도를 능가하는 고강도재로 인정될 정도의 강도향상은 달성하지 못했다.

금속alkoxide 혼합물로부터의 Mullite 미세분말의 합성, 분무 열분해법에 의한 합성 등, 미세한 Mullite원료의 합성법이 1980년대에는 활발하게 연구되었다. 그러나 최근에는 Mullite 자체만으로 미세한 세라믹스를 만들 필요가 없으므로, 이러한 특수한 프로세스로 합성된 Mullite 원료는 판매되지 않는다.

Mullite는 SiO_2와 Al_2O_3 고상반응으로 쉽게 만들 수 있다. 그러므로 Mullite 세라믹스의 원료는 SiO_2, Al_2O_3, 및 SiO_2와 Al_2O_3 양자를 포함한 천연광물인 점토가 사용된다.

SiO_2와 Al_2O_3을 Mullite의 조성이 되도록 혼합하여, 흔히 사용되는 세라믹스 제

조 프로세스로 소결하면 Mullite 세라믹스를 얻을 수 있다. 그러나 Mullite의 용도는 내화물, 외장재, 노심관 등 중량물이 많기 때문에, 원료는 값싼 천연원료가 일반적으로 이용된다. 예를 들어, 점토의 한 종류인 카올린의 조성은 Al_2O_3·2SiO2·$2H_2O$이며, SiO_2와 Al_2O_3의 비는 1:2이다. 따라서 카올린에 Al_2O_3을 첨가하면 Mullite가 된다. 더욱이, Mullite 세라믹스는 특성에서 설명하였듯이, Mullite의 이론조성에서 SiO_2의 조성을 과잉으로 선택하는 경우가 많으므로, 카올린의 이용률은 높다. 이 경우, 점토는 결정이 미세하여, 점토의 뛰어난 성형성만을 이용하는 것만이 아니고, 저온에서 반응하므로 SiO_2의 원료로 규소를 사용함으로써 저온에서 소결가능하다. 단, 반응과정은 스피넬이 먼저 생성한다던지, 유리가 생성한다던지, 중간과정은 원료에 의해 꽤 복잡하다.

표 4.6에 Mullite의 대표적인 2개를 선택하여 나타낸다. Mullite는 이미 설명하였듯이 조성이 $3Al_2O_3 \cdot 2SiO_2$이며, Al_2O_3와 $2SiO_2$의 중량 비는 71.8:28.2이다. 그

✔ 표 4.6 대표적인 Mullite의 특성

대분류	소분류	단위	Nikado CB	Nikado KM
체적밀도		g/cm^3	2.4	2.7
기계적 특성	비커스경도	GPa		
	굽힘 강도	MPa	130	180
	파괴 인성치	$MPam^{1/2}$		2.2
	영률	GPa		145
	포아송비	–		0.25
열적 특성	비열	J/kgK		
	열전도율	W/mK	2.3	3.2
	열팽창계수	$10^{-6}K^{-1}$	4.1	5.6
	열 충격 온도차	℃		
	실용사용온도	℃	1450	1600
전기적 특성	체적고유저항 실온 500℃	Ω·m		 >10^{11} 12.0×10^4

러나 공업적으로는 순수한 Mullite보다 약간 SiO_2가 많이 첨가되어 소결하기 쉬운 조성이 이용된다. 표 중의 CB와 KM의 Al_2O_3와 $2SiO_2$의 중량비율은 각각 28:66과 60:38이다. 전체 합이 100이 되지 않는 것은 다소 불순물이 포함되어 있기 때문이다. KM은 꽤 이론조성에 가깝지만, CB는 Mullite라고 하지만 상당한 량의 SiO_2를 포함하고 있다.

순수한 Mullite 소결체는 300~400 MPa의 고강도로 알려져 있지만, 실제 사용중인 재료는 표 4.6에 나타내고 있는 것처럼 알루미나에 비교하면 강도가 낮다.

CB는 Mullite와 SiO_2 유리와의 복합체로 간주된다. 순수한 Mullite의 열팽창계수는 25~1000℃에서 평균 5.13×10^{-6}℃$^{-1}$라는 보고가 있으므로, CB와 SiO_2유리의 낮은 열팽창률이 복합체의 열팽창률을 저하시키는 역할을 하고 있다. SiO_2유리가 많기 때문에 상용 사용온도가 낮은 것도 이해할 수 있다.

Mullite는 알루미나와 비슷한 분야에 사용되는 경우가 많다. IC package나 로 setter로 많이 사용되고 있으며, 노심관 등 화학기기부재로도 사용된다.

(4) 코제라이트(Cordierite: $2Al_2O_3\cdot2MgO\cdot5SiO_2$)

한국어로 하면 근청석이지만 최근에는 이 용어가 거의 사용되지 않는다. 코제라이트는 프랑스의 지질학자의 이름(Cordier)을 붙인 것이다. 화학성분은 $Mg_2Al_4Si_5O_{18}$ 또는 $2MgO\cdot2Al_2O_3\cdot5SiO_2$이다. 열팽창계수가 작고, 비중이 2.60~2.66 g/cm^3, 모스경도가 7.0~7.5인 물질이다. SiO_2-Al_2O_3-MgO계 조성에 저열팽창의 물질이 가능하다는 것은 1929~1930년에 독일에서 보고되었다. 이것이 코제라이트이다. 내열충격성을 좋게 할 목적으로 예부터 전자기나 도자기의 성분으로 사용되어져 왔다.

최근, 자동차 배기가스 정화촉매 매개체로 주목받아, 현재 코제라이트 자기(磁器)의 최대용도는 Honey-Comb구조의 촉매 매개체이다.

천연원료로도 출토되지만, 공업적으로 탈크(Talc), 카올린(Kaolin), 알루미나의 배합으로 만든다. 탈크(Talc)는 한국어로 활석이라고 한다. 화학식은 $Mg_3(SiO_5)_2(OH)_2$ 또는 $2MgO\cdot4SiO_2$ H_2O이다. 카올린은 정식으로 카올린나이트(Kaolinite), 점토광물의 일종이다. 카올린 족에는 카올린타이트 이외에 나크라이트(Nacrite), 데잇카이트라고 칭하는 광물들이 알려져 있으나, 그 기본의 화학식은 $Al_2SiO_5(OH)_4$이다. 이

두 종류의 천연광물의 조합에는 Al_2O_3가 부족하므로, 공업원료인 Al_2O_3를 첨가하여 코제라이트 조성으로 조정한다.

연구실적으로 상기의 원료를 구입→배합 계산→혼합하여, 보통의 프로세스로 자기를 만들 수 있다. 공업적으로는 원료의 배합→볼밀에 의해 습식혼합→페로필터에 의한 탈철→필터프레스로 탈수→진공혼합기로 혼합·압출→건조→소성 →건식분쇄→포장의 공정으로 합성된다. 코제라이트를 합성하는 소성의 온도는 1200~1300℃정도이다.

탈크(Talc), 카올린(Kaolin), Al_2O_3을 혼합해 소성하면 1200℃ 정도에서 코제라이트가 합성되기 시작한다. 그러나 1350℃ 정도에서는 충분한 치밀화가 되지 않는다. 더욱이 온도를 올리면 1350℃ 정도에서 연화하거나, 코제라이트가 Forsterite (고토감람석)와 Mullite로 분해하기 시작한다. 이 때문에 1425℃이상에서 소성하면 코제라이트가 아닌 다른 물질이 된다. 이와 같이 소결온도의 허용 폭이 좁고, 소결온도를 높게 할 수 없기 때문에, 치밀한 소결체를 만드는 것은 곤란하다. 이것은 합성원료를 사용하는 경우도 같은 경향을 나타낸다.

코제라이트는 단독으로 사용하는 경우와 다른 성분과 복합해 사용하는 경우가 있다. 예를 들어, 코제라이트보다 열팽창계수가 큰 지르콘($ZrO_2 \cdot SiO_2$)과 혼합한 복합자기는 코제라이트 단독보다 강도가 강하고 내열충격성도 있어 내열전자기로 이용된다.

코제라이트의 최대 특성은 열팽창률이 작다는 것, 그로 인해 열 충격에 강하다는 것이다. 코제라이트는 육방정계로써, C축에 평행방향과 수직방향의 선팽창계수는 각각 0.5와 1.1($\times 10^{-6}$℃$^{-1}$, 40～400℃)이다. 앞에 기술한 바와 같이 코제라이트를 치밀하게 소결하는 것은 곤란하기 때문에, 코제라이트 자기는 보통 15～25 %의 흡수율이 있다. 기계적 강도는 작다.

코제라이트의 최대응용은 삼원 충만 방식에 따른 자동차의 배기가스정화용 촉매 매개체이다.

(5) 그 외의 산화물(SiO_2, BeO, MgO, CaO, TiO_2, Y_2O_3)

① SiO_2

SiO_2는 모든 산화물 중에 가장 중요한 물질이며, 다양하게 응용되고 있다. SiO_2만을 다루어도 책의 대부분을 쓸 수 있다. 그렇지만 본서에서 주요 세라믹스로 다루지 않는 것은, 흔히 말하는 소결에 의해 만들어지는 구조재로서는 주류가 아니기 때문이다.

자원으로서의 SiO_2는 유리의 원료, 내화물이나 도자기의 원료, SiC의 원료 등으로써 없어서는 안 될 물질이다. 순수한 SiO_2는 결정이나 유리로 존재한다. 고 순도의 SiO_2(석영)유리는 반도체의 공정의 도구로써 빠뜨릴 수 없고 마찬가지로 광통신의 Fiber로써도 공업적으로 큰 부분을 차지하고 있다. SiO_2유리는 모든 물질 중에서 최고로 열팽창률이 작고($5\times10^{-7}℃^{-1}$), 여러 가지 화학기기에도 넓게 이용되고 있다.

결정질의 SiO_2는 수정(Quartz)이며, 압전성을 이용하여 발신자나 Filter로 통신기기에 이용되고 있다. 최근 핸드폰의 보급에는 합성수정이 크게 기여하고 있다. 또한, SiO_2의 미세분말은 반도체의 플라스틱 Package 충전제로써 많이 사용되고 있다. SiO_2를 섞음으로써 플라스틱의 열팽창률을 작게 하는 것이 목적이다. SiO_2는 많은 동질이상(Polymorphism)이 있다.

② BeO

BeO는 열전도성이 상당히 좋고, 실온에서 단결정의 열전도율은 335 W/mK라는 보고가 있다. 이 때문에 Al_2O_3보다 열전도율이 좋은 점을 필요로 하는 용도의 기판이나 Package재료로써 1960～1980년대에 널리 이용되었다. 그러나 BeO에는 독성이 있어, 증기는 호흡기장해를 일으킨다는 사실이 알려져 있다. BeO의 융점은 2570℃로 높지만 그것보다 낮은 온도에서 승화해 버린다. 그러므로 이용은 필요한 최소한으로 한정되어 있다. 1980년대 이후 AlN이 높은 열전도율을 가진 재료로써 알려지면서 BeO의 이용은 거의 없어졌다. 최근, BeO 세라믹스를 제조하는 기업은 거의 없다.

③ MgO

MgO는 입방정으로, 융점이 2825℃, 비중 3.58 g/cm^{3}이다. 열팽창계수는 20~

500℃에서 평균 $11.6\times10^{-6}℃^{-1}$로 꽤 높다. 또한, 열전도율도 실온부근에서 50 W/mK 정도로 Al_2O_3보다 조금 크다.

MgO의 주 용도는 Magnesia clinker로써 염기성내화물과 제강에 있어서 슬러그(Slag)성분으로의 이용이며, 수요량은 탄화물용이 연간 30~40만 톤, 슬러그용이 10~20만 톤이다. 즉, Magnesia clinker는 수산화마그네슘이나 MgO를 1400~1500℃에서 가열한 물질이다.

그 이외의 용도는 열전도성이 좋으므로 시-즈히터(Sheath heater)의 충전(充塡) 분말로 이용된다. 또한 각종 복산화물의 성분으로 중요한 물질이다. 용융 마그네시아는 고순도의 MgO를 전기융해서 제작되고, 소화(MgO나 CaO가 대기 중의 CO_2와 반응해 $MgCO_3$나 $CaCO_3$가 되는 현상)하기 어렵고 용융금속이 붙기 어려우므로 용융금속을 담는 통으로 사용된다. 또한 PbO와 반응하기 어려우므로 PbO를 함유하는 PZT 등의 유전, 압전소자의 소결용 외장재로써 사용되고 있다. 자원은 해수로부터 얻는다.

④ CaO

CaO도 입방정으로 융점이 약 2600℃, 비중 3.32 g/cm^{3}이다. 그러나 MgO보다 급속하게 대기 중에서 CO_2와 반응해 탄산염이 되므로 탄화물이나 시멘트의 중요한 성분이지만, CaO 세라믹스라고 할 수 있는 물질은 아니다.

또한, 알칼리 토류금속의 산화물은 이 외에 BaO, SrO가 있다. 이들 산화물도 단독적인 세라믹으로 사용되는 일은 없다. 어느 것이나 TiO_2와의 복산화물이 유전, 압전 재료로써 유용하다.

⑤ TiO_2

금속 Ti의 탄화물에는 TiO, Ti_2O_3도 있지만, TiO_2가 가장 안정적이다. TiO_2는 환원되면 TiO_2-x라는 산소가 결원된 화합물이 되기 쉽다. TiO_2는 백색이지만 TiO_2-x가 되면 회색부터 검정색이 된다.

TiO_2에는 Anatase형과 Rutile형의 결정형이 있고, Rutile형이 고온형이다. 각각의 밀도는 3.84와 4.25 g/cm^{3}이다. 섬유가 지나가는 곳에 TiO_2자기가 사용되지만,

최근에는 거의 생산되지 않는다고 생각된다. TiO_2의 최대의 용도는 굴절률이 큰 점을 이용한 백색도료의 충진재이며, 분말 그대로 이용되고 있다. 화장품에도 이용되고 있다.

TiO_2는 구조용 재료보다 기능재료로써 유용하다. TiO_2단독으로도 비교적 큰 유전력을 가지고 있다. TiO_2를 구성성분으로 하는 페로브스카이트(perovskite)화합물은 강유전체로써 콘덴서(condenser)나 압전체로 이용되고 있다. TiO_2는 n형 반도체이며 쉽게 환원되어 저항치가 변화하기 때문에 산소농도센서가 된다. 자동차용 산소센서로써 ZrO_2보다 조금 개발이 늦어 실용화되지 않았다. 최근 광촉매작용이 주목받아 항균촉매로써 이용이 활발히 연구되고 있다.

⑥ Y_2O_3

제노타임(xenotime) 등의 광석 중에는 많은 종류의 희토류가 포함되어 있는데 Y_2O_3는 그 중에서 약 60%를 차지하고 있다. 융점은 2410℃, 분말은 흰색이다. 가장 큰 용도는 브라운관용 적색형광체이다. YAG($Y_3Al_5O_{12}$, Yttrium Aluminum Garnet), YIG($Y_3Fe_5O_{12}$, Yttrium Iron Garnet)는 레이저 발신소자나 인공보석 등에 사용된다. 투광성의 소결체도 얻어지나, 알루미나를 대체할 이점이 없어 실용화되고 있지는 않다. 그러나 ZrO_2의 안정화, Si_3N_4나 AIN의 소결조제로써 중요한 물질이다.

(6) 그 외의 복산화물

① 지르콘(ZrO_2SiO_2)

지르콘은 지르코니아의 주요한 원료임과 동시에 내화물이나 도자기로도 사용되고 있다. 특히, 지르콘을 주성분으로 소량의 착색성분을 첨가한 도자기용의 안료는 지금도 널리 이용되고 있다. 지르콘의 비중은 지르코니아 정도는 아니지만 4.8 g/cm^3로 비교적 크고, 열팽창계수는 5.1×10^{-6}℃$^{-1}$로 상당히 작다.

② 스피넬($MgO\cdot Al_2O_3$)

여기서는 $MgO\cdot Al_2O_3$을 스피넬이라고 하였지만, $XO\cdot M_2O_3$의 일반식으로 나타내는 스피넬 족 화합물을 스피넬이라고 부르는 경우도 있다. X는 2가의 금속으로

Mg, Fe, Zn, Co, Ca, Cu, Ni 및 Sr 등이고, M은 3가의 금속으로 Al, Fe, V 및 Cr 등이다. 넓은 의미의 스피넬은 안료나 내화물($MgO \cdot Cr_2O_3$)로 이용되지만, 더 중요한 응용은 자성재료나 전기재료이다. 예를 들어, 페라이트의 강자성은 스피넬 구조에 유래한다.

③ 알루미늄·티타니아($Al_2O_3 \cdot TiO_2$)

알루미늄티타니아 또는 티탄산 알루미늄은 Al_2O_3-TiO_2 이성분계로 유일한 화합물이며, 저열팽창재료의 하나로 1950년경부터 알려졌다. 융점은 1860℃로 비교적 고온이다. 티탄산 알루미늄결정의 열팽창계수는 결정 방위에 따라 크게 다르고, a축 방향은 $+11.8 \times 10^{-6}$℃$^{-1}$, b축 방향은 $+19.4 \times 10^{-6}$℃$^{-1}$, c축 방향은 -2.6×10^{-6}℃$^{-1}$로 보고되어 있다.

실제 티탄산 알루미늄 소결체의 열팽창계수는 결정방위로부터 예상되는 값보다 작은 약 2×10^{-6}℃$^{-1}$이하가 된다. 이와 같이 저팽창이 되는 이유는 티탄산 알루미늄자기는 티탄산 알루미늄 결정의 큰 이방성이 원인인데, 자기(磁器) 중에 미세결함이 많아 열팽창을 흡수하기 때문이다. 이와 같이 티탄산 알루미늄은 내부에 미세결함이 있어, 기계적 강도는 10~20 MPa로 작다. 또한 티탄산 알루미늄 자기(磁器)는 1000℃전후의 온도에서 TiO_2와 Al_2O_3로 분해되기 쉬워 장기간의 사용은 문제가 있다. 따라서 티탄산 알루미늄자기의 연구목적은 강도를 크게, 열열화(熱劣化)하지 않는 재료의 개발에 있다.

티탄산 알루미늄은 성분이 TiO_2와 Al_2O_3로 비교적 값싼 원료이고, 내열성도 있어 상당히 매력적인 재료이다. 오랜 기간 개발이 진행되어 금속의 냄비로써 실용되고 있다. 그러나 장기간 이용하는 용도는 분해 문제로 상당히 개발이 어렵다.

④ $Li_2O \cdot Al_2O_3 \cdot SiO_2$계 세라믹스

Eucryptite($Li_2O \cdot Al_2O_3 \cdot SiO_2$), Spodumene($Li_2O \cdot Al_2O_3 \cdot 4SiO_2$) 등이 종래의 규산염 화합물과는 다른 음의 열팽창성을 가지는 것이 1950년대부터 알려지게 되었다. Eucryptite는 실온에서 700℃까지 약 0.6% 수축한다. 리튬(Li)을 가지는 주요한 광물은 Spodumene와 Petalite($Li_2O \cdot Al_2O_3 \cdot 8SiO_2$)이다.

이들 결정을 가지는 도자기는 저열팽창으로 열 충격에 견디기 때문에 직접 불

에 닿는 조리냄비가 된다. 소위 토기 냄비는 이들 결정을 가진다. 이것과는 별개로, 리튬을 포함하는 유리부터 Eucryptite나 Spodumene의 미세결정을 석출시킨 결정화 유리가 1950년대 후반에 Corning사의 Stookey 등에 의해 개발되었다. 결정화 유리는 유리로 성형해, 그 물성은 석출되는 결정의 종류와 양으로 제어하는 것이 가능하다. 열팽창이 작은 결정화 유리는 내열식품이나 히터의 파이프로써 이용되고 있다.

⑤ Forsterite(고토감람석), Steatite(동석)

Forsterite($2MgO \cdot SiO_2$), Steatite($MgO \cdot SiO_2$)는 백색부터 담황색까지 색을 이루며, 비중이 3.0 g/cm^3이하의 자기이다. 기계적강도가 큰 재료는 아니다. 그러나 전기절연저항이 실온에서 〉1012 Ω·m으로 크고, 유전율은 작다.

또한 Forsterite는 유전손실이 특히 작다. 그렇기 때문에 일반 절연물 또는 전자관내 부품으로 예부터 사용되어 왔다. Steatite는 융점이 1,557℃이고, Forsterite는 1,890℃이며 Forsterite는 고온에서 전기절연성이 뛰어나다.

⑥ $BaTiO_3$

세라믹스 중에서도 높은 유전율을 가지고, 전기를 축적하는 성질이 뛰어나기 때문에, 주로 콘덴서 부품재료로 사용된다. 첨가원소에 따라서 유전성이 크게 변한다.

⑦ $Pb(Zr, Ti)O_3$

전기신호를 가하면 진동하고, 반대로 진동을 전기신호로 바꾸는 능력을 가진 압전재료이다. 이 특성(압전성)을 이용하여 다양한 전자부품(세라믹스 발진자, 세라믹스 필터 등)에 사용된다.

⑧ $M_2O \cdot Fe_2O_3$

세라믹스 자성체이다. 투자율이 높고, 전기저항과 내마모성이 크기 때문에 자기 Head나 고주파용 자심으로 널리 사용된다.

⑨ $MgO \cdot SiO_2$
전기적, 기계적특성은 보통자기보다 뛰어나고, 기계가공성도 양호하다.

4.5.2 탄화물 세라믹스

(1) 탄화규소(SiC)

SiC는 융점을 가지지 않고, 1기압일 경우 약 2400℃에서 분리한다. SiC는 공유결합성이 아주 높은 물질로, 예부터 연마재나 내화물로 많이 사용되어 왔다. 단단하다는 것 만이라면 SiC보다 단단한 물질이 있으나, 연마재용 SiC분말은 저렴하기 때문에 가격을 고려하면 Al_2O_3보다 단단한 재료로써 많이 보급되어 있다.

SiC세라믹스는 반응소결법과 상압소결법에 의해 만든다. 반응소결법의 원료는 Carbon(C)과 Si이다. 상압소결법은 SiC분말을 원료로 한다. SiC분말은 Acheson법, SiO_2환원법, Si와 C의 반응에 의해 만든다. 가장 중요한 SiC 합성법은 Acheson법이다. Acheson은 인공흑연을 만들려고 하다 이 방법을 발견했고 1893에 특허를 취득했다. Acheson법은 SiO_2(석영)와 C(석유코크스)와의 혼합분말에 통전해 2500℃정도의 고온으로 α-SiC를 합성하는 방법이다. 그 반응식은 다음과 같다.

$$SiO_2 + 3C = SiC + 2CO$$

1회의 합성은 100톤이나 200의 규모로 한다. 비용의 대부분이 전력이기 때문에 Acheson법에 의한 SiC의 합성은 전력이 싼 북극, 캐나다, 브라질 등에서 행해지고 있다. 최근에는 중국산도 증가하고 있다. 순 SiC의 생산량은 연간 40~50만톤 정도이다. 합성된 SiC는 큰 덩어리로, 불순물이 많은 부분은 검은색, 불순물이 적어지면 녹색에서 황색으로 된다. 이 덩어리를 분쇄하여 분말을 만든다. 그러므로 미세한 분말일수록 비싸다.

반응소결 SiC는 골재(骨材)로서 SiC와 Carbon의 성형체에 Silicon을 액체 또는 증기로 침입 반응시켜 얻어진다. Silicon의 융점은 1420℃이며, 반응은 발열반응이므로 반응은 쉽게 그리고 급속히 진행한다. Si_3N_4의 반응소결과 유사하며 SiC의 반응 소결체는 성형체의 경우와 치수가 거의 비슷하다. 그러나 미반응의 Carbon이나 Silicon의 잔재를 피할 수 없다. 특히, 미반응의 Silicon이 15%정도 남아 있다. Silicon이 남아있으면 재료의 사용온도가 Silicon의 융점이 된다. 이 Silicon을 진공 가열 또는 약품(플루오르화수소산 [Hydrofluoric acid]과 초산의 혼합액체)으로 제거하면 강도가 저하한다. 반응소결법은 큰 부재를 만들 때 적당하기 때문에 요도구(窯道具)등에 많이 이용된다.

상압소결 SiC의 제조법은 진공중에서 2000℃ 전후의 고온에서 소결하는 것을 제외하면, 다른 세라믹스의 소결법과 별로 다르지 않다. SiC의 소결조제는 크게 2 종류로 나눈다. 하나는 B와 C이다. C는 SiC표면의 SiO_2를 환원시켜 제거하는 역활을 하고, B는 SiC에 고용하여 입계에너지를 저하시켜, 고상확산을 촉진해 조밀화에 기여한다고 생각된다. B, C를 조제로 한 SiC는 입계에 거의 유리상이 잔류하지 않

✔ 표 4.7 SiC 세라믹스의 특성

대분류	소분류	단위	반응소결 SiC (Eagle공업, ES-2)	상압소결SiC (日立化成)
체적밀도		g/cm^3	3.05(12%Si포함)	3.1
기계적 특성	비커스경도	GPa	17	27.5
	굽힘 강도	MPa	400	550
	파괴 인성치	$MPa{\cdot}m^{1/2}$	2.8	4.6
	영률	GPa	350	410
	포아송비	-	0.2	0.15
열적 특성	비열	J/kgK		672
	열전도율	W/mK	15.1	125
	열팽창계수	$10^{-6}K^{-1}$	3.1 (RT~400℃)	4.2 (RT~700℃)
	열 충격 온도 차	℃	250	
	실용사용온도	℃	1400	1650
전기적 특성	체적고유저항	Ω·m		
내식성			알루미나 및 빙초산에 녹는다.	대부분의 산 · 알칼리에 반응하지 않는다.

기 때문에 고온강도가 뛰어난 세라믹스를 얻을 수 있다. 단지, 파괴인성이나 강도는 상대적으로 적다. 다른 하나는 Al, Al_2O_3, Al_2O_3과 Y_2O_3 등의 조제이다. 이들의 조제를 사용한 SiC는 B, C조제의 SiC 세라믹스에 비해 (ⅰ) 소결온도가 조금 낮은 1,800~1,900℃에서 소결 가능하다. (ⅱ) 얻어진 세라믹스의 강도나 인성이 크다. 그러나 (iii) 입계상이 존재하기 때문에, 고온강도는 떨어진다.

반응소결 SiC와 상압소결 SiC의 특성을 표 4.7에 나타낸다. 반응소결 SiC는 전술과 같이 SiC의 구조는 다공질이며, 그 간극에 Si가 있기 때문에, 기계적 특성은 그렇게 뛰어나지 않다. 또한 내열성은 잔류 Si의 융점(1,420℃)으로 제한된다.

상압소결 SiC의 특징은 경도가 약 27~28 GPa로 크다는 것이다. 강도나 파괴인성은 Si_3N_4나 ZrO_2세라믹스에 비하면 크게 떨어진다. 단, 1500℃이상의 고온까지 강도가 저하하지 않는 특성이 있고, 고온 내산화성이 Si_3N_4보다 뛰어나다. 또한, 내약품성도 모든 세라믹스에 비해 뛰어나다. 밀도는 3.1 g/cm^{3}이며, Si_3N_4와 거의 비슷하게 가볍다. 영률은 약 400 GPa로 크므로, 벌크 세라믹스로 특별하게 유용하지 않으나, 섬유나 휘스커로 이용할 때는 높은 강도를 나타내기 위해 유용하다. 열전도성이 좋지만 불순물에 의한 도전성도 있기 때문에 방열기판(放熱基板)으로 AlN이나 Al_2O_3처럼은 이용되지 않는다. 열팽창률이 작으므로 발열체의 응용에 유용하다.

탄화규소는 경도가 크다는 점, 도전성이 있다는 점에서 많은 분야에 이용되고 있다. 연마재, 내화물, 발열체 등으로 예부터 많이 이용되어 왔다. 치밀한 세라믹스는 각종 내 마모 부품으로 이용되고 있다. SiC세라믹스의 최근 화제중의 하나는 반도체제조과정에 사용되는 고순도 SiC이다. 반도체의 생산성을 높이기 위해 공정이 고온으로 되는 경향이 있고, 지금까지 사용된 석영유리(SiO_2)는 수명의 문제가 발생하게 되었다. 이 문제를 해결하기 위해, 내열성, 강도측면에서 SiC가 사용되게 되었다. 이 분야의 시장규모는 크고, 반도체 확산로의 치구나 Dummy wafer 등에 사용된다. 고순도를 만들기 위해서는 CVD-SiC가 유효하다. SiC섬유는 Carbon섬유에 비해 고가(高價)이지만, 우주·항공, 레저스포츠분야에서 플라스틱과의 복합재로 사용된다.

(2) 탄화붕소(B_4C)

다이아몬드와 합성 BN 다음으로 단단하다. 또, 1300℃ 이상에서 다이아몬드나 입방정 BN보다 단단하다. 융점은 2350℃, 비중 2.5 g/cm^{3}로 경량이다. 단단한 것 이외에 중성자 흡수 능력이 크다는 특징도 있다.

전기로 안에서 산화붕소를 2400℃이상의 고온에서 환원해 B_4C의 Ingot를 얻는다. 몇 개의 반응계가 있는데 공업적으로 이용되는 것은 탄소환원이다.

$$2B_2O_3 + 7C \rightarrow B_4C + 6CO$$

얻어진 B_4C덩어리를 분석, 정제, 제립하여 분말을 만든다.

HP법으로 소결한 B_4C세라믹스의 특성을 표 4.8에 나타낸다. 비중이 가볍고, 영률과 경도가 크다는 점이 특징이다.

✔ 표 4.8 HP B_4C의 특성

특성대분류	특성소분류	단위	반응소결 SiC (Eagle공업, ES-2)
체적밀도		g/cm^3	2.52
기계적 특성	비커스경도	GPa	32(knoop 100g)
	굽힘 강도	MPa	350~500
	파괴 인성치	MPa·m$^{1/2}$	
	영률	GPa	450
	포아송비	-	0.21
열적 특성	비열	J/kgK	0.2 Btu lb^{-1}F^{-1}
	열전도율	W/mK	33.5(혹은 29~67)
	열팽창계수	10^{-6}K^{-1}	5.6 (24~1000℃)
	열 충격 온도 차	℃	일반적으로 poor
	실용사용온도	℃	<600
전기적 특성	체적고유저항	Ω·m	0.01~0.1

분말상태에서 숫돌 입자로 응용이 목적이다. 그러나 400~500℃정도의 저온에서 산화하기 때문에 가공 중의 마찰열로 고온이 되는 딱딱한 금속을 가공하기에는 적당하지 않다. 또 소결체는 내마모성을 이용해 노즐 등에 이용된다. 특수한 응용은 원자로의 중성자 제어봉으로 이용된다. 또한 고온로의 전기 저항 발열체로써 응용된다. B_4C는 강성이 크기 때문에, HP제품을 판상으로 금속케이스에 넣은 것은 방탄벽의 기능을 한다. 그렇기에 비행기, 헬리콥터 또는 인체용 방탄벽으로 응용된다.

(3) 다이아몬드(C)

다이아몬드는 가장 단단한 물질이다. 또한 굴절률이 크고, 열전도율이 크다. 다이아몬드는 공업적인 이용과 보석으로 이용으로 나눈다. 다이아몬드는 천연에서 얻어지지만, 1960년경부터 인공합성 다이아몬드가 생산되어 공업용으로 이용되고 있다. 천연에서 생산한 다이아몬드 중에서 보석용은 1/4이하로 알려져 있으며, 천연 다이아몬드도 양적으로는 공업용이 주라고 할 수 있다.

다이아몬드가 숫돌입자 등에 이용되는 경우, 다이아몬드 입자는 레진이나 금속에 분산되어 고정되는 것이 통상적이 예이다. 그러나 다이아몬드 그 자체를 가능하면 작은 입계성분으로 소결하는 기술이 연구되어 최근에는 소결 다이아몬드로 개발되고 있다.

소결 다이아몬드의 일례는 다이아몬드의 미세분말에 코발트 등을 결합재로 첨가해 1500℃, 5만 기압 정도의 고압에서 소결한다. 소결체의 특징은 단결정의 결점인 벽개면의 결손이 없는 것이다. 소결 다이아몬드는 진공 중에서 900℃, 30분 정도에서 흑연화가 일어난다. 더욱이 내열성이 높은 소결 다이아몬드의 연구가 진행되고 있다.

다이아몬드의 경도는 모스경도에서 10이 되지만, 모스경도의 스케일이 선형이면 42에 상당한다. 다이아몬드가 단단한 것은 C원자가 공유결합으로 다이아몬드구조의 결합을 하고 있기 때문이다. 비중은 3.51 g/cm^{3}이다.

소결체공구의 특성은 비커스경도 100~140 GPa, 굽힘 강도 1300~2200 MPa, 영율 700~900 GPa 등이다. 다이아몬드는 600℃이상의 대기중에서 산화한다(타버린다).

다이아몬드의 응용은, 흔히 말하는 단단한 물질을 응용하는 전형적인 예이다. 주용도는 각종 연마, 연삭 공구다. 이용의 형태는 연마입자, 숫돌, 연마지 등이며, 대부분 온갖 물질의 절단, 연소, 홈파기, 구멍 뚫기 등의 가공에 이용되고 있다. 그러나 다이아몬드는 Fe와 반응하기 쉽기 때문에 철계 금속의 가공에는 부적합하며, 이 부분은 c-BN의 독무대이다.

인공다이아몬드는 순도적으로 품질이 향상하고, 크기도 한변이 10~15 mm의 크기까지 가능하게 되었다. 이에 따라 각종 광학부품, 예를 들어 FT-IR의 시료판이나 단결정 Heat sink(탈열제) 등으로도 이용되고 있다.

(4) 그 이외의 탄화물

탄화물로써의 SiC, B_4C 및 C(다이아몬드)의 3종류에 대하여 설명하였다. 그 이외에도 많은 탄화물이 있다. 탄화물의 일반적인 특징은 경도가 높다는 것이지만, 수백℃에서 산화하는 것이 많고, 산화에 약한 점이 결점이다. SiC는 예외적이다. 단, SiC도 습기가 많은 대기중 1000℃정도에서 산화가 현저하게 일어난다. 그러나 산화에 의해 생성하는 SiO_2가 유리로써 SiC의 표면을 덮으면, 산화는 이 유리 층을 통해 산소의 확산이 신속히 일어난다. 이에 따라 SiC의 산화속도는 1000℃ 이상에서 1000℃부근보다 저하한다. 그리고 1400℃ 이상에서는 다시 산화하기 쉽다.

WC는 밀도 15.8 g/cm^3, 융점이 약 3,050 K이다. WC는 공구로써 널리 이용되고 있다. WC는 세라믹스라기보다는 초경공구재료로 예부터 알려져 왔다. WC의 소결체는 코발트 등의 금속을 입계액상으로 소결하여 엄밀히 탄화물과 금속의 복합재료라고 할 수 있다. 입계의 금속상의 양에 영향을 받지만, 소결체의 경도는 17~24 GPa, 굽힘 강도는 500~700 MPa, 영률은 약 700 GPa이다.

TiC는 공구의 코팅재로 이용되고 있다. 또, Al_2O_3와 복합하여 인성의 향상과 동시에 경도를 높일 목적으로 Al_2O_3-TiC 등의 복합체의 성분으로 이용되고 있다. TiC 단상체의 특성은 밀도 4.92 g/cm^3, 융점 3,340 K, 누프경도(50 g) 20~28 GPa, 영률 450 GPa 등이 있다.

4.5.3 질화물 세라믹스

(1) 질화규소(Si_3N_4)

질화규소를 구성하는 실리콘과 규소는 클라크수(Clarke number; 지구상의 원소 존재량을 중량비로 나타낸 수치)가 1번째와 2번째로 큰 원소이지만, 질화규소는 천연적으로 존재하지 않은 물질이다. 질화규소의 존재는 1884년에 알려졌고, 1857년에 내열성과 내식성이 밝혀졌다. 그러나 그 후 약 100년의 공백이 있고, 1955년에 반응소결 Si_3N_4에 대해서 상세하게 보고되었다. 1960년대에 영국에서 엔진부품에 적용하려는 연구를 시작되어, 1970년대에 미국, 일본에서도 연구가 활발히 진행되었다. 질화규소 세라믹스는 종래의 대표적인 파인세라믹스인 알루미나에 비교해서 강도가 커서, 오일쇼크 등 사회적인 자원문제를 배경으로 해서, 엔진부품에 사용할 수는 없을까하여 1970년대부터 198년대에 걸쳐서 활발히 연구가 이루어졌다. 그 결과 재료 자체는 대단한 진보를 이루었다. 그러나 실제 엔진에 사용하는 것은 우수성, 가격, 신용성 등에 문제가 있고, 기대할 정도의 시장은 형성되지 않았다. 한편, 진보된 재료기술에 기반을 둔 플러그부재, 베어링용 볼, 세라믹스 공구, 내열·내마모 부품 등으로 수요가 증가하고 있다.

Si_3N_4는 α와 β 2개의 결정 동질이상(Polymorphism)이 있다. α가 저온형, β가 고온형이다. 또, Si의 위치에 Al이, N의 위치에 O가 치환 교용한 고용체, α-사이아론, β-사이아론이 존재한다. α고용체는 격자 사이에 Y등의 원자가 고용된다. 이것을 총칭해서 사이아론(Si-Al-O-N)이라 부른다. 고온에서의 내산화성과 강도 등이 질화규소와 조금 다르지만, 기본적인 특성은 질화규소와 동일하다.

질화규소의 제조법은 크게 2가지로 나눈다. Si분말과 N_2가스를 반응시키는 반응소결법과 Si_3N_4분말을 소결하는 소결법이 있다. 일반적으로 질화규소라고 하면, 소결법에 의하여 제조된 질화규소 세라믹스를 말한다.

Si_3N_4분말의 제조법은 몇 가지 있지만, 대표적인 것은 ①직접질화법: Si분말을 N_2가스와 반응시키는 방법, ②이미드 열분해법: $Si(NH)_2$를 열분해시켜 Si_3N_4를 만드는 방법이다. 대표적인 특성을 표 4.9에 나타낸다.

반응소결 질화규소는 Si 성형체를 1400℃전후의 질소분위기 중에서 가열하여 Si를 Si_3N_4로 하는 방법이다. Si 성형체는 밀도가 낮지만, Si가 Si_3N_4가 될 때, 약

✔ 표 4.9 전기화학공업(주) 원료의 주 특성

	SN-7	SN-9	SN-9S	SN-9WF
α비율(%)	73	92	92	92
평균입경(㎛)	4.3	5.7	1.1	0.7
비표면적(m^2/g)	4.9	4.8	7.3	11.4
산소(%)	1.5	1.2	1.7	0.8

17.9%체적이 팽창(선팽창은 5.6%)한다. 또 얻어진 Si_3N_4는 15~30%의 기공을 포함하기 때문에 반응소결에서는 시료의 치수가 성형체와 소결체에서는 거의 변화하지 않는 장점이 있다. 또 소결질화규소에 비해서 원료가 저가이기 때문에 제품도 상대적으로 싸고 질화규소 세라믹스를 소결하는 때 사용된다.

질화규소의 소결은, 질소분위기 중에서 행한다. 원료분말로서는 평균 1㎛보다 작고, 서브미크론 단위의 원료를 이용한다. Si_3N_4 중의 Si 및 N의 자기확산계수는 Al_2O_3 등의 산화물세라믹스의 Al이나 O보다 훨씬 작기 때문에 Si_3N_4는 고상소결을 하지 않는다. 소결에는 액상이 필요하다. Si_3N_4는 표면에 산화층을 가지고 있고, 이것이 고온에서는 첨가한 소결보조제 Y_2O_3, Al_2O_3, MgO등과 반응해서 유리상을 형성한다. 소결은 유리상의 모세관력에 의한 입자재배열, 액상을 통한 용해-석출반응에 의해 진행한다. 이 때문에 소결보조제의 종류와 양의 선택이 중요한다. 질화규소의 소결온도는 1,800~1,900℃로 고온이지만, 원료분말이나 소결보조제 기술의 진보로 최근 1,550~1,650℃에서도 충분히 치밀한 소결체가 얻어진다. 또, 고강도의 재료를 얻기 위해서는 HP가 이용되고 있지만, 지금은 1 MPa정도의 가압소결 중에서의 소결(가스압소결)이 일반적이다.

반응 소결질화규소와 가스압 소결질화규소의 특성을 표 4.10에 나타낸다.

반응소결 질화규소는 앞에서 언급한 것과 같이 15~30%의 기공을 포함하기 때문에 기계적인 강도는 낮다. 그러나 소결보조제를 포함하지 않기 때문에 고온까지 기계적 강도가 저하하지 않는다. 특수한 재료로서 반응소결 원료인 Si에 소결보조제가 되는 Y_2O_3, Al_2O_3 등을 첨가하여 있어서 Si를 Si_3N_4로 반응시킨 후, 그 보조제의 작용으로 치밀하게 소결하는 소결법도 있다.

질화규소 소결체의 색은 회색 또는 흑색인 경우가 많다. 이 색은 원료의 순도와 소결보조제의 종류에 따라 달라진다. 고순도의 원료로 조결보조제가 $Y_2O_3 \cdot Al_2O_3$ 등의 경우에는 흙색이 되는 경우도 있다. 질화규소 세라믹스의 최대의 특징은 가볍고 고강도인 것이다. 고강도만으로는 ZrO_2세라믹스가 강하다. 그러나 Si_3N_4의 밀도는 3.2 g/cm^2, ZrO_2의 밀도는 6.0 g/cm^{2}이기 때문에 중량비강도로 보면 질화규소 세라믹스가 압도적으로 우수하다. 또 ZrO_2와 비교하여 고온에서도 강도가 저하하지 않는 장점도 있다. 또 열전도율이 비교적 크기 때문에 열충격에 대한 저항성도 높다. 이러한 것을 종합하면, 질화규소 세라믹스는 강도부재용의 세라믹스로서는 매우 신뢰성이 높다.

✔ 표 4.10 질화규소 세라믹스 특성

대분류	특성소분류	단위	반응소결# Si_3N_4	소결 Si_3N_4 (NTKEC-141)
체적밀도		g/cm^3	2.7	3.2
기계적특성	비터스경도	GPa		1600
	굽힘강도	MPa	300	1000
	파괴인성치	MPa·m$^{1/2}$	2	6
	영율	GPa	250	320
	포아송비			0.28*
열적특성	비열	J/kgK		660
	열전도율	W/mK		31
	열팽창계수	10^{-6}L^{-1}	3.2(RT-1200)	2.8
	열충격온도차	℃	350	>880
	실용사용온도	℃		1000~1200
전기적특성	체적고유저항	Ω·m		10^{12}(25℃) 10^8(500℃) 10^6(700℃)

✔ 그림 4.10 세라믹스 롤러

질화규소 세라믹스는 엔진부품용으로 개발되었다. 그러나 앞에서 말한 듯이, 자동차 디젤엔진의 점화플러그를 제외하면 적용할 수 없었다. 질화규소세라믹스의 주요한 응용은 베어링, 세라믹스 공구, 각종 내마모부품 등이다.

각종 산업에서 내마모, 내열·내마모용으로 질화규소가 사용되고 있다. 이런 분야에 이용되는 산업용 세라믹스 제품은 철강용, 성형용, 베어링용, 용접용 등 용도별로 구분된다. 그림 4.10은 세라믹스 롤러의 예이다.

질화규소의 열전도율은 30 W/mK정도이다. 이 값은 알루미나와 큰 차이가 없다. 그러나 질화규소 세라믹스의 열전도율을 향상시키기 위한 연구가 진행되어, 최근에는 70~100 W/mK의 것이 개발되었다. 이 값은 AlN세라믹스의 150~200 W/mK보다는 낮지만, Si_3N_4세라믹스의 강도는 AlN세라믹스의 강도보다 크기 때문에 강도가 필요한 곳에서 사용이 증가되고 있다. 질화규소는 다공체를 필터, 각 종 자동차 부품으로 응용되고 있다.

(2) 질화알루미늄(AlN)

질화알루미늄은 Wurtzite형의 결정구조를 가지는 것이 1924년에 알려졌다. 단결정은 무색투명하다. 비중은 3.26 g/cm^3, 상압에서 융점을 가지지 못하고, 2450℃에서 승화·분해한다. 일반적으로 질화물은 공유결합성이지만, AlN은 이온결합성이 강한 물질로 부분적 이온성은 0.43이다. AlN은 1960년대에는 강도부재로서 주목받았지만, 열전도율이 크고, 열팽창계수가 실리콘에 가깝기 때문에 방열재료, 특히 소비전력이 큰 디바이스의 방열부재으로서 주목되어, 1980년대 이후 급속히 개발되어졌다.

질화알루미늄의 공업용 고순도 분말은 1984년부터 공급되었다. 원료분말의 대표적인 제조법은 ①알루미나의 환원질화법, ②알루미늄의 직접질화법으로 2가지 방법이 있다. 또, $Al(C_2H_5)_3$와 NH_3를 기체상에서 반응시키는 방법도 제안되었지만, 양산은 되지 않았다.

알루미나의 환원질화법은 아래의 반응에 의한다.

$$Al_2O_3 + 3C + N_2 = 2AlN + 3CO$$

반응을 진행시키기 위해서는 생성된 CO가스를 반응 장소에서 제거하기 위하여 질소가스를 유통시킨다. 탄소를 과잉공급하여, 후의 공정인 산화분위기중에서 열처리하여 제거한다. 이때 AlN도 약간 산화된다. 이 때문에 AlN분말표면에는 소량의 Al-O-N로 구성된 아몰퍼스층이 형성된다. 산소 함유량은 0.9%정도이다. 이 방법에 의한 분말의 특성은 일차 입자계 약 0.6 ㎛, BET 비표면적 3.3 m^2/g 이고, 5mass% 정도의 소결보조제를 첨가하므로서 1750℃정도에서 치밀하게 소결한다.

직접질화법은 아래의 반응에 의한다.

$$2Al + N_2 = 2AlN$$

일반적으로 직접질화법은 단가가 낮지만, 소결체의 열전도율이 약간 낮은 130~170 W/mK 정도로 알려져 있다. 환원질화법은 특성이 우수하여 170~200 W/mK의 소결체가 얻어진다.

AlN의 소결에는 반응소결, HP도 연구되었지만, 현재는 상압소결이 일반적이다. AlN은 Si_3N_4와 SiC와 같이 소결보조제 없이는 소결하지 않는다. 소결보조재로는 희토류금속의 산화물, 알칼리토류의 산화물, 혹은 이것의 혼합계가 이용되고 있다.

AlN 원료분말의 표면에는 산화막이 있으므로 소결시에는 첨가보조재와 산화물(Al_2O_3)이 반응해서 액상을 형성한다. Si_3N_4의 소결과 같이, AlN에 있어서도 Y_2O_3가 우수한 소결보조제이다. Al_2O_3와 Y_2O_3반응에 의해 입계에는 $Y_3Al_{15}O_{12}$, $YAlO_3$, $Y_4Al_2O_9$ 등의 화합물이 생성된다.

AlN 소결체의 열전도율은 입계 석출결정의 종류와 관계 있고, Y_2O_3/Al_2O_3의 비가 큰 쪽이 연전도율이 좋다고 한다. 이 경우, Al_2O_3는 원료 AlN 표면의 산화층에 기인한다. AlN은 SiC와 Si_3N_4에 비교하면 산화하기 쉽고, 대기중에 방치해두는 것 자체로도 수%의 산소가 증가한다. 따라서 원료 분말의 보관, 관리에는 충분한 주의가 필요하다.

AlN의 소결온도를 저하시키는 시도가 초미립 원료를 사용한다든지, YF_3, CaO + Y_2O_3, CaO + Y_2O_3 + 붕산 등의 보조제를 이용해서 시도되었다. 그 결과, 보통의 소결온도보다 약 200℃ 낮은 1600℃에서 치밀화가 가능하였다. 하지만, 열전도율은 140 W/mK 정도로 약간 작다. 이것은 저온소결은 결정입자가 작아지기 때문에 Phonon 평균자유공정이 짧아지기 때문이라고 생각된다. Phonon은 고체에서 원자(이온)진동의 양자화에 의하여 생성되는 에너지양자를 말한다.

AlN의 열전도율은 앞에서 말한 바와 같이 Phonon의 평균자유공정에 비례한다. 산소이온은 AlN 결정격자중의 질소와 치환·고용한다. AlN 결정격자 중에 산소가 고용하면, 가전자의 밸런스에서 Al의 격자결함이 생성된다. 이것이 격자진동의 밸

✔ 표 4.11 AlN 기판의 특성(도시바 제품)

재질	TAN-200	TAN-230	TAN-250
밀도 [mg/cm^3]	3.3		
열전도율 [W/mK]	200	230	250
열팽창계수 [10^{-6}/℃]	4.6		
절연내력 [kV/mm]	14 ~ 15		
체적고유저항 [Ω·m]	$>10^{12}$		
유전정접 [10^{-4}]	5		
굽힘강도 [MPa}	330	330	300

런스를 붕괴시키고 열저항이 된다. 더욱이 산소가 증가하면, 단순한 Al 격자결함은 아니고, 결함구조가 Al-O의 6배위구조로 변화하며, 격자에 변형을 가한다. 그 변형이 열진동의 저항이 된다. 따라서, AlN의 열전도율을 높이기 위해서는 소결체 중의 AlN 결정에 고용하는 산소를 적게하는 것이 중요하다. AlN 소결체를 환원분위기중에서 열처리하면 고용되어 있는 산소의 석출제거가 가능하다. 1900℃ 탄소분위기 중에서 열처리하면, 산소량을 400 ppm까지 감소시킨 AlN은 약 260 W/mK 정도의 높은 열전도율이 얻어진다.

대표적인 AlN의 기판 특성을 표 4.11에 나타낸다. 3종류는 열전도율이 다르다. 굽힘강도는 어느 것도 300·330 MPa로 그다지 크지 않다. 그러나 HP소결한 AlN은 700 MPa 정도의 강도를 갖는 것으로 알려져 있다. 내식성은 정량적이지는 않지만, Al_2O_3는 산에 아주 우수, 알칼리에 우수이므로, Al_2O_3보다 나쁘다고 한다.

열전도성이 높은 것을 이용하여 반도체용의 각종 방열기판, Package 등에 이용된다. 방열기판은 세라믹 단상체 외에 몰리브덴 또는 텅스텐을 금속화 한 기판이 있다. 더욱이, 도시바는 세라믹 기판 위에 동(銅) 회로를 특수한 기술로 직접 접합한 DBC(Direct Bond Copper) 기판을 제조하고 있다. DBC 기판의 특징은 고방열성, 고전기절연성, 우수한 땜납 부착성, Bonding성과 열팽창계수도 세라믹스와 같기 때문에 대형 실리콘 Palette를 직접 기판위에 마운드 할 수 있게 된다.

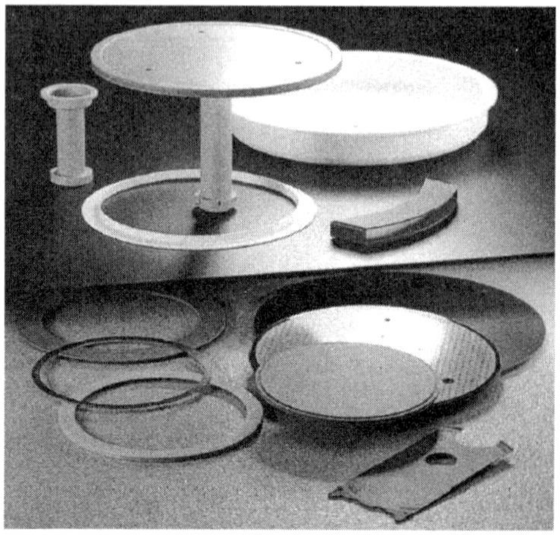

✔ 그림 4.11 반도체 제조 장치용 세라믹스

AlN는 플라즈마에 대한 내부식성도 우수하므로, 반도체 제조장치 용도로 수요가 급증하고 있다. 그림 4.11은 NGK Insulators, Ltd.가 제공한 AlN으로 만든 정전 chuck과 가열 히터이다.

(3) 질화붕소(BN)

BN은 인공적으로 만든 화합물로, C원자의 흑연과 다이아몬드와 유사한 육방정 BN(h-BN)과 입방정의 BN(c-BN)이 있다. 물성도 흑연, 다이아몬드와 유사하다. BN은 이외에 三方晶 (Trigonal, 菱面体晶 : Rhombohedral) BN, Wurtzite육방정 BN의 존재가 알려져 있다. h-BN은 화이트 카본이라고도 한다. Borazon은 GE사의 c-BN의 상품명이다.

h-BN 분말은 흰색 또는 엷은 황색이다. h-BN의 제조법은 B_2O_3를 NH_3에 의한 환원질화법이 일반적이다.

$$B_2O_3 + 2NH_3 \rightarrow 2BN + 3H_2O$$

이 방법에 의한 원료는 0.5% 이하의 B_2O_3를 포함하고, 평균입경은 1 ㎛ 이하의 제품 번호에서 10 ㎛ 정도까지다.

h-BN은 통상 HP로 소결한다. 따라서 h-BN 부품은 HP에서 만들어진 큰 것을 기계가공으로 제작한다. 또, 금속용해용 도가니 등은 열분해법으로 만든다.

c-BN은 다이아몬드와 같이 소결하기 어려운 재료이므로, 결합제를 사용하여 초고압고온화에서 소결한다. 소결 c-BN을 공구로 사용하는 경우, 보통 소결시에 초경합금모재와 일체로 소결하고, 소결 후 와이어 방전가공에 의해 정한 형태로 잘라낸다. 그 후 초경합금모재와 공구금속을 납땜하고 날을 연마 마무리 한다.

h-BN은 많은 질화물과 같이 융점을 가지지 않고, 진공 중에서는 2255 K에서, 대기압의 N_2중에서는 2977 K에서 분해한다. 흑연과 같이 미끄럼성이 있고, 고체윤활재로 사용된다. 흑연은 약 600℃에서 산화하지만 h-BN은 900℃ 정도까지 안정하다. 표 4.12에 대표적인 BN 세라믹스의 특성을 나타낸다.

c-BN의 특징은 경도가 크다. c-BN을 비롯한 다양재료의 모스경도와 누-프경도

비교표를 나타낸다. c-BN의 경도는 모스경도로 9와 10 사이에 있지만, 누-프경도는 알루미나가 2100, c-BN은 4500~4800이다.

h-BN은 흑연처럼 미끄럼성, 내열성이 있으므로, 고체윤활제로 사용되고 있다. 화학적으로 안정하고 금속은 유리와 수정석(CaF_2)에도 붙지 않으므로, 이것을 도가니로 사용한다. 또 중성자 흡수 단면적이 크기 때문에 원자로의 차폐제로 사용한다. 또 AlN 등 질화물을 소결하는 거푸집으로서 이용이 증가하고 있다. 고온 전기 절연성이 우수하기 때문에 이온 주입기 필라멘트의 절연초자 등, 종래 Al_2O_3자기가 사용되었던 부재의 일부에도 사용된다.

c-BN은 철과 반응이 어렵고, 열적으로 안정하므로 철강재료의 숫돌 등의 공구로서 넓게 사용되고 있다. c-BN 숫돌에 의한 연삭의 특징은 연삭액을 사용하지 않고 풍냉에 의한 건식가공이 가능하다는 것이다. c-BN 숫돌의 제조법은 기본적으로 다이아몬드 숫돌과 같이 메탈본드, 레진본드, 히토리화이트(유리)본드 및 전착숫돌로 크게 구분할 수 있다. BN을 CVD법으로 기상에서 석출시킨 BN(p-BN)은 고순도로 GaAs 등의 화합물반도체와 반응하지 않으므로 단결정 제조용 도가니로 이용되고 있다.

✔ 표 4.12 대표적인 BN 세라믹스의 특성

특성 대분류	특성 소분류	단 위	*h*-BN 덴카 N-1	*c*-BN
체적밀도		g/cm^3	1.8	3.48
기계적특성	비커스 경도	GPa(500gf)	10 (쇼어)	47
	굽힘강도	MPa	15	
	파괴인성치	$MPa\cdot m^{1/2}$		
	영 률	GPa		710
열적 특성	비열	J/kgK	40	
	열전도율	W/mK	63	1300
	열팽창계수	$10^{-6}C^{-1}$	2.4(RT-500)	
	열충격온도차	℃		
	실용사용온도	℃(진공중) (불활성가스중)	950 2200	
전기적특성	체적고유저항	Ω·m (20℃)	1013	

✔ 표 4.13 TiN의 대표적인 특성

물성	수치
밀도(g/cm^3)	5.39
융점(℃)	2949
경도(GPa)	20
전기전도도(Ω·cm)	53.9 x 10^{-3}
열전도도(W/mK)	19.3
열팽창계수(x 10^{-6})	9.35

(4) 그 외의 질화물 세라믹스

질화물(nitride) 세라믹스는 금속원소와 질소의 화합물이다. 대표적인 것은 질화규소(Si_3N_4), 질화알루미늄(AlN), 질화붕소(BN) 등이 있다.

질화티탄(TiN)은 황금색이 특징이고, 내식성 내열성이 있고 고경도 고융점 화합물이다. TiN은 Ti와 N의 전기음성도의 차에서 공유결합성 58%, 이온결합성 42%이다. TiN은 금속 Ti와 질소의 반응으로 쉽게 합성할 수 있지만, 소결은 곤란하여 Ni 등의 소결조제를 사용한다. 황금색의 특징을 활용하여 장식용 피복제 소결체로서, 내마모성 세라믹스 공구의 코팅재로 이용한다. 코팅은 코팅재 내열성과 밀착강도를 고려하여 PVD 혹은 CVD법을 사용한다. TiN의 대표적인 특성을 표 4.13에 나타낸다.

(5) 그 외의 비질화물 ($MoSi_2$ 외)

탄화물, 질화물 이외의 비질화물은 규소(Si)화물, 붕소(B)화물이 있다. 모두 연구용이다. 규소화물은 $TiSi_2$, $ZrSi_2$, $NbSi_2$, $TaSi_2$, $CrSi_2$, $MoSi_2$, WSi_2 등이 있고, 붕소화물은 TiB_2, ZrB_2, NbB_2, TaB_2, CrB, CrB_2, MoB, WB, LaB_6 등이 있다. 2규소화물은 비교적 융점이 낮고 감압 플라즈마 용사 등으로 내산화성 막을 얻는다. 붕소화물은 고융점, 고경도, 도전성, 열전도성이 양호하여 방전가공에 의한 정밀 마무리가 가능한 내열경질재료로 개발되고 있다.

2규화몰리브덴($MoSi_2$)는 전기저항이 작고 내열성이 있으므로, 주로 대기분위기 중에서 1700℃를 넘는 고온 발열체로 이용되고 있다. 융점은 1870~2030℃이다. 현재는 로내 온도 1850℃급도 시판되고 있다. $MoSi_2$가 고온 발열체로서 내구성이 있는 것은 산화에 의해 표면에 SiO_2 막이 형성되기 때문이다. 한번 생긴 SiO_2 막은 이후, 분위기 중의 산소 확산 장벽으로 작용한다. 이것은 SiC가 발열체로서 이용되고 있는 것과 같은 이유이다.

2붕소화티탄(TiB_2)은 고경도로 내마모성이 우수하고, 용융금속에 침입이 어려워 메카니컬 씰, 다이스 등의 내마모 부품 및 중성자 흡수체로 이용되고 있다. (주) TYK와 일본텅스텐 (주)의 생산품 소결체의 특성을 나타낸다. 표 4.14는 소결체의 조성을 알지 못하고, 특성의 측정조건이 기록되어있지 않기 때문에 같이 비교할 수는 없지만, TiB_2 소결체의 특징은 양쪽의 수치에서 짐작할 수 있다. 즉, TiB_2는 영률과 경도가 크고, 열전도율이 알루미나의 약 2배이며, 전기적으로는 대부분 도전체라고 할 수 있다. 비중과 열팽창의 값에 상당한 차이가 있고, 이것은 NPT-1이 TB-1보다 TiB_2의 함유량이 많기 때문이라고 추정된다.

✔ 표 4.14 TiB2 세라믹스의 특성

특 성	(주) TYK (TB-1)	일본텅스텐 (주) (NPT-1B)
비중(g/cm^3)	4	4.56
굽힘강도(MPa)	750	685
파괴인성($MPam^{1/2}$)	7	-
영률(GPa)	550	500
경도(GPa)	30(비커스)	94.2(로크웰)
열팽창계수($\times 10^{-6}$℃$^{-1}$)	6.2	7.8
열전도율(W/mK)	75	79
내열충격성(℃)	300	-
체적고유저항(Ω·m)	35×10^{-6}	70×10^{-6}

4.6 파인세라믹스 특성

4.6.1 전기와 파인세라믹스

(1) 절연성(그림 4.12)

물질에 전기를 통하려고 할 때, 큰 저항에 의하여 전기를 통하지 않는 것이 절연체이다. 반대로, 저항이 작아 전기가 잘 통하는 것이 도체이다. 물질을 구성하는 기본원소인 원자는 원자핵과 그 주위를 회전하는 원자다. 전기의 통전 여부는 통상 전기를 운반하는 자유전자 다소로 결정된다. 절연성이 높은 물질일수록 자유전자 수가 적으므로 전기가 통하기 어렵다. 절연체에는 파인세라믹스 외에 파라핀, 고무, 비닐, 종이, 대리석 등이 있지만, 세라믹스는 다양하게 성형하기 쉽고, 열에 강하고 단단하기 때문에 일찍부터 애자 등에 사용되고 있다.

파인세라믹스는 통상전기가 통하지 않는 절연성 세라믹스이다. 절연성을 응용한 예로서 휴대전화나 네비게이션, MP3 등에 사용되고 있는 수정진동자나 표면탄성파 필터 등의 표면실장형 전자부품의 패키지가 있다. 이들 전자부품의 고신뢰성을 유지하기 위하여, 고 기밀성이나 배선간의 고절연성을 가진 세라믹스 패키지가 사용된다. 용도는 배선기판 재료 · 세라믹스 패키지 등에 사용한다.

(2) 유전성

전자는 물질의 분자 중을 이동한다. 도체 중에서는 전자는 자유로 움직일 수 있지만, 절연체 중에서는 자유로 움직일 수 없기 때문에 전자의 이동이 곤란하다.

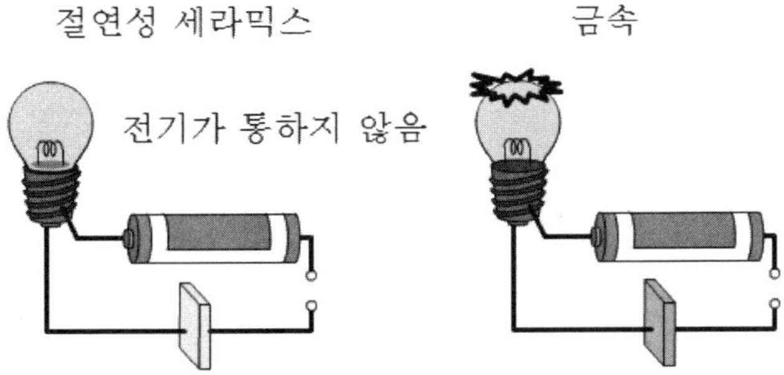

✔ 그림 4.12 세라믹스와 금속의 절연성

그러나 절연체에 전압을 가하면, 전자는 다소 이동 하지만, 분자로부터 분리되지 않고, 물질의 양단에 전하나타나, +와 -로 분리된다. 또 이온 자체가 이동하는 경우가 있다. 이와 같이 물질의 양단에 전하가 나타나는 물질을 유전체(유전성)이라 한다. 유전성은 표 4.15에 나타내는 비유전율(유전율과 진공 유전율의 비) 등으로 나타내고, 수정이 3.8, 사파이어(주성분: 산화알루미늄)가 9.4이다. 티탄산바륨은 4,590으로 강유전체라 부른다.

그림 4.13에 나타내듯이 전기가 통하기 어려운 절연성 세라믹스의 양측에 전극을 연결하여 전압을 가하면, 전기가 축적되는 성질(유전성)이 있다. 특히 많은 전기를 축적할 수 있는 절연체를 강유전체라 한다. 파인세라믹스 중에서도 그런 성질을 나타내는 것이 있다. 세라믹스 콘덴서는 이런 성질을 이용한 전자부품이다. 우리들 가까이에 있는 컴퓨터, 텔레비전, 휴대전화 등의 전기제품 중에 많이 사용되고 있다. 전기회로 중에서 주위 부품에 필요한 전기를 통하게 하고, 일시적으로 전기 흐름을 멈추고, 같은 전기신호 만 통하지 않게 하는 등 전기의 교통정리 역할을 한다. 용도는 세라믹스 콘덴서로 사용한다.

✔ 표 4.15 비유전율

수정(SiO_2)	3.8
사파이어(Al_2O_3)	9.4
티탄산바륨($BaTiO_3$)	4,590.0

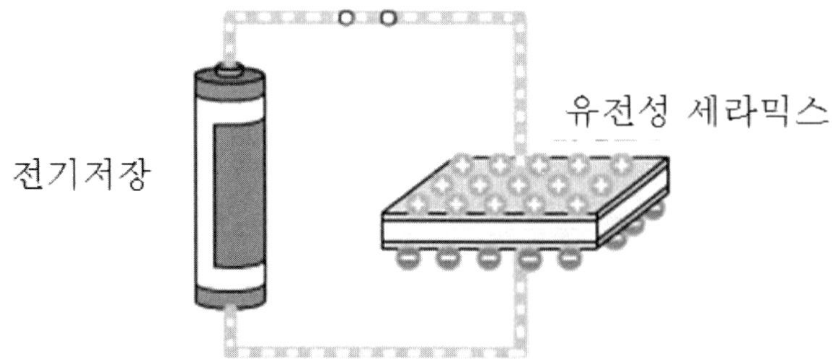

✔ 그림 4.13 유전성 세라믹스에 의한 전기저장

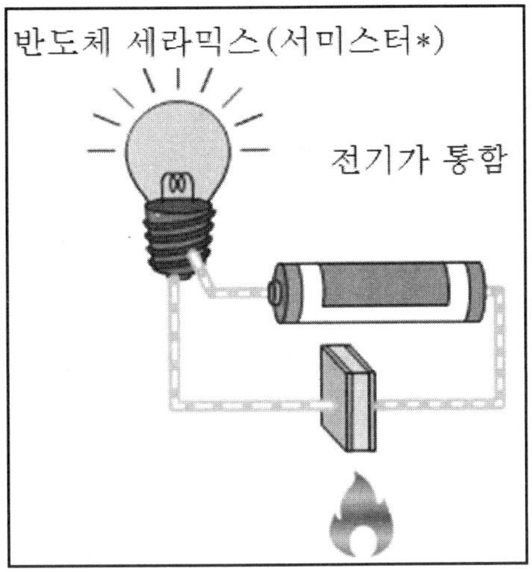

✔ 그림 4.14 세라믹스의 도전성

(3) 도전성

도전성은 전기를 통하는 성질이다. 일반적으로 파인세라믹스는 절연체이지만, 그림 4.14와 같이 전기가 통하는 것도 있다. 특정 파인세라믹스에서 세라믹스 온도를 올리면 저항이 내려가고 올라가는 것도 있다.

► 서미스터는 온도를 올리면 저항이 내려가고, 전기가 통하기 쉬운 성질을 이용한 전자부품이다. 온도변화를 감시하는 센서나 전기제품의 과열을 방지하는 장치 등에 사용한다. 또 바리스터라는 전자부품은 전압이 높게 되면 저항이 내려가는 성질을 가지며, 전자회로에 필요이상의 전압이 걸리는 것을 방지하는 회로 등에 사용한다. 일반적으로 파인세라믹스는 전기가 통하지 않는 절연체이지만, 온도나 전압에 의해 전기가 통하는 반도체 세라믹스도 있다. 용도는 온도센서, 온도측정기에 사용한다.

(4) 압전성

압전체란, 결정에 힘 또는 변형에 의하여 전하를 발생하는 정압전효과와 역으로 전계를 가하면 힘이나 변형이 발생하는 역압전효과를 가지는 물질을 말한다. 압전세라믹스는 다결정체이고, 티탄산 지르콘산 납, 일반적으로 PZT라 부르고, P는 Pb(납), Z는Zr(지르콘), T는 Ti(티탄)을 주성분으로 하고, 용도에 맞는 성능을 갖기

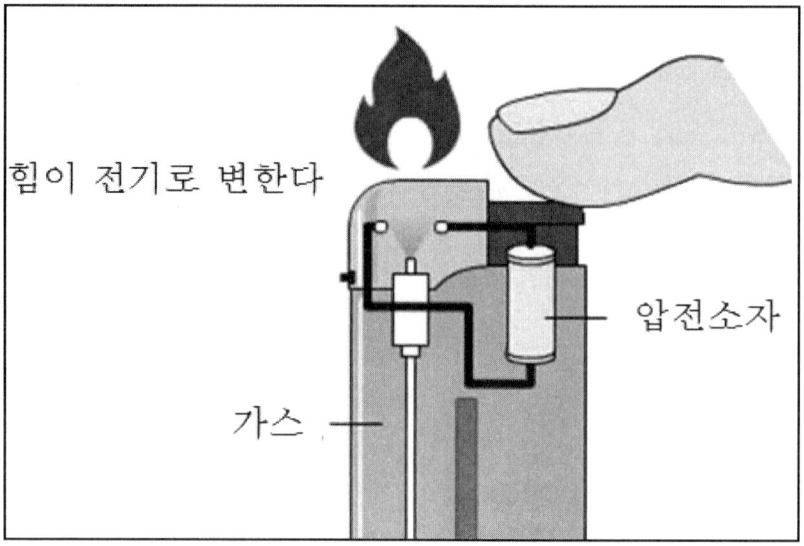

✔ 그림 4.15 압전세라믹스를 사용한 라이터

위하여 첨가물을 사용한다. 전기를 가하면 세라믹스의 형상에 맞는 진동이 발생하고, 진동이나 충격을 가하면 전기를 발생하는 매우 독특한 특징이 있다.

힘을 전기로, 전기를 힘으로 변환시키는 성질을 갖는 파인세라믹스를 압전 세라믹스라 한다. 이와 같은 성질을 가진 압전 세라믹스는 다양한 제품에 사용되고 있다. 예를 들면, 부엌에 사용되는 가스 스토브는 압전 세라믹스를 두드렸을 때 힘을 전기로 바꾸어, 전기 불꽃을 튀게하여 착화시키는 것이다. 손잡이를 돌렸을 때 「딸깍」 하는 소리는 압전세라믹스를 두드리는 소리이다. 그림 4.15에 나타내는 라이터도 이와 같은 원리를 사용한다. 용도는 가스에 불을 붙이는 압전 점화 유닛에 사용한다.

(5) 자성

자성체로서 파인세라믹스는 페라이트가 잘 알려져 있다. 페라이트는 산화철이나 산화망간, 산화니켈 등의 분말을 섞어 구운 파인세라믹스이다. 자석으로 사용되는 외에 각종 전자기기의 회로 중에서 전자부품의 코일로 사용된다. 또 트랜스나 스피커 등의 변환부품 소재로서도 중요한 역할을 한다.

자석의 성질을 나타내는 파인세라믹스이다. 자석은 N극과 S극을 가지며, 자기를 발생한다. 일반적으로 대부분의 세라믹스는 비자성이비만, 페라이트 등 파인세라믹스는 자성체이다. 용도는 코일에 사용한다.

(6) 초전도

초전도를 발생시키기 위하여 물질을 절대영도(-273℃)까지 냉각시킬 필요가 있어, 쉽게 활용할 수 없다. 단, 종래보다 고온인 -140℃ 정도에서 초전도를 나타내는 파인세라믹스가 있다. 파인세라믹스는 아직 연구개발의 여지가 많아, 금후의 연구가 기대된다.

전기를 잘 통하는 철이나 동 등의 금속도 저항이 약간 있다. 이 저항을 0으로 할 수 있으면, 한번 흘린 전기는 계속 흐른다. 이 상태를 초전도라 한다. 초전도 모터를 이용한 전차나 발전, 초전도 코일을 사용한 에너지의 저장, 초전도 소자를 사용한 컴퓨터 등, 다양한 응용을 생각할 수 있다.

4.6.2 빛과 파인세라믹스

(1) 파인세라믹스의 광학적성질

파인세라믹스는 작은 결정의 집합체이고, 결정의 경계인 입계나 미세한 기공 등이 빛을 난반사하기 때문에 빛이 통과할 수 없다. 이와 같은 입계나 기공을 가지지 않는 단결정 사파이어 등은 투광성이 있고, 통상의 유리보다 강도나 열전도성이 뛰어난 특징이 있기 때문에 액정 프로젝터용 창 등에 사용된다. 또 반도체적인 성질이나 유전성 등을 갖는 결정의 경우는 빛, 전장, 자장과의 상호작용에 의한 색조변화나 굴절변화를 이용한 제품에 응용할 수 있다. 용도는 액정 프로젝터용 창, 형광등, 광센서 등에 사용한다.

(2) 파인세라믹스의 광학특성 분류

파인세라믹스는 미세한 입자의 소결체인 결정입자와 그 사이에 존재하는 입계성분으로 구성되고, 입계에 기공이나 입계성분이 소결 후에 남지 않도록, 또, 결정을 크게 성장시켜 계면을 감소시킴으로서 투광성을 부여할 수 있다. 또, 파인세라믹스에 반도체적인 성질이나 강유전성, 강자성을 갖는 결정이 있고, 이들 결정이 빛이나 전장, 자장과 상호작용함으로서 형광·발광·색조변화, 복굴절 변화 등을 나타낸다.

① 투광성: 빛을 통하는 성질, 다결정체는 입계의 산란이나 복굴절이 적은 치밀한 고순도 소결체로 투광성을 나타낸다.
② 형광·발광: 조사된 빛을 흡수하고 다른 파장의 빛을 발생한다.
③ 전기광학효과: 전장에 의하여 저항치가 변한다.
④ 음향광학효과: 음파에 의해 주기적인 굴절변화의 광회절효과
⑤ 자기광학효과: 자장의 강도에 따라 굴절율이나 흡수계수가 변한다(패러디 효과)
⑥ Photochromism효과: 빛을 받아 색조가 변한다.
⑦ 광려기효과: 공진에 의해 강한 레이저 빛을 발생한다.

4.6.3 파인세라믹스 경도

(1) 경도

파인세라믹스의 큰 특징은 단단하다는 것이다. 금속을 절삭하는 절삭공구 등에 사용한다. 물질의 단단하기를 나타내는 경도는 다이어먼드로 눌러 만들어진 결함의 크기로 조사한다. 그림 4.16과 같이 파인세라믹스의 경도는 스테인리스강의 약 3배, 탄화규소는 스테인리스강의 4배 이상의 경도를 나타낸다. 파인세라믹스는 매우 단단한 재료이다. 용도는 절삭공구, 베어링부품 등에 사용한다.

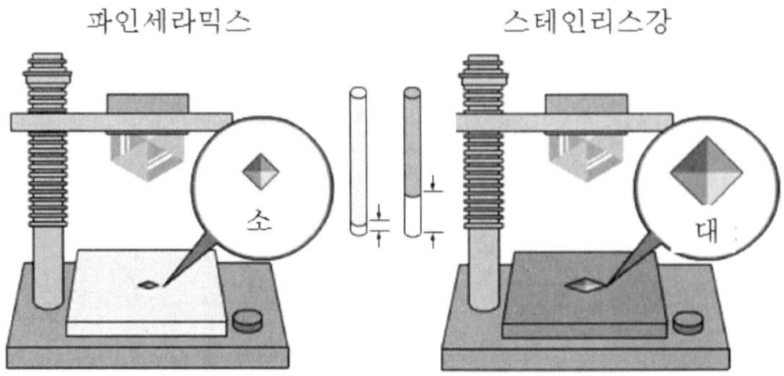

✔ 그림 4.16 비커스경도 시험기에 의한 경도 비교

파인세라믹스의 경도는 일반적으로 비커스 경도로 나타내고, 파인세라믹스 경도 시험방법은 JIS R1610에 규정되어 있다. 비커스 경도는 시험편에 다이어몬드 압자를 눌렀을 때의 저항을 나타내는 값이다. 경도가 높은 것이 파인세라믹스의 특징 중의 하나이며, 내마모성이 좋다. 이런 특징을 이용하여 펌프부품, 절삭공구, 씰링, 베어링 등에 사용한다.

파인세라믹스의 강도는 재료 중에 포함되어 있는 결함(균열, 이물질 및 이상 입성장한 결정)의 크기에 의해 결정된다. 따라서 부품 크면, 큰 결함이 내부에 존재할 가능성이 높아 작은 부품보다 낮은 강도를 나타낸다. 이것은 금속이나 플라스틱은 강도가 재료특성으로 결정되는데, 파인세라믹스의 강도는 프로세서의 변화로 성질이 크게 변한다.

경도가 뛰어난 파인세라믹스는 "마모하기 어렵다"라는 내마모성이 일반금속보다 월등하게 우수하다. 파인세라믹스와 금속의 마모 시험에서 어떤 파인세라믹스도 스테인리스강에 비하여 10배 정도 단단하다. 또 젖은 모래 속에서 파인세라믹스와 금속을 8시간 회전시킨 실험에서는 파인세라믹스가 더욱 마모하기 어려웠다.

✔ 표 4.16 비커스경도의 비교

(GPa)

파인 세라믹스	탄화규소	SiC	22.0
	알루미나	Al_2O_3 (99.5 %)	15.7
	질화규소	Si_3N_4	13.9
	지르코니아	ZrO_2	13.2
금속	초경합금	WC-Co	15.5
	스테인리스강	STS304	5

(측정방법 JIS R 1607-1990, IF법의 파괴인성 산출에 사용하는 비커스경도)

(2) 강성

변형하기 어려움, 즉, 강성이 높은 것도 파인세라믹스의 특징이다. 그림 4.17과 같이 강성은 소재에 하중을 가하여 휘어진 양을 계측함으로서 측정가능하다. 소재가 휘어지지 않을 정도 강성이 높아서 변형하기 어렵다. 하중에 대한 연신율을 영율이라 한다. 이 방법으로 계측한 알루미나와 탄화규소의 강성(영율)은 스테인리스강의 약 2배이다. 강성이 높으면 왜 좋을까? 예를 들면, 정밀 부품을 만들기 쉽다. 제품을 만들 때 큰 힘이 작용한다. 이 때 변형하기 어려운 것이 부품을 정밀하게 가공할 수 있다. 용도는 구조부품에 사용한다.

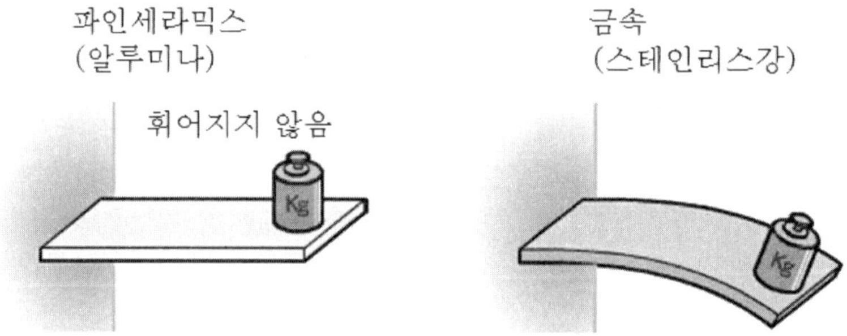

✔ 그림 4.17 파인세라믹스와 금속의 강성 비교

✔ 표 4.17 파인세라믹스와 금속의 영율 비교

(GPa)

파인 세라믹스	탄화규소	SiC	430
	알루미나	Al_2O_3(99.5 %)	370
	질화규소	Si_3N_4	290
	지르코니아	ZrO_2	200
금속	초경합금	WC-Co	620
	스테인리스강	STS304	200

(측정방법 : JIS R1602-1995의 초음파펄스법)

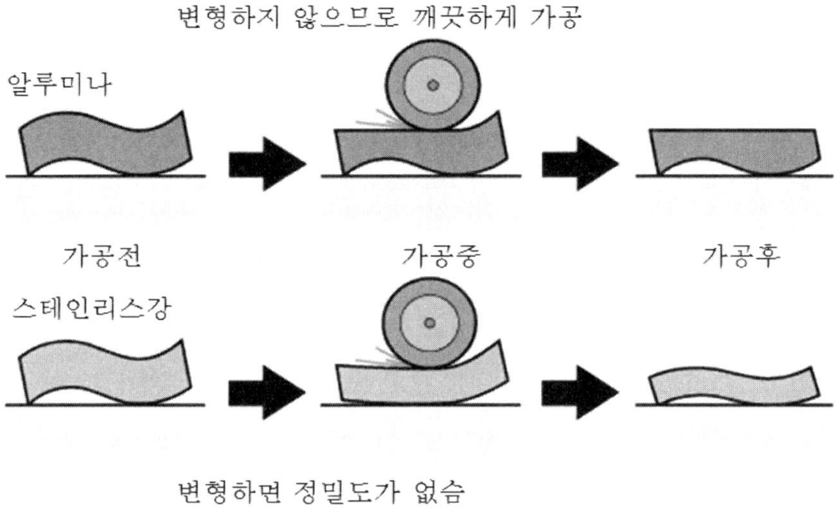

✔ 그림 4.18 강성이 높으면 가공 정밀도가 좋은 이유

강성은 일반적으로 영율로 비교한다. 또 영율은 다르게 말하면 「휘어지기 어려움」이라 한다. 또는 「어떤 일정량 휘는데 필요한 힘」라 표현할 수 있다. 아래 그림 4.18에 나타내듯이 파인세라믹스는 영율이 높아 고강성재료라 할 수 있다. 이 때문에 가공정도가 높고, 정밀가공부품에 사용한다.

(3) 인성

원래 구운 것인 세라믹스는 단단한 반면 깨지기 쉬운 성질이 있다. 깨지기 쉬운 성질의 반대는 파괴에 대한 저항력이나 질긴 강도를 말하며 인성이라 한다. 파인세라믹스 중에서도 지르코니아는 비교적 높은 인성이다. 이 때문에 칼 종류와 가위 등에 이용된다. 용도는 칼, 가위 등에 사용한다.

표면이나 내부에 균열이 있는 재료 (균열재)의 파괴에 대한 저항력을 나타내는 것이 파괴인성이다. 파인세라믹스의 파괴인성은 파괴 시 균열선단에서의 응력확대계수 K_{IC}로 나타낸다. 특히, 평면 변형율 조건에서 균열 개구형의 파괴인성치 K_{IC}가 재료의 비교에 사용된다. 파인세라믹스는 일반적으로 파괴인성치가 낮은 재료이지만, 가위나 칼 등에 사용되고 있는 부분안정화 지르코니아는 고인성이다.

✔ 표 4.18 파인세라믹스와 금속의 파괴인성 비교

구분	재료	화학식	파괴인성
파인 세라믹스	지르코니아	ZrO_2	7～8
	질화규소	Si_3N_4	5
	탄화규소	SiC	4～5
	알루미나	Al_2O_3(99.5 %)	3～4
금속	스테인리스강	STS304	2 0
	초경합금	WC-Co	20

(MPa・$m^{1/2}$)

파인세라믹스는 K_{IC} 값을 사용한다.

(측정방법 : 파인세라믹스는 JIS R1607-1990의 IF법으로 측정, 금속은 ASTM K_{IC} 시험)

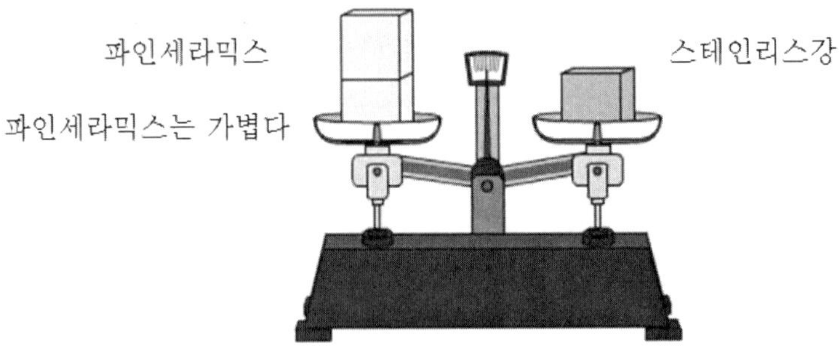

✔ 그림 4.19 파인세라믹스와 금속의 비중 비교

✔ 표 4.19 파인세라믹스와 금속의 비중

구분	재료	화학식	비중
파인 세라믹스	지르코니아	ZrO_2	6.0
	알루미나	Al_2O_3 (99.5 %)	3.9
	탄화규소	SiC	3.2
	질화규소	Si_3N_4	3.2
	코제라이트	$2MgO \cdot 3Al_2O_3 \cdot 5SiO_2$	2.6
금속	초경합금	WC-Co	16
	스테인리스강	SUS304	7.0

(측정방법 JIS R1634-1998)

(4) 비중

그림 4.19와 같이 파인세라믹스는 고강도 금속에 비하여 가벼운 재료이다. 같은 체적이라면 대부분의 파인세라믹스가 금속에 비하여 약 절반의 무게이다. 용도는 터보 로터 등에 사용한다.

밀도는 $1cm^3$의 질량를 나타내고, 비중은 물을 1로 하였을 때의 밀도 비로 나타낸다. 대부분의 파인세라믹스 비중은 철계 금속에 비하여 절반이하이다.

4.6.4 열과 파인세라믹스

(1) 내열성과 내열충격성

파인세라믹스의 열에 강한 성질은 물질이 열로 녹기 시작하는 융해온도와 급격한 온도변화에 언제까지 견딜까하는 내열충격성으로 나타낸다. 특히 열에 강한 질화규소는 수중낙하에 의한 내열충격성도 수냉에서 550℃라는 높은 성능을 가진다. 이 때문에 질화규소는 특히 크게 온도가 증감하는 부분에 사용하는 재료로 적합하고, 에너지 산업이나 금속제조 등 고온분야에 이용된다.

파인세라믹스의 열충격 저항은 급냉에 의하여 파괴가 발생할 때, 가열된 파인세라믹스와 냉각매체의 온도차로 나타난다. 급격하게 냉각되었을 때, 내부와 외부의 온도차에 의하여 발생하는 내부응력이 파인세라믹스 강도를 초과할 때 파괴한다. 온도차는 「세라믹스의 열전도도」와 「파인세라믹스와 냉각매체와의 열전달계수」로 결정된다. 또, 발생하는 응력은 파인세라믹스의 영율, 열팽창계수, 내부와 표면 온도차의 곱으로 구한다.

✔ 표 4.20 파인세라믹스의 내열 충격성(수중낙하)

질화규소	Si_3N_4	550
탄화규소	SiC	400
지르코니아	ZrO_2	300
알루미나	Al_2O_3 (99.5 %)	200

온도 (℃), (측정방법 JIS R1648-2002)

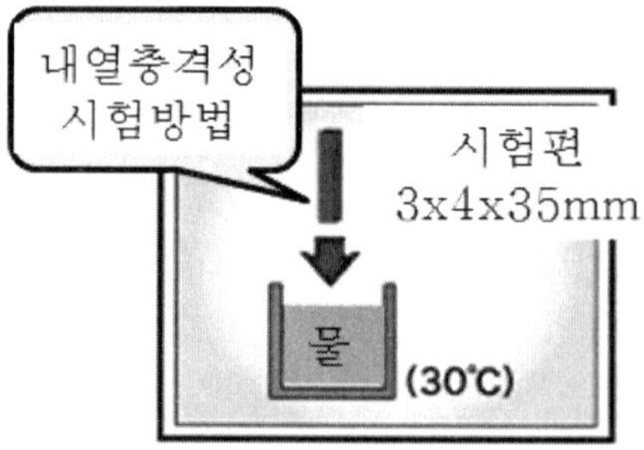

✔ 그림 4.20 내열충격 시험 방법

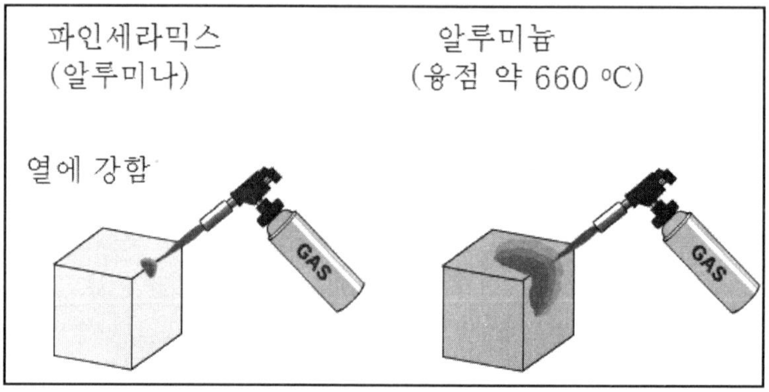

✔ 그림 4.21 내열성 시험

구운 벽돌이나 타일은 열에 강하다는 것은 잘 알고 있지만, 파인세라믹스는 더욱더 열에 강하다. 그림 4.21은 토치에 의하여 내열성 시험을 평가하고 있다. 알루미늄은 약 660℃에서 용해하지만, 파인세라믹스는 약 2,000℃ 이상이 되어야 용해 또는 분해한다. 용도는 엔진부품, 금속용탕 부품에 사용한다.

(2) 열팽창계수

온도변화에 대하여 물질 : 팽창하는 비율을 열팽창계수라 하고, 파인세라믹스는 열팽창계수가 작고, 온도변화에 대하여 변형량이 작은 물질이다. 물질의 열팽창계수는 구성 원자 사이의 결합 강도에 의존한다. 다이어몬드, 탄화규소 및 질화규소 등의 공유결합 재료는 원자 사이의 결합력이 강하여 열팽창계수가 작은 재료이다.

한편, 스테인리스강 등은 파인세라믹스에 비하여 결합력이 약하고, 열팽창계수가 큰 경향이다.

✔ 표 4.21 파인세라믹스와 금속의 열팽창계수 비교

(40～400℃)

구분	재료	화학식	열팽창계수
파인 세라믹스	지르코니아	ZrO_2	10.5
	알루미나	Al_2O_3 (99.5 %)	7.2
	탄화규소	SiC	4.4
	질화규소	Si_3N_4	2.6
금속	스테인리스강	SUS304	18.0
	초경합금	WC-Co	5.5

일반 금속에 비하여 파인세라믹스는 열팽창율이 작고, 온도의 상하에 대하여 치수변화가 작다.

($\times$ 10^{-6}/℃)

(측정방법 JIS R1618-1994)

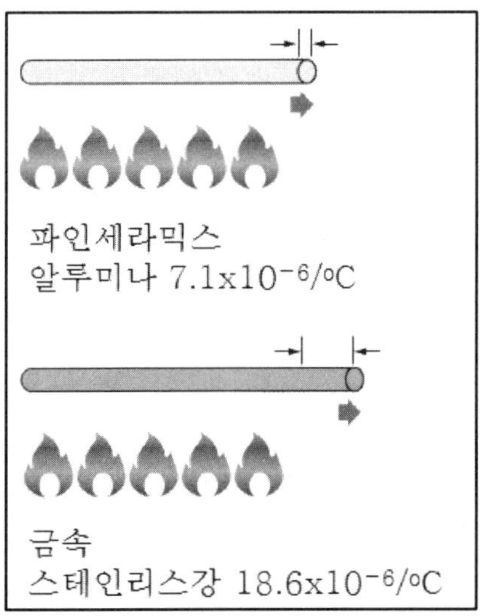

✔ 그림 4.22 열팽창계수 비교

그림 4.22와 같이 물질은 따뜻하게 하면 길이나 체적이 늘어난다. 이 현상을 열팽창이라 하고, 재료에 따라서 늘어나는 길이는 다르다. 온도가 1℃ 상승하였을 때, 어느 정도 늘어났는가를 나타내는 것이 열팽창계수이다. 파인세라믹스는 스테인리스강에 비하면 열팽창계수가 절반 이하로 작은 물질이다. 용도는 고정도 측정기용 부품 등에 사용한다.

(3) 열전도율

물질 중에 열이 전달하기 쉬운 물성이 열전도율이다. 상온에서 가장 높은 열전도율을 갖는 물질이 다이어몬드이지만, 세라믹스는 내부기공, 입계, 불순물 등도 영향을 받는다. 이것을 제어하여 고열전율을 갖는 재료도 있다. 열전도는 전자의 이동이나 격자진동의 전달에 의한다. 전기저항이 낮은 금속이나 격자진동을 전달하기 쉬운 결정, 예를 들면, 격자점에 질량에 가까운 원자나 이온이 존재하는 결정이나 결합이 강한 공유결합성 결정은 높은 열전도을 나타낸다.

열이 물질 중에 얼마나 잘 전달되는지 나타내는 것이 열전도율이다. 파인세라믹스는 열전도율이 놓고 열전달 잘하는 소재와 열전도율이 낮고 열전달 어려운 소재가 있다. 질화알루미늄, 탄화규소는 특히 열전달이 좋은 소재이다. 질화알루미늄은

✔ 표 4.22 열전도율 (상온) 비교 (W/m・K)

구분	재료	기호	열전도율
파인 세라믹스	질화알루미늄	AlN	150
	탄화규소	SiC	60
	알루미나	Al_2O_3 (99.5 %)	32
	질화규소	Si_3N_4	20
	지르코니아	ZrO_2	3
금속	초경합금	WC-Co	85
	탄소강	SC	41

보온・단열하고 싶을 때는 열전도율이 낮은 재료를, 방열・균열하고 싶을 때는 열전도율이 높은 재료를 선정할 필요가 있다. (측정방법 JIS R1611-1997)

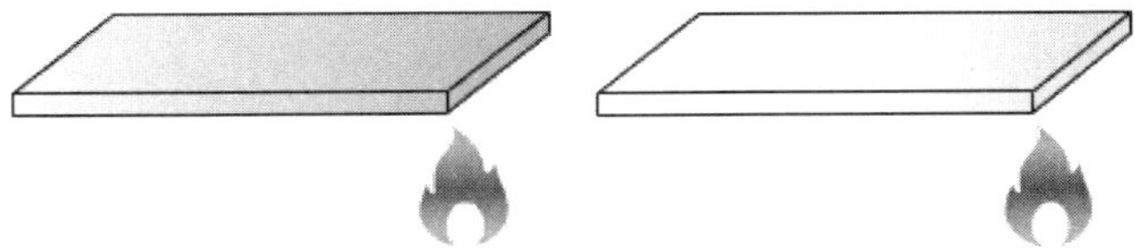

✔ 그림 4.23 열전도율의 비교

발열이 커서 반도체 부품 패키지(열전도율 고) 등에 사용된다. 반대로, 지르코니아는 열을 잘 차단하여, 열전도율이 스테인리스강의 10분의 1로 작다. 고온로 벽(열전도율 소) 등에 사용한다.

4.6.5 화학, 의학과 파인세라믹스

(1) 내약품성 (그림 4.24)

아무리 강도가 높아도 약품에 녹아버리면 사용 범위가 한정된다. 공장에서는 강한 약품이 사용되는 경우가 많다. 그래서 파인세라믹스나 철을 염산, 황산, 초산, 수산화나트륨, 불화수소산 등의 약품에 넣어두는 가혹한 시험에서 녹은 양을 비교하였다. 많이 녹은 쪽이 약품에 약한 것이다. 결과는 염산에서 스테인리스강이, 불화수소산에서 스테인리스강, 지르코니아, 질화규소가 눈에 띄게 녹은 것에 대하여, 알루미나와 탄화규소는 어떤 약품에도 강하였다. 알루미나와 탄화규소는 특히 약품에 강한 내약품성이 있는 재료이다.

파인세라믹스는 화학적 안정성이 높고, 내산성 재료이다. 용도는 화학약품 공장의 밸브나 기기, 화학약품 수송용 펌프 부품, 세라믹스 가위 등에 사용한다.

(2) 생체적합성

세라믹스는 가볍고, 강하고, 약품에도 강하다. 이런 성질을 가진 파인세라믹스는 의학 분야에 응용되어, 현대의학의 발전을 이루는 중요한 기술이 되었고, 의료재료로서 의료 현장에 기여하고 있다. 인체는 다양한 화학물질을 가지고 있지만, 파인세라믹스는 산이나 알칼리에서 녹지 않는 내약품성이 있다. 그림 4.26에 나타내는 인공관절은 인체와의 친화성 파인세라믹스 재질로 제품이 만들어져 있다. 용도는 인공관절 등에 사용한다.

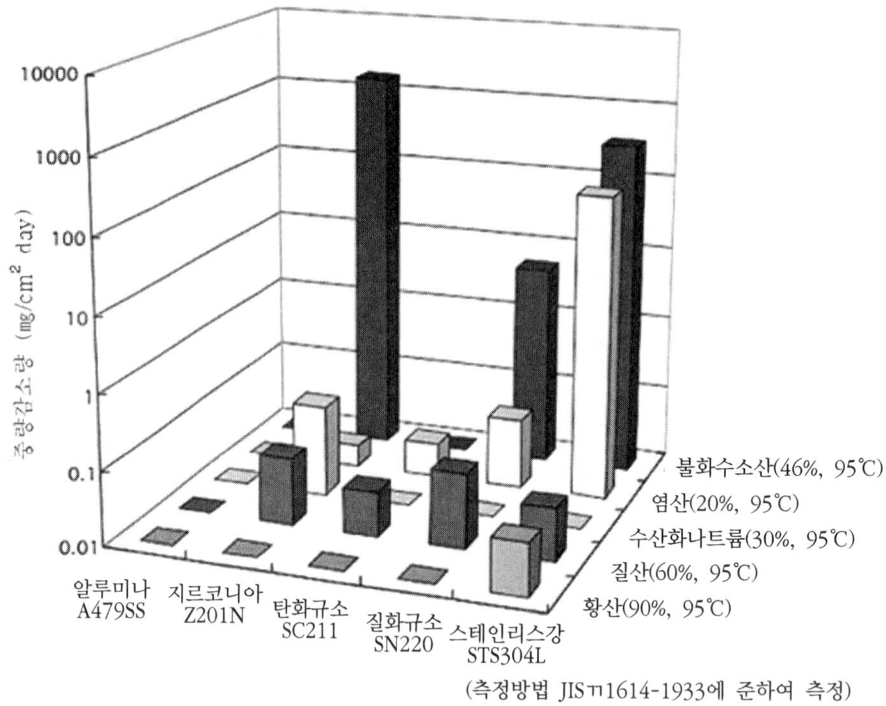

✔ 그림 4.24 각종 세라믹스의 내약품성

✔ 그림 4.25 내산성 비교

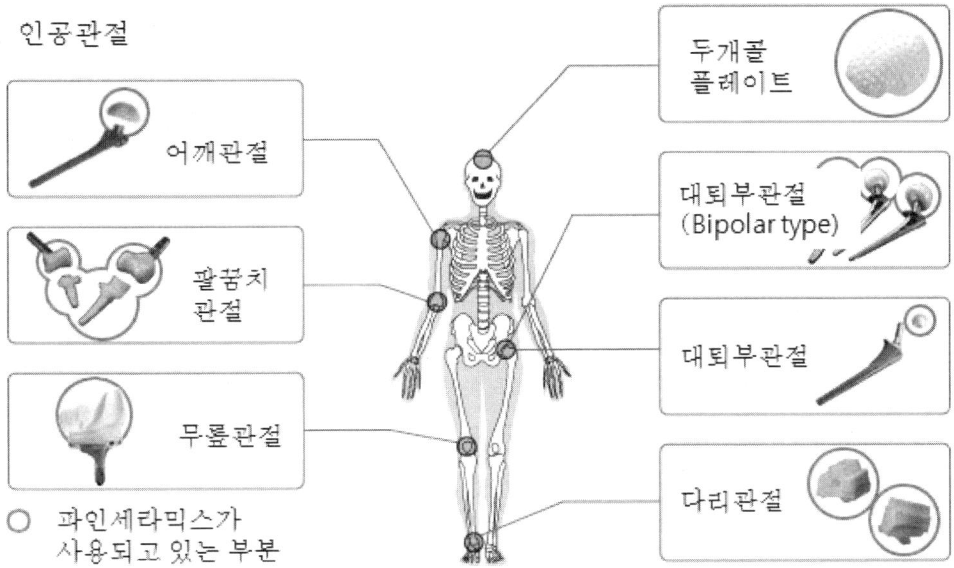

✔ 그림 4.26 세라믹스가 사용되는 인체 각 부분

4.7 파인세라믹스의 응용

4.7.1 반도체 · 액정제조장치

(1) 초음파 모터 X-Y stage

반도체제조에서 전자빔 로광(露光)이나 차세대 광디스크의 원반묘화(描画) 등 고정에 X-Y stage가 필요하다. 고정도·비자성 X-Y stage에 초음파 리니어모터 및 고성능모터를 사용함으로서, 종래의 Stage에서 달성하지 못한 고속, 초 저속영역에 사용할 수 있다.

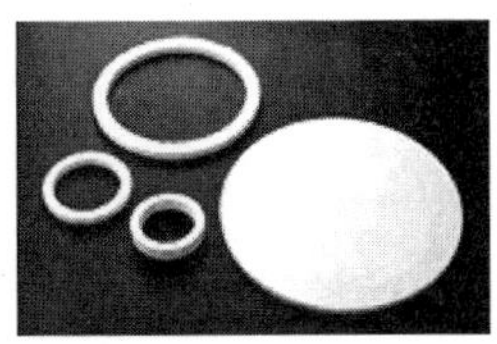

(2) 폴리싱 플레이트

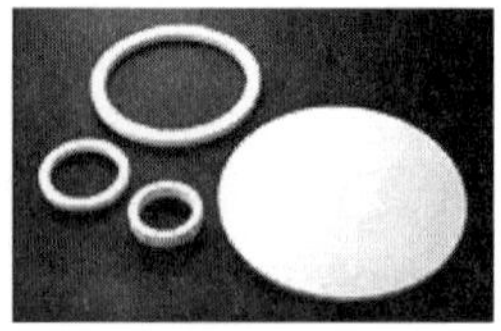

Wafer 연마가공에 고경도, 내마모성인 고순도 세라믹스를 사용함으로서 장기 사용에도 양호한 표면상태가 유지된다. 평탄도는 1 ㎛ 이하, 사이즈는 12"~40"이상

(3) SiC 폴리싱 플레이트

고열전도율, 저열팽창계수, 높은 영율을 가지고 균열성이 뛰어나며, 열에 의한 플레이트 자체의 변형을 매우 작도록 한 Makiba type 폴리싱 플레이트이다. 내약품성이 뛰어나고, 플레이트 표면형상 가공은 凹형상, 평판, 凸형상 등 다양한 형상으로 가공이 가능하다.

(4) 내플라즈마 재료

차세대 플라즈마 에칭기술은 플라즈마에 의한 침식, 입자 발생, 알루미늄 등의 금속불순물오염, 산소의 해리 등과 같은 문제가 있다.

(5) 연마포 드레싱 플레이트

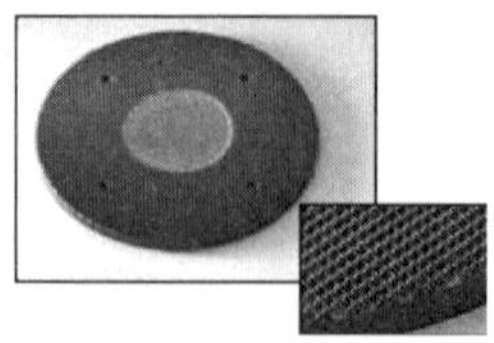

높은 내구성을 가지는 DLC(Diamond like carbon)를 코팅한 연마포를 고정하는 드레싱 공구이다. Hv는 5000이다.

(6) 액정 제조 장치용 대형 부품

액정판넬의 대형화, 고정도 및 미세화에 따라서 제조장치도 대형화, 고정도화가 요구된다. 따라서 고강성, 고순도의 대형 세라믹스 부품이 생산되고 있다.

(7) dome · chamber

뛰어난 내플라즈마성을 가지는 세라믹스 Chamber 및 Dome은 300 mm wafer 가공에 사용한다.

(8) 진공척

고정도이며 복잡한 표면가공을 한 정밀 세라믹스 진공척은 Wafer 고정, 운반 등 다양한 공정에 사용한다.

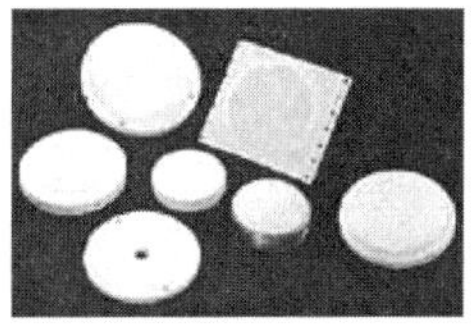

(9) 정전척

세라믹스 사이에 내부전극을 형성하여 일체로 소결한 것이다. 그 표면 둔 도체 또는 반도체인 Si wafer와의 사이에 발생하는 정전기력을 이용한다. 반도체 공정에서 Si wafer의 고정 · 교정 · 냉각 등의 목적으로 사용한다.

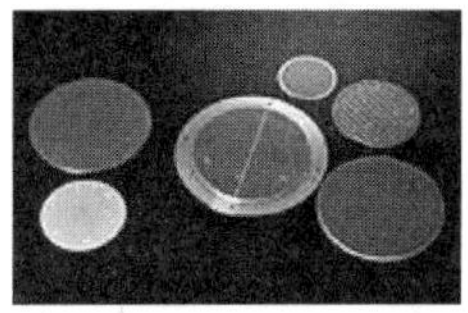

(10) 히터

질화알루미늄이 갖는 내플라즈마성, 고열전도성을 이용한 Process chamberso에서 사용되는 Wafer 가열용 히터이다. 99.9% 이상의 고순도와 균일한 열적 성질을 가진다.

(11) 운송용 Arm

고온내구로서 손상이 없는 운송용 Arm이다. 더욱이 미끄럼 상대재에 대한 손상의 완화, 불순물의 확산방지 등 고기능화를 위하여 DLC(Diamond like carbon)등의 코팅을 세라믹스 표면에 피막 할 수도 있다.

(12) 단결정 사파이어

단결정 사파이어는 뛰어난 전기적특성, 광학특성을 가지며, 고도정보화시대에 신뢰성 높은 재료로서 수요가 더욱 증가하고 있다. 교세라는 임의의 결정방위, 단면형상이 얻어지는 "EFG (Edge-defined film-fed growth method)법"으로 단결정 사파이어를 양산한다.

(13) Metalling 부품

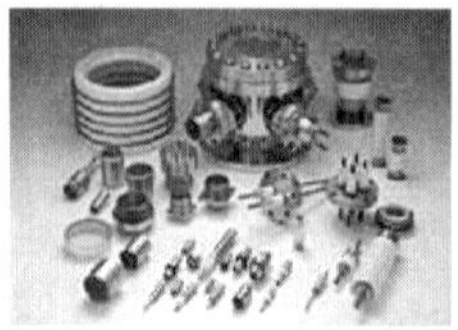

고절연성능과 기밀성으로 고내압, 대전류, 고속화에 적합한 세라믹스 부품이다. 반도체제조장치, 분석장치, 우주개발 등 고진공 장치 부품의 용기, 플랜지, 단자로 이용된다.

4.7.2 사파이어 단결정 제품

단결정 사파이어는 알루미나 단결정이고, 기계적특성, 열특성, 광학특성, 화학적 안정성이 뛰어난 투명재료이다. 유리, 석영 등 양산 투명재료 중에서 아주 뛰어난 재료특성을 가지고 있다.

열특성 : 융점은 2000℃ 이상이고 고내열성이다.
열전도율은 42 W/m·K, 사파이어는 양산 투명 재료 중에서 매우 높은 재료이다.

기계특성 : 비커스경도는 22.5 GPa

전기특성 : 유전정접은 10~4 이하이고, 플라즈마 장치 등의 구성부재로도 사용된다.

광학특성 : 자외선부터 적외선까지 폭넓은 범위에서 고투과율을 가진다.

(1) 광 디바이스 - LED용 사파이어 기판, LD용 사파이어 기판

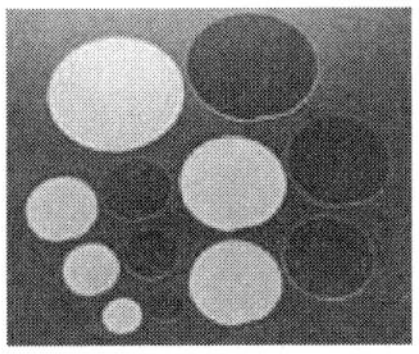

청색, 녹색, 자외, 백색발광소자(LED)의 결정성장용 기판으로서 사파이어기판이 가장 많이 이용된다. 사파이어는 GaN(질화갈륨)계 반도체 결정 성장용 기판으로서 뛰어난 특성을 가지고 있으며, 양산성도 우수하다.

(2) 전자 디바이스용 사파이어 기판

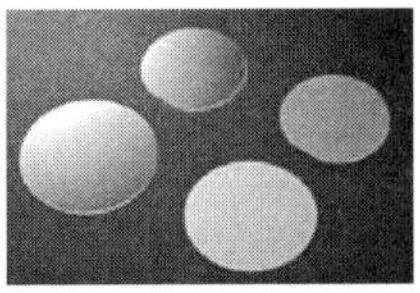

고주파 디바이스, 파워 디바이스, 센서 Multi band 휴대전화의 스위치 디바이스(SW), 스위치 모듈의 고기능화가 이루어지고 있다. 전자 디비아스는 저배화, 고주파, 소형화, 저손실의 요구가 증가하고 있고, SOI기판(Silicon on Insulator), SOS기판(Silicon on Sapphire)이 주목받고 있다.

(3) 반도체 제조 장치용 사파이어 제품

반도체 제조장치의 성능향상을 위하여 대부분의 사파이어 제품을 사용한다. 사파이어는 고순도(99.99%)이고, 뛰어난 내플라즈마성, 내열성이 있고, 입자의 발생이 적기 때문에 장치의 구성부재나 Handling arm, Chamber용 사파이어 창, 캐리어 플레이트(랩핑 플레이트 : 휴대전화, 컴퓨터, 디지털 카메라 등의 전자기기에 장착하는 소재 (수정, 석영, 반도체, 세라믹스, 자기소재, 유리 등)의 랩핑, 폴리싱 가공에 적합한 치구), 웨이퍼 보드, 리프트 핀, 치구 등 다양한 반도체 제조장치 부품에 사용된다. 또 낮은 유전 손실 재료이고, 플라즈마 발생장치 등의 고성능화에도 기여한다.

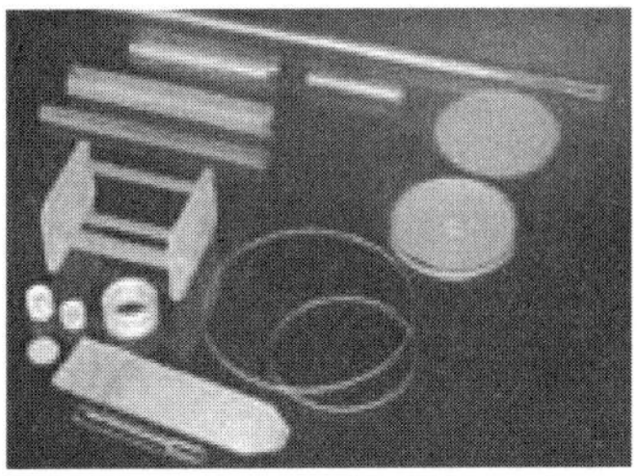

(4) 사파이어의 그 외 응용, 용도 예

사파이어는 보석으로서 널리 알려져 있고, 뛰어난 재료특성은 잘 모른다. 그러나 최근에는 뛰어난 투광성과 다른 재질보다 우수한 재료특성으로 청색LED의 대량생산과 같은 첨단 기술개발의 과제해결이나 정보기기, 통신기기의 성능향상에 기여하여, 사파이어에 대한 인식과 용도가 확대되고 있다.

· 광투과성 + 고열전도율 : 액정 프로젝터용 편광판
· 광투과성 + 고경도 : POS창, 장식부품, 액정커버
· 광투과성 + 내약품성 : 분석장치부품 (혈액, 화학약품 등)
· 광투과성(적외선) + 내열성 : 검사장치
· 광투과성 + 내열 + 절연 : 브라운관
· 굴절율 + 고강도 : 도파로
· 복굴절 + 가공정도 : 위상차판
· 내열성 + 격자 Matching : 결정화된 박막의 성막(촉매, 카본나노튜브)
Pt, 은, 금, 다이어몬드, 각종 반도체의 육성

(5) 사파이어 특수가공

사파이어 소재를 용도에 맞게 후가공을 하고, 원하는 형상이나 기능을 첨가하는 것이 가능하다. 특수가공의 일례를 소개한다.

►가공

① 아주 얇은 가공 : 두께 50㎛ 이하의 아주 얇은 두께로 가공이 가능함

② 미세한 구멍 가공 (관통 구멍)

③ 나사 가공

►접합

④ 사파이어-사파이어 접합 : 접착제를 사용 않고 연결부가 없는 접합이 가능하고, 중공구조로 제조하는 것도 가능하다.

⑤ 금속-사파이어 접합 : 고온에서도 고강도를 갖는 Metalling 처리이다.

⑥ 유리-사파이어 접합·SOG (Sapphire on Glass : 시계창, POS창에 이용된다.

►코팅

⑦ 각종 코팅이 가능 : 반사 방지 코팅 (AR coating Anti-Reflect), 금속코팅 등

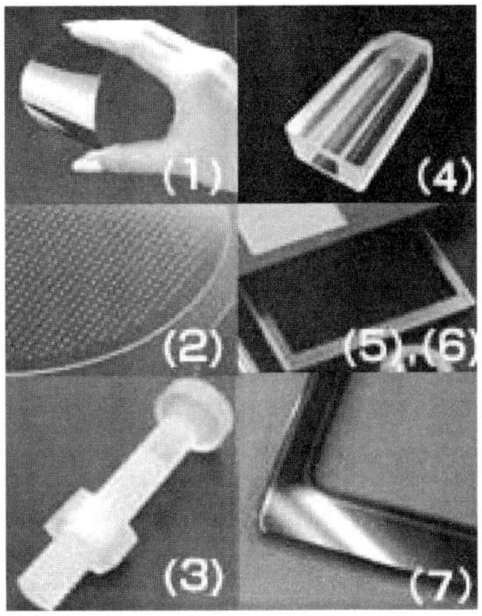

4.7.3 정보관련기기

(1) 하드디스크 드라이브(HDD) 박막 자기 헤드용 기판

HDD의 기록밀도 향상에 따르는 저부상화, 이온 밀링이나 반응성 이온 에칭 등 고정도 가공에 대한 헤드용 기판에 사용한다.

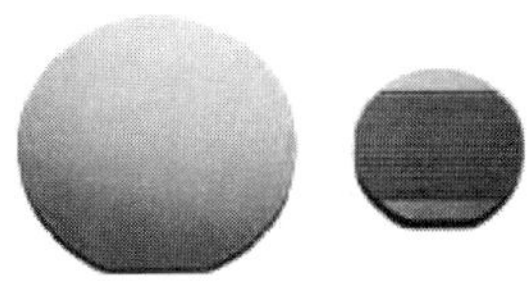

(2) 반도체용 핀셋

GMR (Giant magnet resistance) 헤드 등과 같이 정전파괴에 민감한 소자의 취급을 위하여 개발한 반도체용 핀셋이다. 세라믹스 제품이므로 전기적, 화학적으로 매우 안정성이 높은 특징이 있다.

(3) Disk spacer(디스크 스페이서)

하드 디스크 매체의 결정화에 대응한 스페이서이다. 스페이서는 기계·기구 사이에 끼워서 방음·전기 절연·소모 방지 등의 작용을 하는 것이다. 열팽창이 유리와 일치하고, 형상 정밀도가 높기 때문에 드라이버 조립 후의 고정도를 달성·유지 할 수 있다.

(4) 하드 디스크 드라이브(HDD) 헤드 가공치구

소성변형이 적고, 높은 화학안정성, 안티 에칭 특성, 고강성, 정전 파괴방지 특성 등의 세라믹스 특징을 이용한 세라믹스 치구이다. 하드 디스크 드라이버 (HDD) 헤드의 고정도화가 가능하다.

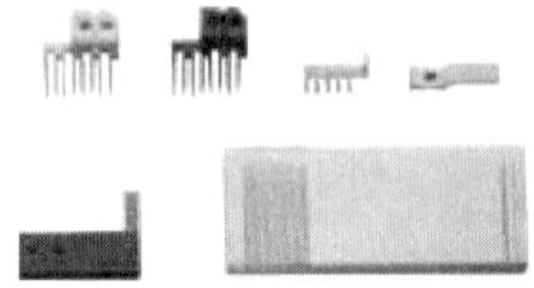

(5) 단결정 사파이어

단결정 사파이어는 뛰어난 전기적특성, 광학특성을 가지며, 고도정보화 시대의 신뢰성 높은 재료로서 점점 수요가 증가하고 있다. 임의의 결정방위, 단면형상이 얻어지는 "EFG (Edge-defined film-fed growth method)법"으로 단결정 사파이어를 양산하고 있다.

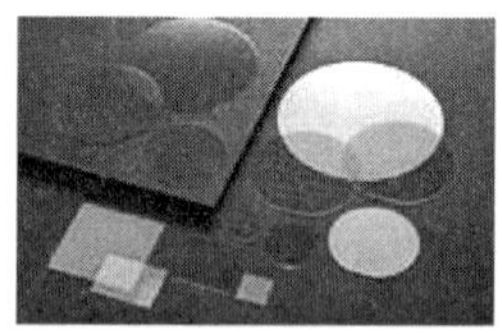

4.7.4 이동체 통신 관련

(1) 유전체 공진기 부품

휴대전화 등 이동체통신의 기지국용 공진기이다. 고유전체 세라믹스는 유전율 · Q값이 높아 공진기의 소형화가 가능하다.

(2) 고유전체 기판

뛰어난 온도특성을 가지는 고유전체 세라믹스 기판은 필터, 절연체, MIC(Monlithic IC)등에 사용되고 있고, 마이크로 회로의 소형화가 가능하다.

(3) 페라이트 제품

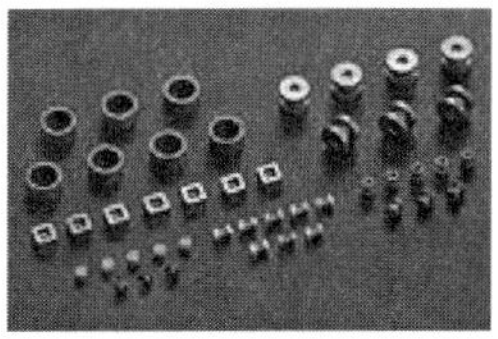

풍부한 재료의 변형에 의하여 광범위한 특성 및 주파수 대응이 가능하다. 또, 전극인쇄나 복잡형상 등 수요에 맞는 제작이 가능하다.

(4) 단결정 사파이어

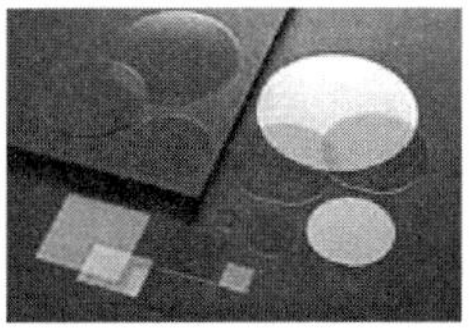

단결정 사파이어는 뛰어난 전기적특성, 광학특성을 가지며, 고도정보화 시대의 신뢰성 높은 재료로서 점점 수요가 증가하고 있다. 임의의 결정방위, 단면형상이 얻어지는 "EFG (Edge-defined film-fed growth method)법"으로 단결정 사파이어를 양산하고 있다.

4.7.5 생활문화 · 산업기계 관련

(1) 수도 꼭지·밸브

뛰어난 내마모성과 밀봉성을 가지는 혼합용 수도꼭지밸브이다. 밸브 및 카트리지 어셈블리 공급도 가능하다.

(2) 섬유 기계용 부품

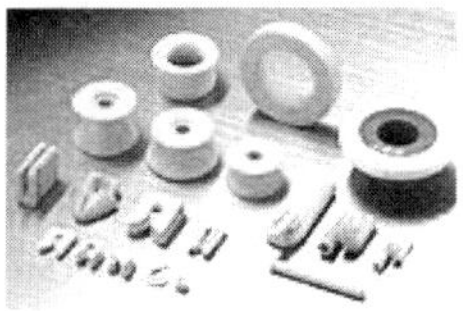

각종 섬유기계의 가이드 부품, 섬유 가공용 노즐, 급유 노즐, 롤러, 연사부품 등에 세라믹스가 사용된다. 내마모성과 함께 고속으로 주행하는 섬유에 대하여 손상이 작으며, 또한 마찰계수가 작은 장점이 있다.

(3) 제지 기계용 부품

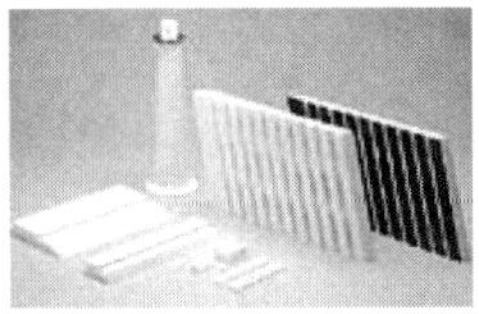

펄프 슬러리의 이물을 분리하는 청소기 통, 와이어 메쉬를 개입하여 탈수하는 흡수 박스 커버, 블레이드 또는 펠트를 탈수하는 평판상 부품, 롤러부품 등에 내마모성이 우수한 세라믹스가 사용된다.

(4) 자동차용부품

세라믹스의 장점인 경량이고 내열성, 고온강도에 뛰어난 특성을 이용하여 엔진 부품의 세라믹스화를 실현하고 있다.

(5) 산업기계용 커트/내마모부품

산업기계의 다양화, 고속화에 따라 부품의 내마모성은 더욱더 요구된다. 재료기술, 정밀가공기술에 의하여 다양한 분야의 커터 부품, 내마모 부품이 개발되고 있다. 세라믹스 커터·내마모 부품은 재질을 용도·목적에 따라 선택하여 사용함으로서 생산성이 향상된다.

4.7.6 광통신관련 및 ITS관련

(1) 페룰 & 슬리브

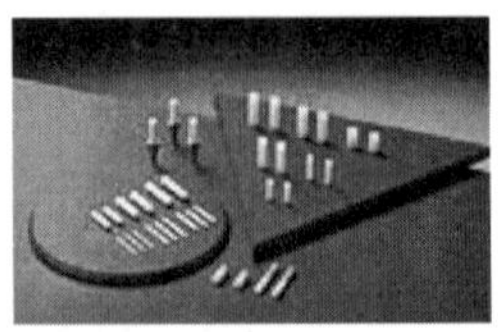

초정밀 가공한 세라믹스 페룰/슬리브는 다양한 환경변화에서도 서브미크론 고정도를 갖는다. 페룰은 복수의 Rod section을 이어 맞추는 Parts이다.

(2) 절연체

LD 모듈에서 반사하여 돌아오는 빛을 차단 · 제거하는 디바이스다.

(3) 단결정 사파이어

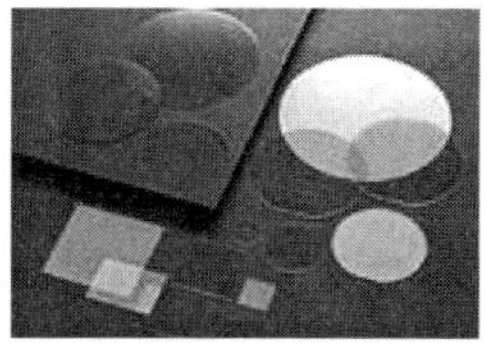

단결정 사파이어는 뛰어난 전기적특성, 광학특성을 가지며, 고도정보화 시대의 신뢰성 높은 재료로서 점점 수요가 증가하고 있다. 임의의 결정방위, 단면형상이 얻어지는 "EFG (Edge-defined film-fed growth method)법"으로 단결정 사파이어를 양산하고 있다.

(4) Global positioning system(GPS)용 안테나

고유전체 세라믹스 재료를 사용함으로서 소형화를 실현한 Global positioning system(GPS)안테나이다.

(5) CCD 스테레오 카메라용 부품

신뢰성이 높고, 샤프하고 명암이 높은 영상출력 드라이버 지원의 스테레오 카메라용이다.

4.7.7 환경관련

(1) 열전대보호관

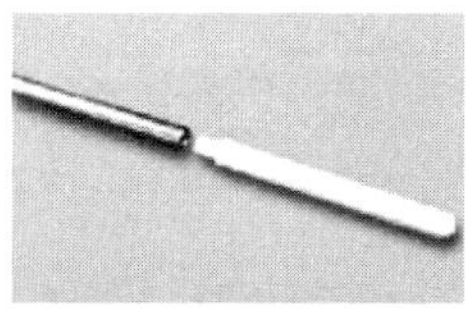

내식성과 고온강도에 뛰어난 세라믹스를 사용한 열전대보호관은 고온화되는 쓰레기 소각로나 용융로에 사용된다.

(2) 가스필터

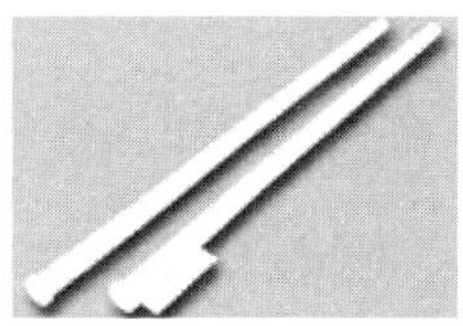

우수한 내열성과 저압손실 가스 필터는 고온집진에 응용되고, 다이옥신을 감소시킨다.

(3) 쓰레기 소각로용 열교환기 전열관

우수한 내열성, 내식성, 고열전도율을 갖는 SiC 전열관은 장기사용이 가능하고, 고온 배기가스 중에서 열회수, 대형관으로도 사용된다.

(4) 알루미늄 용탕용 부품

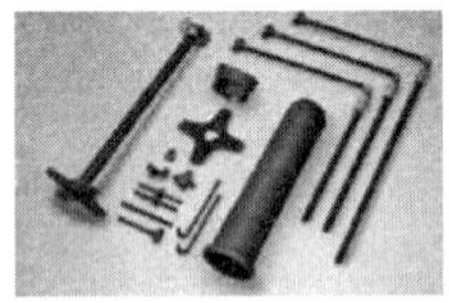

알루미늄 주조부품으로 질화규소를 사용하여 만들었다. 질화규소 재료는 열적안정성, 내열충격성, 기계적강도, 내식성 등이 우수한 특징이 있고, 용융시에 용출오염저감, 장수명화와 경제성향상이 달성된다.

4.7.8 히터 관련

(1) 알루미나 히터

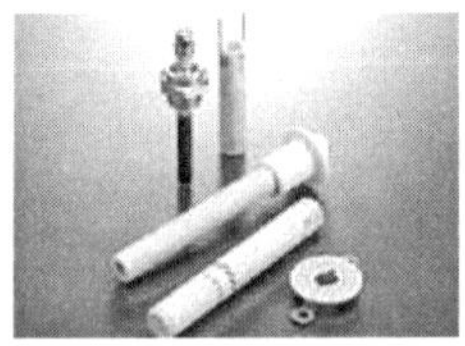

알루미나 히터는 고신뢰성 IC용 세라믹스 패키지 세라믹스 적층기술을 기초로 개발된 신뢰성이 높은 히터이다. 전열기기 등 산업용, 자동차관계 등 폭넓은 분야에서 새로운 방식의 히터로 사용되고 있다.

(2) 질화규소 히터

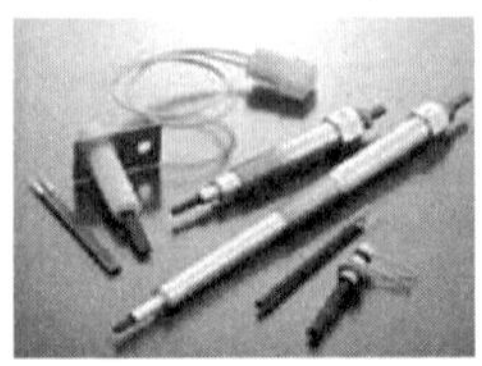

디젤엔진의 점화 밸브로서 고온에서 내구성이 뛰어난 질화규소 Glow plug이다. 그 외에도 질화규소 히터는 석유기기, 가스점화용 등 자동차분야 이외에도 수많이 사용되고 있다.

(3) 세라믹스 히터의 특징

① 소형 · 경량이고 에너지 절약 히터

고와트 밀도가 얻어지고, 열효율이 좋아, 복수 용량 발열체를 매설할 수 있다.

② 히터의 뛰어난 열적특성

승온 스피드가 빠르고, 임의의 온도분포가 얻어진다. 또, 물·등유·금속의 직접가열이 가능하다.

③ 고신뢰성 히터

전기절연성, 내전압성이 우수하다. 또 저항체가 산화되지 않고, 단선이나 시간이 지남에 따른 변화가 적고, 내산화성, 내약품성이 우수하다.

(4) 자동차부품용 히터

① 글로우 플러그(Glow plug)

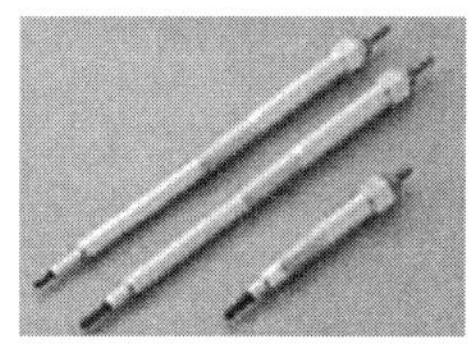

디젤엔진의 시동보조용 Glow plug이다. 승온 속도가 빠르고, 고온 내구성이 뛰어난 질화규소 히터를 사용함으로서, 특히 시동직후의 배출 가스를 더욱 깨끗하게 한다. 지구온난화 방지를 위하여 유럽에서 사용이 증가하는 디젤엔진에 채용되어 있다.

② 차량 난방용 히터

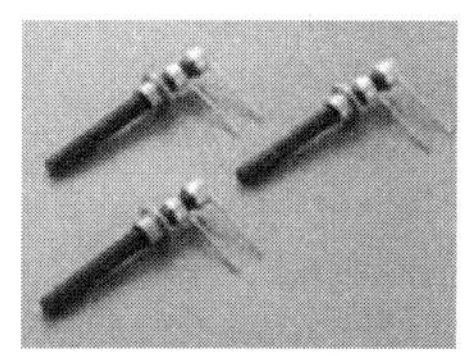

한랭지에서 운행하는 차량 보조난방용 점화용 히터, Frame sensor이다. 질화규소 히터로서 급속하게 연료를 기화·점화·연소시킬 수 있다. 이 때문에 엔진 시동직후나 공회전 정지 시에도 차내가 빨리 따뜻해진다.

③ 산소 센서용 히터

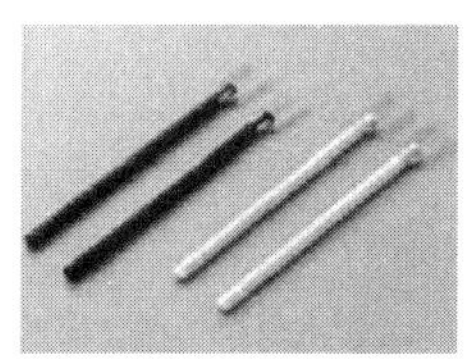

자동차 배기가스 검출 산소 센서 가열용 히터이다. 대부분의 가솔린차에 탑재되어 있다. 급속 승온이 가능하고, 배기가스 온도가 낮은 시동직후부터 센서가 활성화하여 배기가스를 저감시킨다.

(5) 석유·가스 기기용 히터

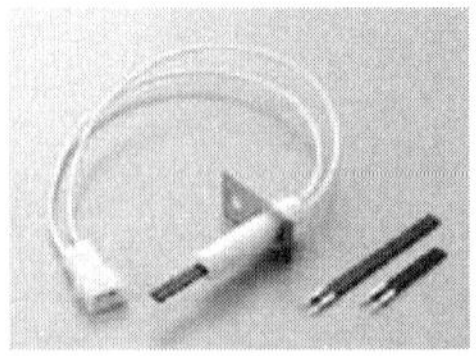

① 점화용 히터

등유난방기나 가스 용광로의 점화용 질화규소 히터이다. 고압 스파크 점화와 같은 방전음이나 전기 노이즈 발생이 없고, 또한 Heat spot가 넓고 안정한 착화성능이 얻어진다.

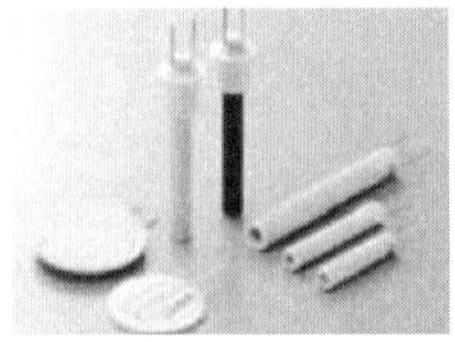

② 기화용 히터

정유 팬 히터의 정유기화용 알루미나 히터이다. 소형고출력이며, 급속승온의 특징을 이용하여, 기화장치부의 소형화 및 기화시간을 단축한다.

(6) 일반산업용 히터

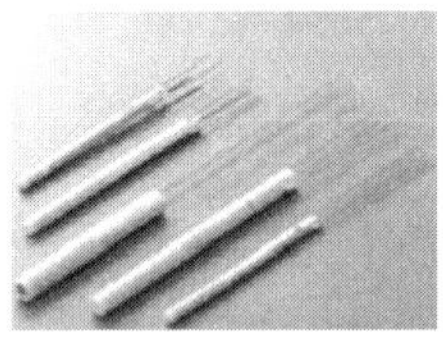

① 땜납 인두용 히터

고정도의 땜납 인두용 알루미나 히터이다. 소형 고출력으로 승온이 빠르고, 신뢰성 높은 알루미나 히터의 특징을 살려서, 고정도의 땜납 작업에 사용된다. 땜납흡입기나 자동 땜납 부착 로봇 등에도 사용된다.

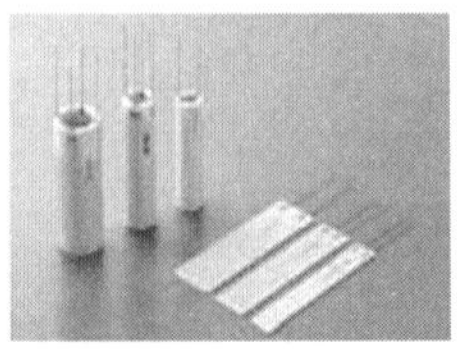

② 머리 고데용 히터

퍼머나 스트레이트 등 머리 고데용에 사용되는 알루미나히터이다. 설계에 의해 적당한 온도분포가 얻어지고, 급속한 승온이 가능하고 온도가 안정하므로 여러 종류의 머릿결에 폭넓게 적용된다.

③ 접착용 히터

IC칩 등의 Die bonding 공정에 사용된다. 질화규소 히터에 의해 급속한 온도의 상승이 가능하고, 공정의 향상이나 실제 장치의 고정도화에 기여한다.

④ 밀봉용 히터

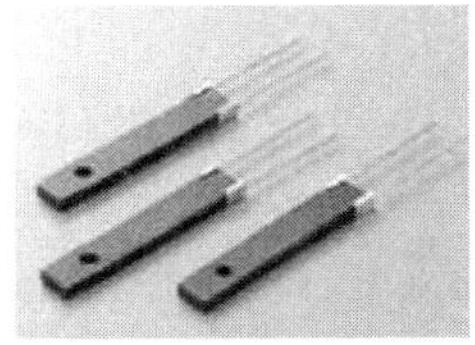

수지나 유리 등의 융착 밀봉용으로 사용된다. Heat shock성이나 고온내구성이 뛰어난 질화규소 히터는 급속가열이 가능하고, 신뢰성이 높다.

⑤ 온풍용 히터

온풍난방이나 온풍건조에 사용되는 온풍히터 유닛이다. 세라믹스 히터를 알루미늄 방열 휜 내에 압입한 구조로 되어있고, 방열 효율이 좋다.

(7) 오존 발생용 방전체

오존 발생용 방전체로서 탈취·살균용도로 사용되며, 공기청정기 등 폭넓은 분야에 활용되고 있다. 파인세라믹스 유전체 내부에 텅스텐 유도전극을, 표면에 방전전극이 있다. 이들 전극 사이에 고전압을 가하여 방전시켜 오존을 발생시킨다. 소형이고 효솔 좋은 오존 발생방전체이다.

특징은

- ►소형화 - 방전체의 구조가 간단하고 소형화가 가능하다.
- ►유지관리 - 방전체의 구조가 간단하므로 유지관리가 쉽다.
- ►방전 - 방전전극 위를 세라믹스 보호층이 덮고 있으므로 방전전극주위가 오염되기 어렵다.

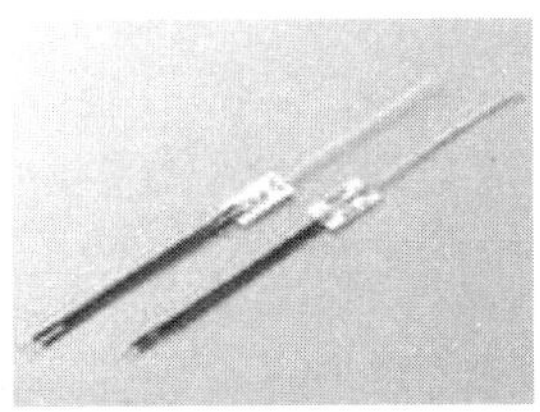

오존은 자연계에서 불소 다음으로 산화력이 강하고, 살균력이 뛰어나다. 강력한 산화력, 살균력을 가진 오존의 적용 대상은 광범위하며, 병원·보호시설 등 의료관계 이외에도 수처리관계, 식품과 수처리 보존시의 살균·선도유지, 급식센터, 호텔 등에서 이용되어 왔지만, 최근에는 소취용, 제균용으로 일상생활의 이용도 높아지고 있다. 또, 이온 발생 방전체로서 이용도 증가하고 있다

(8) 온수 관련용 히터

① 온수 좌변기용 히터

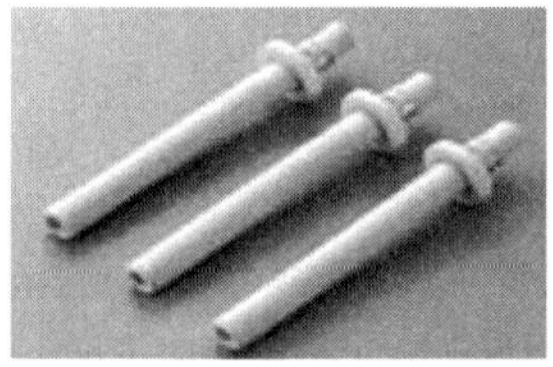

좌변기용 물 가열용 알루미나 히터이다. 고출력으로 순간적으로 적당한 온수를 얻는다.

② 순환 온욕기용 히터

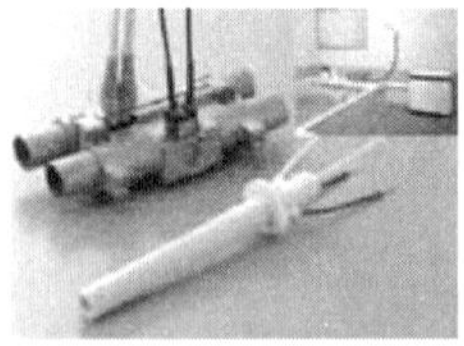

언제라도 입욕 가능한 순환 온욕기 가열용 히터 및 히터 유닛이다. 소형으로 기기 내에 수납이 가능하며, 신뢰성도 높고, 효율 좋게 온수를 만든다.

③ 증기발생 보일러용 히터

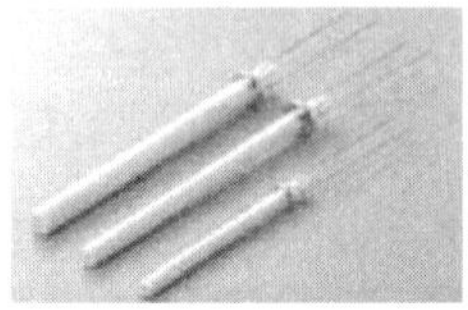

증기발생용 알루미나 히터이다. 소형 고출력으로 증기 발생 효율이 좋으며, 신뢰성이 높다.

④ 주전자용 히터

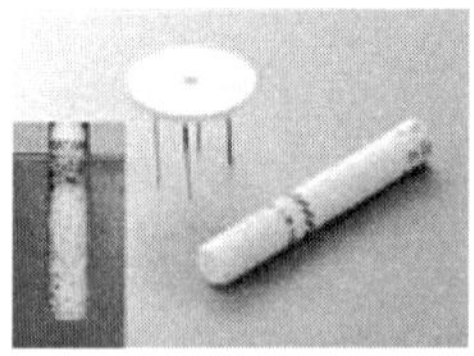

휴대용 주전자 및 물데우는 용도의 알루미나 히터이다. 소형 고출력 및 고 절연성으로 수중에서 직접가열이 가능하고, 센서를 내장하고 있기 때문에 소형으로 사용하기 쉬운 휴대용 물 데우는 기구로 이용된다.

4.7.9 Metalling 응용 제품/진공 부품 관련

(1) 전류도입단자/Feedthrough(Open tool) coaxial connector(동축 Type)

방사광·항공우주 등 초고진공 환경에서 장시간 경험을 축적한 세라믹스-금속접합기술에 의한 각종 커넥터가 있다. 이들 상품은 범용 동축 커넥터와 Multi pin 커넥터의 사양에 적합한 Open tool이다. 방사광·핵융합 등의 과학기술 관련장치, 반도체 제조장치 등 산업용 제조장치까지 폭넓게 응용되고 있다.

(2) 전류도입단자/Feed through(Open tool) multi-pin connectors(multi type)

(3) 전류도입단자

전류도입단자는 세라믹스 - 금속접합부품으로 가장 많이 사용되고 있다. 전류도입단자는 만은 곳에 사용되고, 높은 신뢰를 얻은 전류도입단자이다.

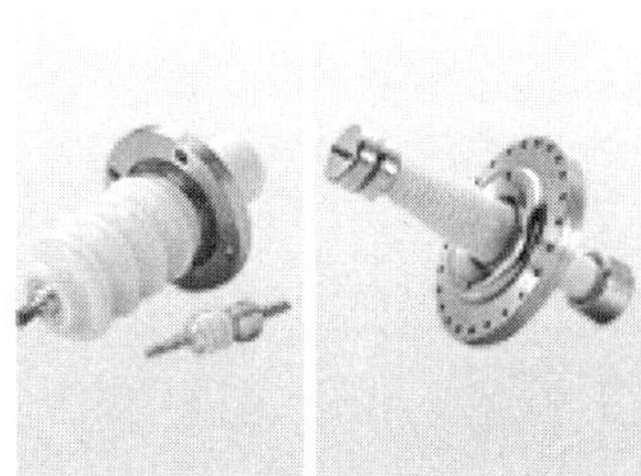

(4) Beam positioning monitors=BPMs

BPMs는 세라믹스 챔버와 같이 방사광시설 등에 사용된다. BPMs는 Tristan(KEK), Spring-8 (Super photon ring-8GeV.) 등과 같이 다양한 가속기에 사용된다.

(5) 절연 플랜지

절연 플랜지는 미래의 에너지로 기대하는 「핵융합실험」의 LHD 대형 헬리컬 장치를 지지한다. 외경 600 mm의 최대급 세라믹스 제품 절연 플랜지가 진공배기구멍 중요한 역할을 한다.

(6) 사파이어 윈도우

단결정 사파이어를 깨끗하게 처리한 세라믹스-금속접합기술에 의하여 초고진공에 우수한 사파이어 윈도우를 만든다.

(7) 질화규소 RF(Radio frequency) 윈도우

대전력 초고주파 진공관과 고주파 전력원에 질화규소 RF 윈도우가 사용된다. 질화규소 는 150 GHz를 초과하는 mm파 영역에서 고주파특성이 우수하고, 비산화물 세라믹스도 깨끗하게 처리한 세라믹스-금속접합기술에 의하여 금속과 접합할 수 있다.

(8) 세라믹스 챔버

세라믹스 챔버는 중요한 고에너지 물리학 프로젝트 중에서 세계적으로 실용화 또는 실증화되고 있다. 가속기에 전자, 양자 등 입자를 가속시키는데 강력한 자장을 제어하는 것이 필요하다. 이 부분에 세라믹스 챔버가 사용된다.

5장

수송기계용 신소재·신재료

5. 수송기계용 신소재·신재료

5.1 수송기계 부품에 사용되는 신소재 및 신재료

(1) 철(Fe) 극세 섬유

1장에서 금속재료를 다루었는데, 철은 자동차 등 여러 산업 분야에서 필수 기간재료로서 많이 사용되고 있다. 최근 일본 고베제강소에서는 지름 10~100 ㎛의 Fe 극세 섬유(싸이파)를 개발하였다. P, S, O, N 등의 불순물을 극히 저감하도록 제어하고 신선 가공 전의 Fe-C-Si-Mn계 조성(대표적으로 0.15%C-0.8%Si-1.5% Mn-Bal.Fe)의 선재 조직을 페라이트 베이스에 마르텐사이트상을 분산-복합화하는 처리를 통하여 중간 가열처리를 생략하여 극세선을 제조하였다. 인장강도가 400~500 kgf/cm^{2}으로 SUS304강(270 kgf/cm^2)에 비해 약 2배가량이 높고, 탄소섬유(T700)의 인장강도에 근접한다. 이와 같이 우수한 강도에 덧붙여 굽힘이나 결절에 강하고 인성면에서도 우수하다는 상반되는 성질을 이용하여 모노필라멘트로서 반도체, 세라믹스 절단와이어, 정밀기기의 극세선 스프링, Ag나 Ni 도금으로 방전용 솔리드 와이어, 멀티필라멘트로서 케이블류, 낚시줄, 타이어코드 등 및 최근 전도성을 필요로 하는 일렉트로닉스 분야, FRP분야 및 항공분야에 적용하려는 시도를 하고 있다.

(2) 패셔너블 스틸

패셔너블 스틸이란 의장성, 선명성을 지향한 재료를 의미한다.

① 발색 스테인리스

표면에 얇은 산화피막을 만들고 그 간섭작용으로 발색시킨 것인데 스테인레스강을 H_2SO_4, Cr_2O_3액과 같은 강 산화성액 중에 침척시켜 강제로 산화 피막(Acid hard film)을 형성함으로 피막 두께를 Control하여 Brown, Gold, Red, Blue, Green, Black 색을 스테인레스 강 표면에 화학적으로 착색하는 기술이다. 막의 두께에 따라 색조가 미묘하게 변화하고 에칭을 하게 되면 무늬 및 입체감을 더할 수 있다. 특히 표면에 양성한 산화막은 내식성, 열방사 특성까지도 바꿀 수 있기 때문에 태양열 흡수, 난방기 등에 이용하고 있다.

② 흑색처리 강판

흑색표면처리에는 전기도금, 전착도장, 양극산화, 화성처리 등의 다양한 코팅 방법이 있다. 특히 Zn-Ni도금 강판의 표면에 전해법을 이용하여 흑색층을 만든 흑색강판의 경우에는 강 표면의 도장에 의해 불가능했던 스포트용접도 가능하게 만든 것이다. 최근 자동차부품에 사용되고 있다.

(3) 초탄성(Super elasticity) 금속재료

초탄성재료는 응력 유기 마르텐사이트 변태와 그 역변태 현상을 이용한 것으로 고무와 같이 많이 휘기도 하지만, 하중을 제거하면 원 상태로 되돌아가는 성질을 나타낸다. 일반적으로 형상기억합금과 유사하지만 형상기억합금은 열을 가하면 변형이 없어진다. 수송기계용으로서는 주로 스프링 재료, 마이크로 모터 등에 사용된다.

(4) 초소성(Super plasticity) 금속재료

일정한 응력하에서 큰 변형을 하는 현상을 초소성이라 하며 재료가 어떤 작용응력 상태에서 파단에 이르기까지 수백~수천%의 신장도 가능하다. 초소성에는 결정의 변태에 의한 것과 미세 결정 조직화에 의한 것으로 나눌 수 있는데, 변태에 의한 것으로는 마르텐사이트 유기변태 초소성이라 하여 TRIP이라고도 하며(1.3.3절 참조) 9%Cr-8%Ni-4%Mo-2%Mn-0.3%C가 개발되어 사용 중에 있다. 특히 초소성 성형기술은 기존공정에 비해 부품의 일체화 설계를 통해 부품 경량화를 가져왔다. 수송기계용으로서는 연료탱크 등에 사용되고 있다.

(5) 어몰퍼스합금(Amorphous alloy)

어몰퍼스는 결정구조를 갖지 못하는 비결정 상태의 원자 배열로 구성되어 있어 입계가 없기 때문에 비정질 합금이라고도 한다. 이 합금은 이방성이 거의 없고, 내식성이 우수하고, 경도 및 강도가 크고, 전기저항이 높으며, 고투자율, 낮은 보자력

✔ 표 5.1 어몰퍼스 합금의 사용 예

재료의 성질		응용 분야	
구분	특성	용도	제품
기계적 성질	고경도 고인성 고강도 고연성	고경도재료 내마모재료 고강인성재료 (Fe계, Al계, Mg계)	터빈재료, 납땜박, 타이어용 스틸, 스프링재, 도류재
화학적 성질	고내식성(화학적 안정성) 높은 가스 흡장성 촉매작용	고내식재료(Fe-W계) 수소저장재료 촉매	고내식재(Fe, Cr, P, C), 수소저장재료, 전극재료(연료전지용 등), 환원반응촉매, 유기합성 촉매

등의 자기적 특성을 지닌다. Fe-P, Fe-B 등의 메탈-메탈로이드계, Cu-Zr, Ti-Ni계 등이 있다. 표 5.1에는 자동차용에 사용되는 어몰퍼스 합금의 용도를 나타내었다.

(6) 금속간 화합물

금속원소와 다른 금속원소(또는 준금속이거나 비금속 틈새형 화합물이라도 조성비가 일정하고 금속에 가까운 성질을 띠는 원소)가 간단한 정수비로 결합하여 생긴 화합물을 금속간 화합물이라 한다. 터빈 블레이드용, 항공우주 수송기계용, 자동차용 등에 최근 가용되는 빈도가 증가하고 있다. 특히 자동차용으로는 TiAl계가 검토되고 있는데 경량화, 내고온성, 고강도화를 위한 밸브, 터보 등에 적용하고 있다. 또한 고융점의 Ni_3Al계는 디젤엔진의 부품, 고온 단조용 형재로서 실용화 단계에 있다. 최근에는 알칼리 금속간 화합물이 수소를 연료로 하는 자동차용 연료전지에 적용되고 있다.

(7) 수소저장합금

금속과 수소가 반응하여 생성된 금속수소화물을 말한다. 1960년 최초로 네덜란드의 필립스사에서 란탄-니켈(La-Ni)계의 수소저장합금을 개발하였다. 이는 금속부피의 수백 배나 되는 수소를 결정 격자간에 저장할 수 있는 특징을 가지는 것으로 일종의 금속간 화합물이라 할 수 있다. 특히 수소연료자동차, 연료전지용 수소 저장 등의 에너지 저장용으로 적용되고 있다.

수소는 연소하기 쉬운 기체로 공기나 산소와 접촉하면 쉽게 불이 붙으며 폭발한다. 따라서 수소-공기 혼합기체는 작은 불꽃만으로도 폭발적인 연소반응을 보이기 때문에 적절한 조건으로 통제하면 매우 효과적인 에너지원이 될 수 있다. 수소는 연소시에 공해물질이 생기지 않는 그린에너지이다. 또한 수소는 지구상에 존재하는 거의 무한한 양의 물을 원료로 만들어 낼 수 있으며, 사용 후에도 다시 물로 재순환되기 때문에 고갈될 걱정이 없는 무한 에너지원이다. 하지만 수소의 가장 큰 취약점 중에 하나는 저장문제이다. 즉 가장 가벼운 기체이기 때문에 많은 양의 수소를 저장하기 위해서는 150기압 정도의 높은 압력으로 압축해야만 하는데 고압으로 인한 안정성이 문제로 대두된다. 부피를 줄이기 위한 방법으로 액체수소를 이용하기도 한다. 이 경우에도 액체가 되는 -253℃ 이하로 온도를 낮추어야 하므로 에너지가 많이 들어가고 단열이 완벽한 저온용기가 필요하여 경제성에 문제가 있다. 이를 극복하기 위한 것이 수소저장합금이며 La-Ni합금, Ti-Fe합금, Mg-Ni합금, Ti-Mn합금 등이 개발되었다. 그림 5.1에는 수소저장 합금의 원리를 나타내었다. 수소가스 분위기에서 냉각하면 수소를 흡장하여 금속 수소화물을 형성하고, 가열하면 금속 수소화물로부터 수소가스를 방출하는 시스템이다3).

실용적으로는 Ni-수소전지가 대체 전지로서 개발되어 양극에 Ni, 음극에 수소저장합금이 사용된다. 방전시에 수소가 방출되고, 충전시에 흡장되는 구조이다.

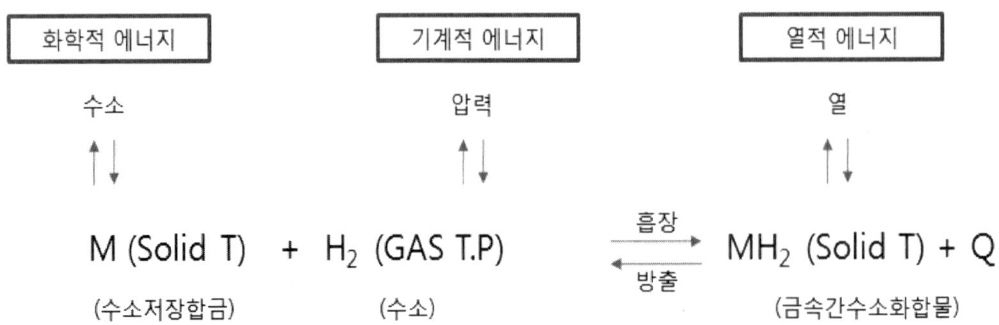

✔ 그림 5.1 수소저장 합금의 원리

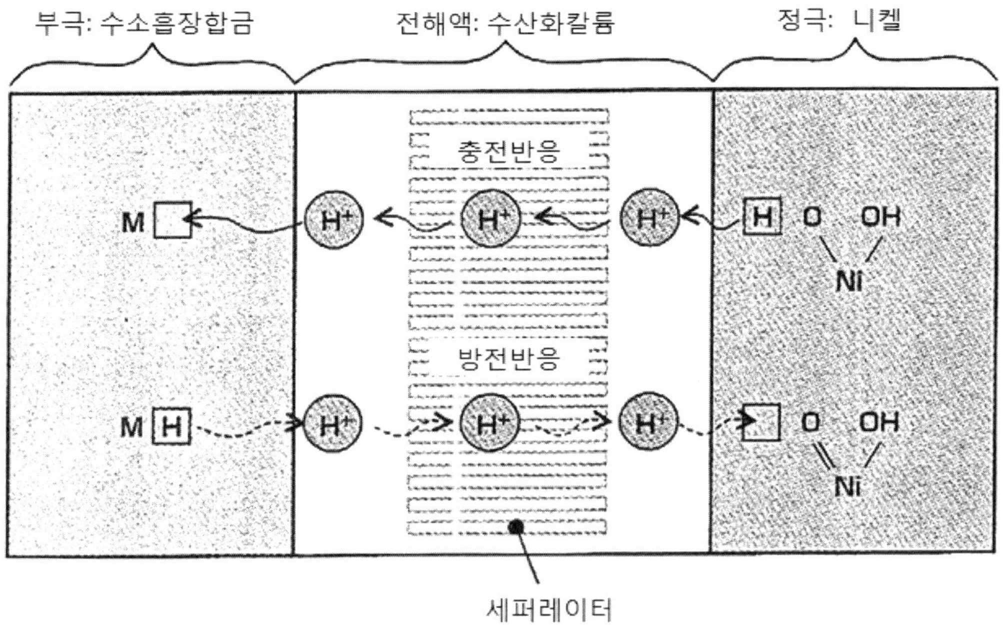

✔ 그림 5.2 니켈-수소 전지

La-Ni계, Ni-Co-Al-Mn계, Ti-Zr-Ni-V-Cr계가 개발되어 자동차용으로서 수소자동차의 연료탱크, 열펌프, 수소2차전지 등에 검토되고 있다.

그림 5.2는 니켈-수소 전지의 개략도를 나타내고 있다. 미래형 전기자동차용 2차전지로서 향후 그 전망이 밝다.

최근에는, 하이브리드차량 개념의 수소연료 이용방안에 대한 연구가 활발히 진행 중에 있다. 특히, 수소저장합금은 고압용기에 의한 저장보다 부피를 1/10 정도로 줄일 수 있기 때문에 경량화가 가능하다. 따라서 수소자동차의 개발에는 수소저장 장치의 개발이 반드시 필요하다.

(8) 초전도재료(Superconducting material)

어떤 전도물질을 상온에서 점차 냉각하여 절대온도 -273℃에 가까운 극저온이 되면 전기저항이 0이 되어 완전도체가 되는 동시에 그 내부에 흐르고 있던 자속이

외부로 배제되어 자속밀도가 0이 되는 마이너스 효과에 의해 완전한 반자성체가 되는 재료를 초전도 재료라 한다. 이 초전도 재료는 환경친화적으로서 경량화 및 소형화가 가능하여 그 적용범위를 넓혀 가고 있다. 특히 수송기계용으로서는 자기부상 열차, 초전도 추진선, 리니어모터카 및 전기자동차 등에 이용되고 있다.

(9) 엔진부품용 신소재 알루미늄합금

알루미나와 탄소단섬유로 강화시킨 알루미늄합금 라이너를 사용한 새로운 실린더블록이 개발되었는데(혼다자동차) 기존의 제품보다 월등한 내마모성을 나타낸다. 또한 도요타의 렉서스에는 스트론튬(Sr)을 첨가한 Al-Si-Cu-Sr 단조합금으로 밸브를 제작하여 연비향상과 소음저감을 가져 왔다.

(10) 급속응고 알루미늄 분말합금

급속응고 알루미늄 분말합금(Powder metallurgy: PM합금)은 금속조직의 미세화, 합금원소가 과포화로 고용, 매크로 편석을 저감, 고농도 합금의 제조가 가능한 성능이 향상된 알루미늄합금이다. 이 합금은 Al-Si계로서 급속응고를 시키면 초정 Si의 미세화가 나타난다. Si량의 증가와 함께 내마모성이 향상된다. 또한 Cu, Mg의 첨가 후 시효경화시키면 상온강도가 증가하고, 대표적인 전이금속인 Fe, Mn, Ni

✔ 그림 5.3 자동차 에어컨용 컴프레셔 로터

등을 수 % 첨가시키는 것에 의해 내열성의 향상도 가능하다. 특히 7000계인 Al-Zn-Mg의 7075합금은 급속응고에 의해 Zn을 고농도화시킬 수 있고 V, Zr을 1% 전후로 첨가시키게 되면 고강도화할 수 있다.

이들 급속응고에 의해 제작된 급속응고 알루미늄합금은 자동차 에어컨용 컴프레셔의 로터(그림 5.3)와 베인(Vane)에 적용되고 있는데 내마모성, 저선팽창계수, 고강성, 고강도 등이 양호하다. 최근 자동차용 과급기의 로터에도 일부 적용되고 있다. 또한 엔진부품인 컨로드, 밸브, 리테이너, 라이너 등을 경량화시키면 연비와 성능을 향상시킬 수 있기 때문에 최근 적용을 검토하고 있는 실정이다.

(11) 알루미늄 초소성 재료

알루미늄합금에서는 400~600℃의 고온에서 수백 % 신장한다. 이와 같은 초소성을 이용하여 자동차부품의 일체화 성형가공을 실시하고 있다. 종래의 자동차부품을 복수의 부품으로서 만들던 것을 일체화성형에 의해 제작함으로서 공정수 감소에 따른 비용절감의 효과를 가져 온다. 주로 자동차의 도어에 적용하며 그림 5.4에는 초소성을 이용하여 제작한 7475합금의 성형 예를 나타내었다.

✔ 표 5.2 알루미늄계 초소성 재료의 성능 비교

합금	기계적 성질			초소성 특성		
	내력 (N/mm^2)	인장강도 (N/mm^2)	신율 (%)	최적성형온도 (℃)	최대신율 (%)	변형률속도 (s^{-1})
Al-78%Zn	200	250	60	250	1500	10^{-2}
AL-5%Zn-5%Ca	158	180	12	550	600	10^{-2}
2004-T6	300	420	8	470	1600	10^{-3}
Supral220-T6	450	510	6	450	1100	10^{-3}
7475-T6	470	550	15	516	1000	10^{-4}
8090(Al-Li)	367	441	5	500	875	10^{-3}
SiC/2124	-	-	-	525	300	10^{-1}
Neopral(Al-Mg)	334	172	25	500	800	10^{-3}
PM7475+0.7%Zr	558	647	15	520	600	10^{-1}
In90211	-	-	-	475	550	10

표 5.2에는 알루미늄계 초소성 재료의 성능을 비교하여 나타내었다.

(12) 마그네슘합금

마그네슘을 사용하면 알루미늄을 사용하였을 때보다도 경량화가 가능하다. 마그네슘합금은 알루미늄합금의 2/3, 티탄의 1/3, 철의 1/4 만큼 가볍다. 더불어 내식성, 내열성이 높다.

1936년 폭스바겐의 공랭식엔진에 마그네슘을 적용한 이후로 많은 마그네슘 합금제품이 개발되어져 왔다. 마그네슘은 진동흡수성이 뛰어나다는 점 때문에 자동차의 경우 스티어링 휠, 실린더 헤드커버, 스티어링 컬럼 키, 실린더 하우징, 휠, 클러치, 트랜스밋션 하우징에 사용되고 잇고, 그 밖에 브레이크 페달의 브라켓, 시트 프레임, 메타 하우징, 인테크 매니폴드 등에 적용되어지고 있다. 또한 저연비화와 경량화의 관점으로부터 최근 상용화되어진 하이브리드 엔진의 실린더헤드 커버 등에도 적용되고 있다.

레이싱 카에는 엔진의 실린더헤드 커버에 적용되고 있는데, 최근 포르쉐 자동차에는 저압다이캐스트법에 의한 마그네슘 휠이 개발 장착되어졌다. 특히 마그네슘 주조합금은 내부식성이 강하여 자동차 내부 부품소재로서 적용되어지고 있다. 내식성에서 개선이 이루어진다면 향후 마그네슘 다이캐스팅된 부품으로서 변속기, 실린더헤드라이너, 록커암 덮개, 조향부품, 4륜구동 전달부품케이스 등에 기존 알루미늄제품의 대체재로서 적용될 전망이다. 마그네슘의 가공법으로서 최근 사출성형하는 치크소몰딩법이라는 성형법이 개발되어 적용되고 있다.

또한, 최근에는 자동차 경량화의 목적으로서 Mg-Li계의 개발이 진행되고 있다.

(13) 티탄합금

티탄은 비중이 약 4.51 정도로서 철의 60% 정도에 지나지 않는다. 알루미늄에 비해서는 약 1.67배 정도 무겁지만 경금속에 해당한다. 하지만 강도에 있어서는 철의 2배, 알루미늄의 6배 정도 높다. 특히 백금에 필적할 만큼의 내식성을 가진다. 그러나 자동차산업에 적용되는 부품소재로서는 그다지 역사가 오래지 않는데 가격이 비싸기 때문이다. 티탄의 최대장점은 표면에 티탄산화물이 형성되고 이것이 부동태피막이 되어 뛰어난 내식성을 가지는 것이다. 특히 티탄의 내식성은 스테인리스강이 염소이온에 약한 것에 비해 염소이온에도 강한 내해수성을 가지며 이 내식성은 용접, 가공, 열처리 등의 재료 이력을 가지더라도 변하지 않는 강점이 있다.

자동차용으로서는 경량화를 목적으로 하여 엔진 주변부품으로서 사용된다. 순 Ti에 15%V+3%Cr+3%Sn+3%Al을 첨가시킨 β형 티탄합금이 주로 이용되며 인장강도는 약 830~1400 MPa 정도이다. 자동차의 기어, 스프링, 밸브 등에 이용되고 있는데 일본 미쯔비시자동차의 밸브 스프링 리테이너, 혼다자동차의고급스포츠카의 컨로드 및 흡기밸브 본체용에 적용되고 있다. 특히 티탄머플러는 2000년도에 자동차의 머플러로서 최초 적용되었다. 이와 같이 머플러에 티탄합금이 사용된 것은 경량화, 고급성, 디자인성 및 엔진의 고성능화에 따른 배기가스 온도의 상승에 의해 그 필요성이 대두되었기 때문이다. 하지만 순 티탄은 내고온산화성과 고온강도 면에서 다소 만족할 수 없기 때문에 순 티탄에 Al, Sn, Ni 등을 추가하여 성능 향상을 꾀하고 있다. 최근에는 냉간단조기술의 향상에 의해 볼트에도 티탄을 적용하여 인장강도 1000~1200 MPa의 티탄볼트(Ti+15%V+Cr+Sn+3%Al)를 제작하고 있다. 시효처리에 의해 미세한 금속조직을 만들고 연성을 높였다.

(14) FRM(Fiber-reinforced metals)

연성기지의 금속에 미세한 섬유를 혼합시켜 고강도, 특히 강도 대 무게비를 크게 만든 재료로서 섬유강화금속으로서 Metal matrix composite(MMC)라고도 한다. 경량으로 고강도에 고강성을 지니고 있다. 기지에는 알루미늄이 주로 사용되지만 티탄을 쓰는 경우도 있다. 섬유로서는 붕소, 텅스텐, 알루미나, 탄화규소 등 강도나 탄성이 기지보다 큰 것이 사용된다. 금속과 섬유의 친화성이 강하면서 열팽창률을 거의 동일하게 하기 위하여 텅스텐 섬유와 같이 표면을 알루미나로 코팅하는 방법도 적용된다. 1960년대에 처음 FRM으로 개발한 붕소섬유 강화 알루미늄은 우주연락선을 제조하는 재료의 일부로 사용되었다.

FRM은 알루미늄이나 마그네슘, 티탄과 같은 경합금 모재의 보강, 내열성향상 및 이것에 어떤 기능성을 부가시키기 위해 개발한 것이다. 경합금의 보강으로서 탄화규소섬유, 탄소섬유, 보론섬유, 알루미나섬유가 사용되고 제트엔진 부품, 스페이스 셔틀, 골프채 등에 응용되고 있다. 자동차용으로서는 알루미늄합금을 기지로 해서 알루미나섬유를 혼합하여 컨로드를 제작하고 있다. 특히 고속운동부품의 경량화에 의해 연비, 출력, 응답성이 현저히 향상되었고 노이즈와 바이브레이션의 저감에도 효과적이다. 도요타자동차는 피스톤의 탑 링(Top ring)의 Groove부에 알루미나-실리카 섬유를 복합화시킨 FRM을 적용하여 열팽창을 억제시키고 피스톤과 실린더의 클리어런스를 확보하고, 또한 열전도성을 좋게 하여 냉각성도 확보하였다. 이로부터 저소음, 저연비화, 오일소비의 저감, 출력향상을 가져오게 되었다. 그림 5.5에는 FRM 피스톤과 커넥팅로드를 나타내었다.

한편, FRM은 제조법의 확립이 아직 미해결로 품질의 균일성이 아직 일정하지 못하고 제조비용이 높은 단점이 있다.

최근 개발된 탄화계 규소섬유 강화 알루미늄은 앞으로 항공 분야에 이용될 것으로 기대를 모으고 있다.

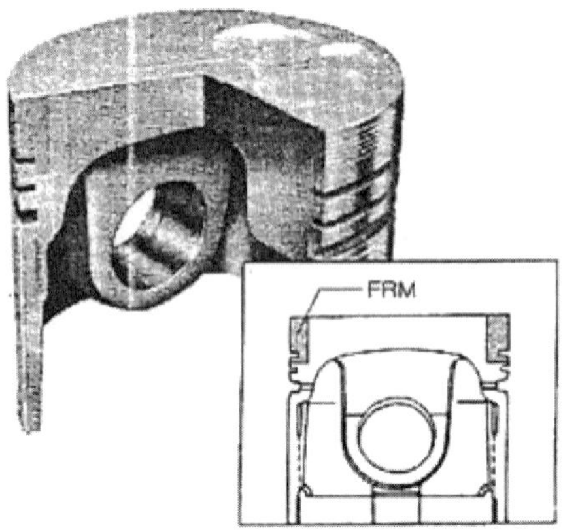

FRM 피스톤

FRM 즉 섬유강화금속은 디젤용 피스톤의 Top ring 구(溝)의 내마모용「내마모용 환(環)」으로서 채용되고있음.

FRM 컨로드

알루미나계 섬유와 알루미늄합금의 하이브리드재인 섬유강화금속형 컨로드. 경량이지만 실용화하기 위해서는 비용, 성형성의 문제가 있음.

✓ 그림 5.5 FRM 피스톤과 커넥팅로드

(15) 자동차용 안전편의 Glass

자동차에서 유리는 안전편의 부품의 하나이다. 시야를 확보하여 운전자로 하여금 안전한 운전을 하도록 하는 작용을 한다. 따라서 자동차용 유리는 통상의 유리가 가지고 있지 않은 안전성이나 형상 등이 요구된다. 자동차용 창유리는 판 유리를 열처리하여 충격강도를 높인 강화유리를 사용한다. 최근에는 강한 충격을 받았을 때 강화유리가 전면 파손을 일으켜 시야를 막기 때문에 최근에는 부분강화유리를 채용하고 있다.

1987년 이후 자동차용 Front glass에는 생판 유리 2매 사이에 폴리비닐부티랄(PVB)을 삽입하여 샌드위치 형태로 만든 안전 유리가 의무적으로 자동차에 적용되었다.

최근에는 기능성 유리도 등장하였다. 열선반사 글래스라고 하는 것으로서 일명 UV커트 글래스라고도 한다. 글래스의 표면에 금속의 얇은 막을 코팅한 것으로서 태양광선의 적외선을 커트하여 직사광선에 의한 차량 내의 온도의 상승을 억제시켜 에어컨의 효율을 다소나마 향상시키는 작용을 한다. 후방 글래스에는 전도성의 잉크(발열체로서 동과 니켈도금)를 유리의 표면에 프린트한 것이다. 전기를 통하면 열을 내고 이 열로서 결빙이나 결로를 제거하여 후방 시야를 확보한다.

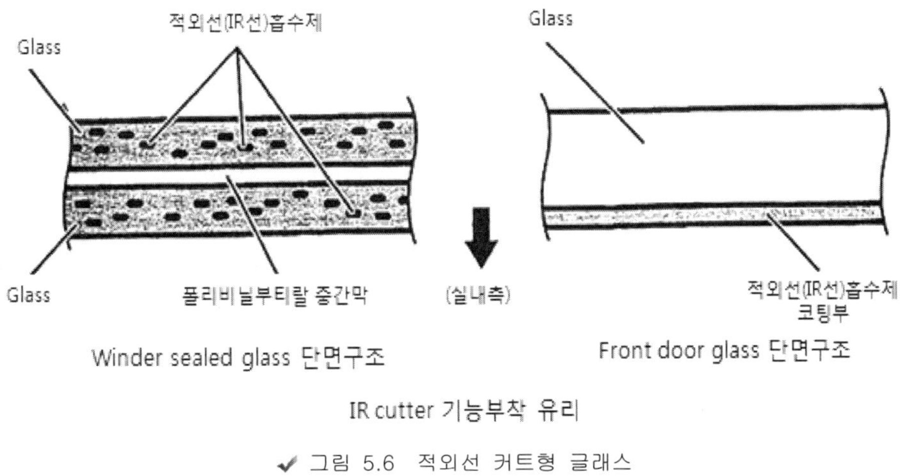

✔ 그림 5.6 적외선 커트형 글래스

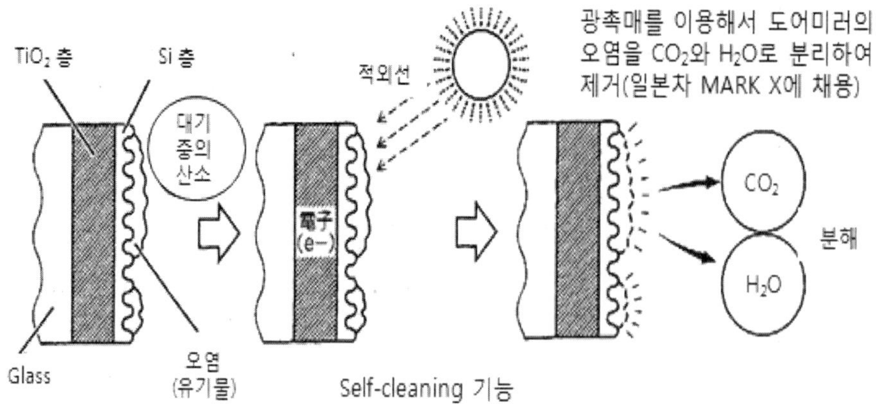

✔ 그림 5.7 Self-cleaning glass

최근에는 이상과 같은 무기 글래스 이외에도 유기 글래스가 제조되고 있다. 유기 글래스는 형상의 자유도가 높고 경량화가 가능하고 그 종류도 많아서 금후 기술개발이 증가할 요소를 갖추고 있다. 자동차에 사용되고 있는 유기 글래스에는 CR-39(지에틸렌글리콜비스아크릴카보네이트), PMMA(아크릴), PVC(폴리염화비닐), PC(폴리카보네이트), PS(폴리스틸렌) 등이 있다.

그림 5.6에는 적외선 커트부착형 글래스, 그림 5.7에는 Self cleaning glass의 예를 소개하였다.

(16) Fastener

자동차에는 600점 이상의 수지 Fastener가 사용되어지고 있다. 자동차 의장품, 엔진룸 내부, 몰, 도어트림 Clip, Pipe clamp, 와이어 하네스의 Clamp, 가닛슈의 clamp, 홀플러그, 선바이저홀더 등에 사용되어 강도는 없지만 가볍고 녹슬지 않는 특징을 나타낸다.

자동차 바디 등에 먼저 취부하여 라이닝 등을 Tapping screw로 고정하기 위한 Clip인 스크류 그로메트가 개발되어 도어라이닝, 휀더의 주변, 범퍼 카울에 적용하고 있다. 소재는 나일론6을 주로 사용한다.

최근 Fastener 부품에는 인간공학적(Ergonomics) 대응 설계개념이 도입되어 장착성을 높임으로서 성력화에 의한 비용절감을 이루고 있다.

(17) 수송기계용 액정 고분자(LCP: Liquid crystal polymer)

LCP(Liquid crystal polymer)란 용융상태에서 액정의 성질을 나타내는 고분자를 말한다. 슈퍼엔지니어링플라스틱의 일종이다. 액정고분자는 내열성, 기계적 특성, 전기적 특성이 엔지니어링 플라스틱 중에서 가장 좋은 것 중에 하나로서 결정성 열가소성 플라스틱이다. 용융상태에서의 유동성이 좋으며, 고형상태에서는 강력한 분자간힘이 작용해 높은 강성이 얻어진다. 이 때문에 성형가공성이 뛰어나며, 강도·정밀도가 높은 성형품을 얻을 수 있다. 유리전이온도가 200~300℃에 있어 내열성이 높다. LCP에는 Lyotropic와 Thermotropic의 2종류가 있는데 사출성형, 압출성형 등을 통하여 가공한다. 주로 고내열성 및 우수한 기계적 성질을 필요로 하는 분야에 적용되고 있는데 미세가공성이 좋고, 자동차 및 수송기계분야에서는 연료펌프, 임펠러, 트랜스미션 부품, 이그니션 부품, 고강도의 자동차 내장재에 적용되고 있다.

라이오트로픽은 열을 가해도 용융되지 않으며 듀퐁사의 케블라(Kevlar)와 같은 아라미드섬유가 대표적이다. 아라미드섬유 케블라의 인장강도는 탄소섬유와 동정도이고, 탄성률은 유리섬유의 2배 정도를 나타낸다. 비중이 적기 때문에 적층제품의 비강도(=강도/밀도)는 대단히 높다. 소형화, 경량화가 가능하다. 특히 이 케블라는 자동차의 타이어에도 적용된다. 타이어 강도 및 형태를 유지하며 내압을 견디는 골격에 해당하는 Carcass(타이어 내부의 Cord층) 및 타이어 벨트에 넣는 스틸 대체용으로 사용되고 있다. 케블라(Kevlar)는 유연하면서 고무와 함께 굽혀지기 때문에 자동차의 대형타이어, 레이싱카용 타이어에 사용되고 있으며, 트럭의 경우에 이 케블라를 사용하게 되면 약 9 kg 정도의 경량화가 가능한 것으로 알려져 있다. 그림 5.8에는 케블라를 이용한 타이어의 일례를 나타내었다.

✔ 그림 5.8 케블라(Kevlar)를 이용한 타이어

(18) 안전편의 부품에 적용되는 식물유래 수지

자동차에 있어서 연비저감은 반드시 해결하여야 할 문제이며, 이를 극복하기 위해서는 경량화가 필수적이다. 경량화 등의 우위성을 갖는 플라스틱은 재료와 성형기술의 새로운 개발에 의해 자동차 외판부품, 창유리, 전기, 전자부품, 구동, 기능부품 등의 고기능부품, 안전부품, 구조부품, 모듈부품, 시스템, 식물유래 플라스틱제 내장부품, VOC, 리싸이클, CO_2저감 등의 환경대책에의 대응이 기대된다.

지구온난화에 따른 온실가스 감축을 표명한 교토의정서는 2012년까지 범세계적으로 5%의 CO_2 삭감을 목표로 하고 있다. 이에 자동차 제조사들은 최근 식물유래 소재를 자동차에 적용하려고 하는 움직임을 나타내고 있다.

근년 벤츠자동차는 헤드 레스트(Head rest), 시트의 쿠션에 코코넛 섬유 등을 이용하고 있고, 폴크스바겐자동차은 파인애플계의 섬유, 토요타자동차는 펄프 원료로 알려진 케나프(Kenaf) 섬유를 이용하여 안전편의 부품에 적용하고 있다. 최근 미쯔비시자동차에서는 폴리부틸렌사크시네이트(PBS)에 대나무(Bamboo) 섬유를 조합한 내장재 개발을 시도하고 있다. 이들 섬유들은 친환경적으로서 안전편의를 위한 부품소재이다.

이들 식물유래 수지들은 승객의 안전을 위한 안전부품(시트벨트, 에어백 등)에 적용된다. 특히 보행자사고가 증가하면서 보행자를 위해 보다 안전한 외장·외판부품의 개발이 요구되고 있다. 그 한 예로서 안전부품의 하나인 범퍼에너지 흡수체를

✔ 표 5.3 천연섬유의 특성

종류	밀도 (g/cm³)	인장탄성률 (GPa)	종류	밀도 (g/cm³)	인장탄성률 (GPa)
대마(Hemps)	1.5	12.7	대나무	0.9~1.2	21~38
아마(Flax)	1.3	13~26	맹종죽	1.2	21.1
황마(Jute)	1.5	19~35	바나나	1.35	27~32
Kenaf	1.5	15~37	코코넛	1.45	13.7
Sisal 마	1.45	16~37	선	1.5	11
저마(Ramie)	1.5	-	유리섬유	2.5	70

(출처: 생분해성수지의 토양생분해와 바이오머스섬유와의 복합화, 교토시산업기술연구소공업기술센터)

PC/PBT 알로이를 사용하여 사출성형법에 의해 효율적 으로 충격에너지 흡수특성을 가지도록 제작하고 있다.

표 5.3에는 천연섬유의 특성을 나타내었다. 식물유래로부터 만든 수지를 그린플라스틱이라 부른다. 자동차의 내장재와 부품에 사용되는 천연섬유는 표 5.3에 나타내었듯이 여러 종류가 있다. 이들 중 대나무가 유리섬유에 버금가는 인장강도를 가지고 있고 양산이 용이한 점, 생존성이 크고 안정공급이 가능하다는 점으로부터 식물유래 수지로 적합할 것으로 기대되어졌다. 자동차 엔진커버에 적용하기 위해 나일론에 유리섬유를 혼합(PA6+GF)시켜 인장강도를 향상시킨 것에 대해 유리섬유(GF, Glass fiber) 대체용으로서 대나무 섬유를 고려한 것이다. 제품으로서는 대나무섬유와 PBS수지를 블렌드시켜 가열프레스 성형을 한 다음 최후에 단말을 트리밍하고 구멍뚫기(Punching) 가공으로 완성한다.

(19) 브레이크용 마찰재

브레이크는 자동차 안전편의 부품의 하나로서 자동차용 마찰브레이크 재료는 마찰특성, 진동특성, 안전성, 환경문제 등에 민감하다. 주로 사용되어 왔던 석면은 환경유해성 물질로서 더 이상 제작이 어렵게 되었다. 자동차의 브레이크에 사용되는 마찰재는 보강재, 마찰조정재, 결합재로 나눌 수 있다. 보강재는 마찰재의 강도와 강인성을 확보하기 위한 소재로서 석면 대용으로 현재에는 유·무기섬유 및 금속조직이 사용되어지고 있다. 마찰조정재는 브레이크효과를 높여 안정화 및 마모수명을 연장시키고 브레이크노이즈를 양호하게 하는 소재로서 유·무기 충진재, 윤황제, 연삭재가 적용된다. 결합재는 섬유와 분말을 혼합시켜 일체화하는 역할을 하는데 결합치구로서 열가소성 페놀수지를 사용하고 있다.

보강재의 종류로서는 Semi-metallic계, Low-steel계, Non-steel계로 나뉘어진다. Semi-metallic계의 마찰재는 스틸섬유를 주류로 하는 타입으로서 고강도, 저가, 내열성이 장점이지만 로터로의 공격성이 높고 녹슬기 쉽다. Low-steel계의 마찰재는 Semi-metallic계의 단점을 보완하고자 스틸섬유 함유량을 적게한 타입이다. Non-steel계 마찰재는 스틸섬유를 전혀 사용하지 않은 것으로서 스틸섬유 대용으로 아라미드섬유를 메인으로 하여 세라믹섬유, 유리섬유, 비철금속섬유를 혼합시킨 복합재 타입이다.

표 5.4에는 마찰재에 사용되고 있는 금속을 나타내었다.

브레이크패드는 마찰성능, 제동력, 내열성, 내마모성, 소음, Shutter 등을 고려하여 블렌드하여 제작한다.

✔ 표 5.4 마찰재에 사용되고 있는 금속

	재료	적용예
금속섬유	스틸화이버	Semi-metallic pad 및 lining 로스틸패드 및 lining
	동화이버	Non-steel pad
	신주화이버	Non-steel pad
	스테인리스화이버	Low-steel pad
금속분	동	소결합금, 유기계패드, lining
	석(錫)	소결합금
	신주(眞鍮)	Lining, Pad
	청동	Lining, Pad
	알루미늄	Lining
	주철	철도용제륜자, 철도용 disc pad
	스펀지 철	Semi-metallic pad, 소결합금

5.2 수송기계 안전편의 부품에 대한 금후의 동향

금후 자동차 관련 산업에 있어서는 환경문제가 가장 큰 이슈가 될 것이다. 따라서 여기에는 경량화에 의한 연비 저감의 문제가 대두된다.

자동차에 적용되는 부품 중에서 최근 경량화의 관점으로부터 복합재료의 사용이 급증하고 있다. 복합재료에 있어서는 종래의 고성능섬유나 입자를 모상 속에 분산시켜 특성을 향상시킨 소재를 사용하여 왔다. 그러나 최근의 동향은 재료 내부에서 반응시킨 강화물에 의해 복합 강화시킨 in situ 복합재의 연구가 행하여지고 있다. in situ 복합재는 입자가 재료 내부에서 소재와 반응하여 생성되기 때문에 열역학적으로 안정하며 미세한 입자를 분산시킬 수 가 있어 비용절감을 가져올 수 있다. 강화입자로서 SiC/Al-Ti합금 용탕반응에 의한 TiC입자 등이 있으며 향후 자동차 부품으로의 적용이 기대되고 있다.

또한, 자동차 부품산업에 있어서는 사용되어지는 부품의 환경문제도 간과할 수가 없다. 특히 자동차의 경우 자동차의 배기가스에 대한 규제가 엄격히 적용되어지고 있고 그 배기가스를 정화하기 위한 촉매의 역할이 커지고 있다. 촉매오서 그 역할을 충실히 하고 있는 경우는 가솔린자동차뿐이라고 할 수 있으며, 디젤자동차나 이륜자동차 등에 있어서는 기술적인 문제 등 아직 충분하지 못하다. 금후 엄격히 적용되는 배기가스 문제에 대응하기 위한 시스템적인 문제를 해결하여야 하는 과제를 안고 있다.

안전편의 부품의 하나로서 자동차 에어컨에는 냉매로서 CFC-12가 사용되어져 왔다. 2005년 교토의정서의 발효로 2011년부터 유럽에서 생산되는 신차에 적용될 자동차 에어컨의 냉매를 지구온난화지수(GWP) 150이하의 냉매로 규제한다. 현재 자동차 에어컨 냉매로 사용되는 R-134a 등은 지구 온난화를 촉진하므로 그 양이 제한되어지고 있고, 이에 대체냉매로 주목받고 있는 R-744, R-1234yf, HFC-134a 등을 자동차에 적용할 때의 안전 요구사항에 관한 표준을 마련하고 있다. 자동차 에어컨시스템으로서 접근하면 컴프레셔나 전동팬 등의 각종 보기류의 구동에 따른 연료소비에 의한 CO_2의 방출, 혹은 냉매누설, 수리 시의 냉매방출 등의 문제가 수반될 수 있기 때문에 냉동사이클의 고효율화, 경령화, 냉매누설량의 저감, 냉동회수 등의 관점이 설계에 반영되어져야 할 것이다.

이와 같이 자동차 메이커들이 앞으로 계속해서 지속가능한 개발을 이루기 위해서는 환경오염을 일으켜서는 곤란하며, 천연자원의 소비량에 대한 고려도 포함되어져야 한다. 특히 폐기물처리에 따른 리사이클의 문제는 반드시 선행되어져야 한다. 제품 혹은 부품으로서의 재이용과 함께 재료의 특성을 변화시키지 않고 재차 부품으로 만들 수 있는 재료 리사이클, 폐기물의 소각시에 발생하는 열을 회수하거나 화학적 리사이클에 의한 연료로 되돌려 에너지원으로 사용하는 Thermal 리사이클이 병행되어져야 한다.

특히, 미래형 자동차에 대한 선진 각국의 개발동향이 Green car로 향하고 있고, 이에 자동차에 적용되는 설계, 제조에 있어서 사용되어질 소재에 대한 주의가 필요하다. 첨단공학의 발전과 더불어 하이브리드(Hybrid) 소재의 개발 및 적용이 광범위하게 적용될 것이다. 따라서 인체에 대한 직접적인 유해성 물질의 사용은 규제되어야 하고 자동차 제조에 관여하는 작업자를 향한 위험물 취급 관리도 준수되어야 한다. 또한 프론가스나 CO_2 등 지구환경적인 문제도 반드시 고려되어져야 할 것이다.

종합산업인 자동차 분야의 발전은 적용기술의 첨단화와 더불어 사용되어 지는 부품소재의 동향도 신소재·신재료의 개발과 더불어 융복합화가 이루어질 것이다.

참고문헌

1) 田中和明, よくわかる最新金属の基本と仕組み, 秀和システム, 2009.
2) 山崎公三 ほか, 高强度鋼板製造技術の現像と將來展望, 塑性と加工, Vol. 35, No. 404, p. 1036-1041, 1994.
3) http://cafe.naver.com/mctnet
4) 金丸辰也, 第138-139回西山記念技術講座, 日本鐵鋼協會, 東京, p. 165-210, 1991.
5) 秋末治 ほか, 自動車用鋼板開發將來, 新日鐵技報, No. 354, p. 1-5, 1994.
6) 小山一夫 ほか, {111}集積度を極限まで高超めた高ランクフォード値高成形性冷延鋼板開發, 日本金屬學會誌, Vol. 31, No. 6, p. 535-537, 1992.
7) 林直義, 自動車の材料技術, 自動車技術シリーズ5, 朝倉書店, 2008.
8) 森田順一 ほか, 鐵成分による孔あき腐蝕性の改善, 鐵と鋼, Vol. 73, S 1154, 1987.
9) Hiwatashi et al., Numerical Analysis of Panel Stiffness Based on Crystal Anisotrop, CAMSE `92 Part 2ed. Doyama. M. et al
10) 박정현, 뉴세라믹스, 반도출판사, 1990.
11) 오세규 외, 신편기계재료, 보성각, 1999.
12) 田邊弘人, ドアインパクトビーム鋼管, 新日鐵技報, No. 354, p. 48-53, 1994.
13) 平松直人 ほか, 耐高溫塩害腐蝕性に優れたフレキシブルチューブ用オーステナイト系ステンレス鋼の開發, 材料とプロセス, Vol. 4, No. 6, p. 1808-1811, 1991.
14) 福住, 三菱製鋼技報, Vol. 19, p. 1, 1985.
15) Hagiwara, Y. et al., SAE Paper 911300, 1991.
16) 小島, 鐵と鋼, Vol. 80, No. 9, N 458, 1994.

17) 廣田民郎, 自動車の製造と材料の話, グランプリ出版, 2009.
18) 竹島義雄 ほか, 自動車用合金板成形性, 住友輕金屬技報, Vol. 32, No. 1, p. 39, 1991.
19) 제8회 차세대 자동차기술 워크샵, 자동차생활, 10월호, 2000.
20) 前田龍 ほか, 古河電工時報, No. 92, p. 50, 1993.
21) http://www.hysco.com/html/rd/dangjin/gaebal/gaebal_2_01.aspx
22) GYP소식, 포스코 광양제철, 고강도 자동차강판 세계 첫 개발, 2009.
23) 大澤直, よくわかるアルミニウムの基本と仕組み, 秀和システム, 2010.
24) http://www.machineinfo.co.kr/dictionary/dic
25) 프라임경제, 현대모비스 친환경 주요 부품개발 개요, 2008.10.30
26) 신소재연구회편, 21세기를 뒷받침할 신소재·신재료, 겸지사, 2002.
27) http://orac.tistory.com/368
28) 백영남 외, 공학도를 위한 신소재공학, 삼성북스, 2009.
29) 廣田幸嗣, 電氣自動車の本, 日刊工業新聞社, 2009.
30) http://preview.britannica.co.kr/bol/topic
31) 문창권 외, 고분자 복합재료, Σ시그마프레스, 2005.
32) 조봉규, 자동차용 고분자 복합재료, Polymer Science and Technology, pp. 314~325, 1995.
33) 이대길 외, 복합재료, 홍릉과학, 2007.
34) 문희성, LGERI, 소재혁명 불 지피는 복합소재, LG Business Insight, 1078호, 2010.
35) 이상렬, www.yonsei.ac.kr
36) Global Auto News "자동차용 바이오 플라스틱 개발 동향", http://www.global-autonews.com, 2009.
37) Global Auto News "자동차 고분자재료 개발동향", http://www.global-autonews.com, 2009.
38) Global Auto News "고분자 적용 크래쉬 패드 부품성형 기술", http://www.global-autonews.com, 2009.

39) 김우식 외, 고분자공학개론, 자유아카데미, 1996.
40) 문창권 외, 고분자공학원론, Σ시그마프레스, 1999.
41) 문창권, 타까꾸 아끼라, 고분자복합재료, Σ시그마프레스, 2000.
42) 박정기, 박오옥, 고분자재료공학, Σ시그마프레스, 2000.
43) 고분자 과학과 기술, 한국고분자학회, 2005.
44) 김형진, FRP선박 외판재의 충격 및 마모 거동, 한국동력기계공학회지, Vol. 13, No. 6, 2009.
45) 한국자동차공학회 12월호, 2009.
46) 김충호, GFRP 보강 내염성 콘크리트 보의 해양구조부재로서의 적용성 검토, 한국해양공학회지, Vol. 22, No. 5, 2008.
47) 정진욱, 진공적층 시뮬레이션을 이용한 FRP 선체 적층 전략 연구, 한국해양공학회지, Vol. 23, No. 2호, 2009.
48) 이형직, 첨단세라믹재료, 북스힐, 2009.
49) Reproduced with Permission from Metals Handbook, Vol. 9, 9th Edition, Metallography and Microstructures, American Society for Metals, Materials Park, OH, 1985.
50) ASM: Metals Handbook, Vol. 2, 10th Edition, ASM, 1990.
51) ASM Databook, Metal Progress, Vol. 114, No. 1, 1978.
52) 금속공학편람, 집문사, 1995.
53) Digges, G. et al, Heat Treatment and Properties Iron and Steel, NBS Onograph 88, 1966.
54) 유춘 외, 하이브리드카, 신세대엔진/연료전지차, 골든벨, 2007.
55) 김형섭 외, 자동차 공학 개론, 골든벨, 2007.
56) ASM SPECIALTY HANDBOOK, Stainless Steel, ASM, Materials Park, OH, 1994.
57) 大和久重雄, JIS 鐵鋼材料入門, TAIGA, 1978.
58) 日本金屬學會, 講座·現代の金屬學 材料編 4, 鐵鋼材料, 1985.
59) 이상윤 외, 열처리공학, 원창출판사, 2001.

60) 최하식, 신소재 응용전략, 성안당, 1998.
61) 石川秀雄, 自動車用ステンレス鋼の利用技術と今後の展開, 第151回西山記念技術講座, 日本鐵鋼協會, p. 255-266, 1994.
62) 山中幹雄 ほか, メタル担体の開發を通してみた內熱鋼箔の開發, 材料とプロセス, Vol. 4, No. 6, p. 1784-1787, 1991.
63) 長崎相正, 新訂 金屬材料の基礎, 成山堂書店
64) The Structure and Properties of materials, Vol. Ⅲ, Mechnical Behavior, John Wiley & Sons, Inc.
65) The Principle of Engineering Materials, Prentice-Hall, Inc.

찾아보기

수송기계용 융합부품소재 개론

2010년 5월 1일 초판 인쇄

2010년 5월 10일 인쇄 발행

저 자 남기우, 문창권, 안석환

발 행 인 송기수

발 행 처 도서출판 GS인터비전

편 집 처 도서출판 GS인터비전

인 쇄 처 삼성문화사

등록번호 제 2008 - 27호

I S B N 978-89-93668-56-8(92550)

주 소 서울 중랑구 묵동 신도브래뉴 1차 102동 1301호

전 화 02-976-7898, 0707-720-7898

팩 스 02-6468-7898

Home page gsintervision.co.kr

E-Mail gsinter7@chol.com

정 가 20,000원